细说史记三千年·长平之战

王嗣敏 —— 著

华夏出版社
HUAXIA PUBLISHING HOUSE

图书在版编目（CIP）数据

细说史记三千年．长平之战／王嗣敏著．-- 北京：华夏出版社有限公司，2022.7
　　ISBN 978-7-5222-0213-6

Ⅰ．①细… Ⅱ．①王… Ⅲ．①中国历史－古代史－纪传体 ②《史记》－通俗读物 Ⅳ．① K204.2-49

中国版本图书馆 CIP 数据核字（2021）第 238137 号

细说史记三千年·长平之战

著　　者	王嗣敏
责任编辑	黄　欣
出版发行	华夏出版社有限公司
经　　销	新华书店
印　　刷	三河市少明印务有限公司
装　　订	三河市少明印务有限公司
版　　次	2022 年 7 月北京第 1 版 2022 年 7 月北京第 1 次印刷
开　　本	890mm×1280mm 1/32
印　　张	9.25
字　　数	220 千字
定　　价	62.00 元

华夏出版社有限公司　地址：北京市东直门外香河园北里4号　邮编：100028
　　　　　　　　　　网址：www.hxph.com.cn　电话：（010）64618981
若发现本版图书有印装质量问题，请与我社营销中心联系调换。

/ 目录 /

长平之战

第一章 /	智赵衰深谋远虑	廉赵盾刚正不阿	/ 003
第二章 /	双侠客舍生取义	赵氏孤金蝉脱壳	/ 008
第三章 /	扁鹊效周公解梦	公室衰权臣当政	/ 016
第四章 /	真将军出身寒微	赵襄子忍辱负重	/ 019
第五章 /	智襄子贪得无厌	韩赵魏反客为主	/ 022
第六章 /	为智伯豫让复仇	隐真相漆身吞炭	/ 028
第七章 /	赵烈侯首任赵王	公仲连实施变法	/ 031
第八章 /	武灵王雄才伟略	赵国处四战之地	/ 035
第九章 /	排众议胡服骑射	更军制以策万全	/ 040
第十章 /	生恶念釜底抽薪	沙丘宫主父饿死	/ 045
第十一章 /	蔺相如智勇双全	外交官完璧归赵	/ 050

001

第十二章 /	意气盛廉颇争位	将相和负荆请罪	/ 057
第十三章 /	平原君奉公守法	马服君勇冠三军	/ 061
第十四章 /	赵威后深明大义	有见识民贵君轻	/ 064
第十五章 /	长平战史上最大	疑点多争论不休	/ 069
第十六章 /	近秦国韩氏遭难	上党郡前世今生	/ 075
第十七章 /	韩上党郡守抗命	赵宫廷反复评析	/ 081
第十八章 /	看其利赵胜接手	驻长平廉颇横刀	/ 087
第十九章 /	想求和陷入被动	拒良策赵国孤立	/ 096
第 廿 章 /	长平战一触即发	同盟国心胆俱碎	/ 103
第廿一章 /	划时段全局入眼	战不利老将坚守	/ 114
第廿二章 /	行反间赵括出场	犯大忌临阵换将	/ 121
第廿三章 /	言徒壮纸上谈兵	筑壁垒攻守兼备	/ 127
第廿四章 /	秦大军铁壁合围	四十万插翅难逃	/ 132
第廿五章 /	杀降卒白起暴虐	气数尽名将凋零	/ 137
第廿六章 /	进退难骑虎难下	心一横铤而走险	/ 145
第廿七章 /	赌国运精锐齐出	比战法殊途同归	/ 151
第廿八章 /	太惨烈满国戴孝	知暴行天下震惊	/ 161
第廿九章 /	缺军粮战事吃紧	看定力棋胜一招	/ 170
第 卅 章 /	大战略持续推进	秦君主意志如山	/ 175
第卅一章 /	目标乱四处出击	细分析成败在手	/ 182
第卅二章 /	秦白起一鼓作气	中反间将相失和	/ 187
第卅三章 /	攻邯郸孤注一掷	政见异君臣反目	/ 193
第卅四章 /	平原君散尽家财	信陵君窃符救赵	/ 206
第卅五章 /	为联楚毛遂自荐	受牵连范雎自杀	/ 211

第卅六章 /	燕王喜飞蛾扑火	大赵国存亡之秋	/218
第卅七章 /	经四代嬴政灭赵	难长久恃力者亡	/236
第卅八章 /	力道强上下同欲	谋略胜知己知彼	/242
第卅九章 /	真统帅多谋善断	大将军文武双全	/249
第 卅 章 /	孝成王祸首罪魁	屈不屈四评赵括	/253
第卅一章 /	德与力刚柔并济	两不误国运久长	/263
第卅二章 /	莫空谈深扎根基	别自欺强者为王	/267
第卅三章 /	守边防假痴不癫	李牧军大获全胜	/271
第卅四章 /	亲小人有眼无珠	远贤臣大厦将倾	/276
第卅五章 /	燕赵地悲歌慷慨	赵国史荡气回肠	/280

长平之战

书房里，指点江山，激扬文字，傲视千古。恍惚中，集淮阴诸葛才智于一身，常常慨叹，时无英雄，遂使竖子成名。雄兵百万如儿戏，横扫千军无敌手。伐谋、伐交、伐兵、伐城，都在行。赵奢遗书全读遍，都言赵括善知兵；

战场上，血肉横飞，变化万千，兵书无用。刹那间，观敌我形势转换如闪电，暗暗诧异，敌人宵小，竟然兵者诡道。九死一生经历遍，卒伍方能成将军。能勇、能谋、能变、能断，才有戏。廉颇惆怅含泪去，邯郸城里尽白衣。

嗣敏试对《长平之战》

第一章　智赵衰深谋远虑　廉赵盾刚正不阿

赵国和秦国有共同的祖先，这两国人全都作风硬朗，骁勇善战，看来是有相同的基因。他们最远的始祖是五帝之一颛顼，而颛顼又是黄帝的孙子，这与炎黄子孙同祖同宗的说法一脉相承。从颛顼传到中衍，中衍的后代有一个叫蜚廉的，这蜚廉有两个儿子，一个叫恶来，一个叫季胜。恶来有勇力，侍奉商纣王，后来被周武王所杀，他的后代就是秦人，而季胜的后代是赵人。季胜生孟增，孟增生衡父，衡父生造父。造父深受周穆王宠信，他挑选了八匹骏马，包括盗骊、骅骝、绿耳等名驹，一起献给周穆王。穆王让造父驾车，向西巡视诸侯国，据《穆天子传》记载，穆王一口气来到昆仑山，与西王母饮酒作歌，乐而忘返。有一个叫徐偃王的趁机作乱，穆王靠宝马良驹以及造父的高超车技日行千里，及时赶回，突袭并彻底打败了徐偃王，于是他把赵城赏赐给造父，从此造父的家族以"赵"为姓，这也是百家姓中赵姓的来源。

长平之战

◎赵国的世系传承

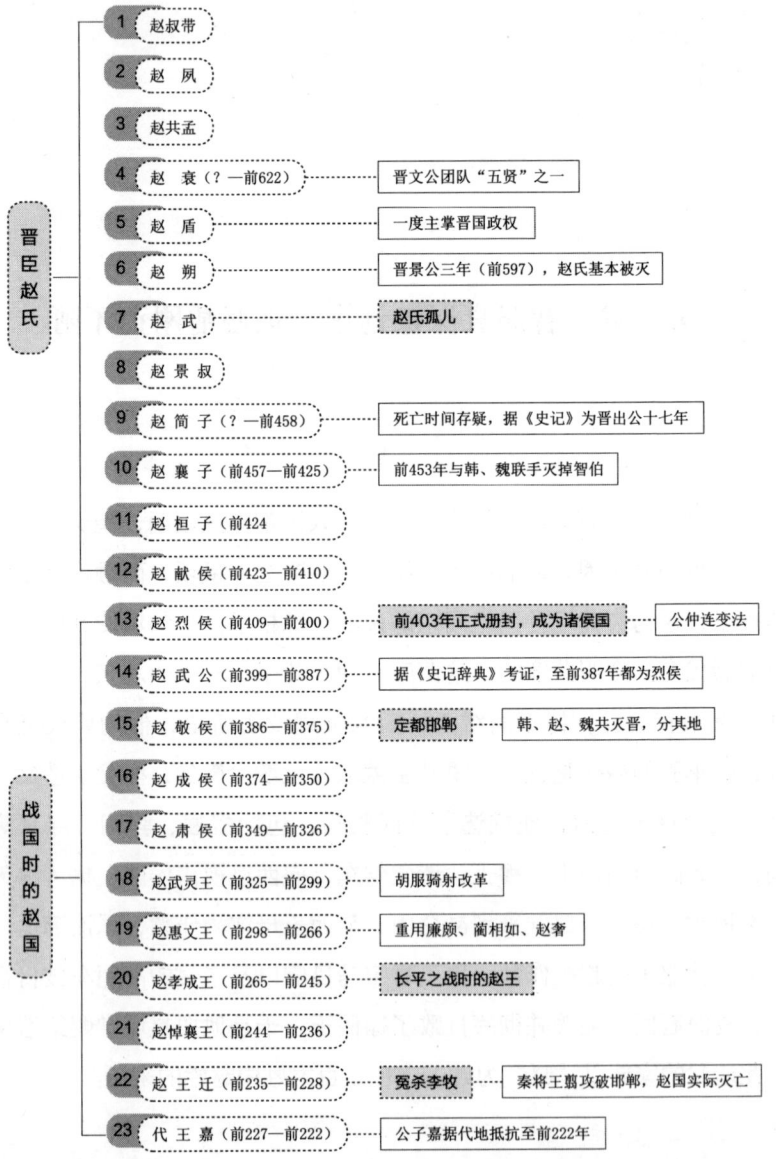

第一章 智赵衰深谋远虑 廉赵盾刚正不阿

从造父以下传了六代到赵奄父，奄父生了赵叔带。这时周幽王荒淫无道，赵叔带就离开周王室到了晋国，侍奉晋文侯，在晋国开始创立赵氏的宏基大业。从赵叔带开始，赵氏宗族日益兴盛，又传了五代到赵夙。赵夙侍奉的是晋献公（晋文公的父亲，有假道伐虢的典故）。晋献公十六年，赵夙作为将军随献公、太子讨伐霍、魏、耿三国，战功卓著，事后论功行赏时，晋献公把耿地赏给赵夙，把魏地赏给毕万（魏国的奠基人）。赵夙生了赵共孟，赵共孟生了赵衰（cuī）。

赵衰在寻找要投靠的老板前进行了占卜，卦象显示：除了重耳，侍奉晋献公和其他公子都不吉利，于是他就跟定了重耳（重耳因为骊姬乱政，逃亡到大概位于山西、河北以北一带的翟国，赵衰是跟从的"五贤"之一）。翟（同狄）国讨伐廧咎如（qiáng gāo rú，赤狄的一支）时俘虏了两个女子，翟君把年长的嫁给重耳，年少的嫁给赵衰（《左传·僖公二十三年》和《史记·赵世家》记载，以少女季隗嫁重耳，以长女叔隗嫁赵衰；《史记·晋世家》则记载以长女叔隗嫁重耳，以少女季隗嫁赵衰；一般以《左传》为准。隗，wěi，伯、仲、叔、季是排行，叔隗、季隗的意思类似隗三姐、隗四姐），生了儿子赵盾。当初在晋国的时候，他的妻子已生下了儿子赵同、赵婴齐和赵括（这可不是"纸上谈兵"那个赵括，后者离现在还远）。赵衰随同重耳在外流亡十九年才返回晋国，重耳继位，就是后来的晋文公，赵衰受到重用。晋文公之所以能回国继位并成为霸主，大多是出于赵衰的谋划。赵衰回到晋国以后，在晋国的原配夫人坚持迎回他在翟国的妻子，又看其子赵盾气宇轩昂、举止得体、饱读典籍、勇略过人，她就请求册立赵盾为继承人，而她自己生的赵同、赵括、赵婴齐都退居下位，侍奉赵盾。这个女人心胸开阔，不简单。赵衰在晋文公死后的第六年也就是晋襄公六年（公元前622年）时去世，谥号成季。

长平之战

◎ 赵衰的核心家庭关系

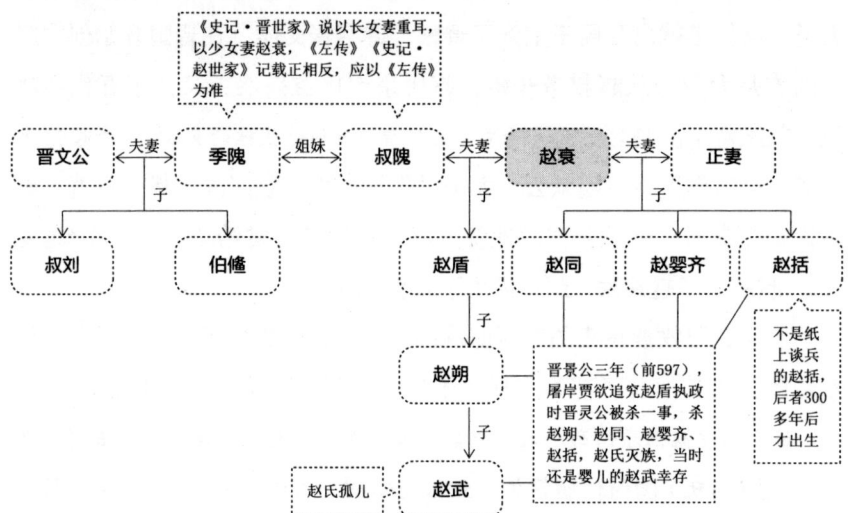

　　赵盾代替父亲赵衰执政刚两年，晋文公的儿子晋襄公也去世了，太子姬夷皋年幼。赵盾认为晋国本来多事，若是国君孱弱，恐怕难以掌控局面，所以想立年长的人为国君，准备迎立晋襄公的弟弟姬雍。姬雍当时在秦国，他就派使臣去迎接。可太子的母亲穆嬴日夜啼泣，说赵盾他们违背晋襄公的重托，抛弃嫡子另外寻找国君是大逆不道。这弄得赵盾十分为难，又怕穆嬴家族的人报复、发动政变，于是让太子继位，就是后来的晋灵公，并发兵阻拦护送姬雍回国的秦军。灵公刚继位时年幼无知，赵盾在晋国大权独揽。

　　灵公继位十四年，穷奢极欲，大肆搜刮民脂民膏，而且整日游戏，不理国政，喜欢用弹弓弹人取乐。赵盾多次苦苦劝谏，他都是左耳听右耳冒。有一次，晋灵公嫌熊掌没做熟，就杀死了厨师，正准备毁尸灭迹时被赵盾发现了。他害怕赵盾责备，而且一直都认为赵盾让自己束手缚脚，就想趁机除掉他。他派去的刺客钼麑（Chú ní）见赵盾清廉恭敬，心

第一章　智赵衰深谋远虑　廉赵盾刚正不阿

想："赵盾身为正卿，却时刻不忘恭敬，真不愧是百姓的主人。刺杀百姓的主人，就是不忠；放弃国君的使命，就是不信。两件事任有其一，都不如死了好。"于是他头触槐树而死，这就是典故"钽麑触槐"的由来，后来指宁死不做不正义的事。晋灵公又想趁宴饮的时候杀死赵盾，可赵盾一向仁而爱人，广结善缘，他曾经接济过一个桑树下的饿汉，这人现在是灵公的卫士。他掩护赵盾，击毙灵公放出的恶犬并阻挡住伏兵，赵盾才得以逃脱。

挺身而出保护赵盾的勇士，在《左传》和《史记》里的记载略有差别。《史记·晋世家》说他叫示眯明，是灵公的厨师，先是进言催促赵盾离席避难，然后为赵盾搏杀恶犬、阻挡伏兵；《左传·宣公二年》则说，先是赵盾的车右提弥明搏杀恶犬、死于伏兵，然后灵公的卫士灵辄临阵倒戈、阻挡伏兵。虽然细节不同，但是大体上都是说，有位受过赵盾恩惠的桑下饿汉前来报恩。我们采用《左传》的说法。

赵盾还没出国境，他的族弟赵穿就杀死了晋灵公，拥立晋灵公的叔父黑臀为晋成公，赵盾就又回来执政。

可是在史官董狐的眼里，赵盾"身为正卿，逃亡没出国境，返回又不讨伐反贼"，应视为首犯，于是在史书中写道："赵盾杀了晋灵公。"这就是典故"董狐直笔"的由来，指代实事求是、敢于挑战权威的举动。晋成公在位七年去世，他的儿子晋景公继位，这时赵盾也去世了，谥号为宣子。

有一个成语叫"夏日可畏"就与赵衰、赵盾父子二人有关。有人问："赵衰、赵盾哪个更贤能？"回答道："赵衰好比是冬天的太阳，而赵盾则是夏天的毒日头。"冬日可爱，夏日可畏。用夏天的毒日头比喻摄人魂魄的威严，赵盾平日的威仪由此可以想见。

第二章　双侠客舍生取义　赵氏孤金蝉脱壳

赵盾死后，儿子赵朔继承爵位，赵朔的妻子是晋成公的姐姐，也就是晋景公的姑姑。在晋景公三年（公元前597年）时，大臣屠岸贾想诛杀赵氏家族。

当初赵盾还在世的时候，曾经梦见祖先赵叔带扶着腰部痛哭，悲恸欲绝，一会儿又大笑不止，接着手舞足蹈，拍手唱歌。赵盾心疑，命人占卜吉凶，卦象显示，这是"断绝后又完好如初"的征兆。别人解释说："这个梦很凶险，不是应验在你的身上，而是在你儿子的身上，这也是你的过错。到了孙辈，赵氏家族更加衰微，但幸运的是，最终绝处逢生、苦尽甘来。"

与赵氏为敌的屠岸贾是一个卑劣的小人，晋灵公当初胡作非为，也与他的教唆分不开。屠岸贾在当时很受宠幸，后来到了晋景公时也同样得到重用。晋景公任命其为司寇，主管刑狱。屠岸贾对赵氏家族既嫉恨又忌惮，就想把赵氏除净。他要罗织罪名，就追究弑杀晋灵公的罪犯赵

第二章 双侠客舍生取义 赵氏孤金蝉脱壳

穿,进而株连赵氏。屠岸贾对众将说:"弑杀灵公时,赵盾虽然不知情,可仍然是罪魁祸首,这是被董狐载入史册的不争的事实。他身为臣子却欺君犯上,做下恶事,在成公(景公父亲)时代逍遥法外,如今他的子孙仍然在朝中为官,如果以后别人效法赵氏的所作所为,我们还怎么惩治罪犯呢?我请求诛杀赵氏一族,杀一儆百。"后来成为韩国奠基人的韩厥和赵朔交好,他反驳道:"灵公被害时,赵盾在外,我们的先君成公认为他无罪。灵公获罪于天,人人得而诛之,所以先君才不诛杀赵盾,这绝非姑息养奸。现在诸位要诛杀赵盾的后代,明显违背了先君成公的心愿,乱开杀戒是天理难容的。而且你们作为臣子,做这么大的事却不让国君知道,这是目无君父。"屠岸贾不听,仍然积极谋划。

韩厥知道这事后,连夜去赵朔那里让他赶快逃走,赵朔不肯,说:"我父亲不慎被冠以恶名,屠岸贾奉有君命,肯定不达目的不罢休,如果逃亡时被杀或被抓,再让他扣一个畏罪潜逃的帽子,那我可太对不起父亲了。要想洗刷父亲的污点,只能用我的鲜血,所以我静候天命,肯定不逃。我唯一牵挂的是我的妻子,她即将临盆了,若是男婴,希望将军想尽办法为我保全,不要让赵氏的祭祀断绝,我也就死无遗恨了。"韩厥边哭边说:"我受您父亲的提拔重用才有今日,您的父亲与我情同父子。可今天眼见你们大难临头,我却无能为力,真是痛入肺腑。你嘱咐的事,我赴汤蹈火,在所不辞,你就放心好了。屠岸贾图谋已久,若一时发难,玉石俱焚,我就没办法了,您为何不把嫂夫人送到宫中躲避呢?若能逃过一劫,再生个男婴,赵氏就复仇有望了。"赵朔同意,二人洒泪相别。赵朔对妻子说:"生女就叫赵文,生男就叫赵武。"并让他的朋友程婴护送妻子进宫,投奔到他岳母那里去。屠岸贾在没有请示晋景公的情况下,擅自率领众将攻打赵氏,杀了赵朔和其父亲赵盾的同父异母兄弟赵同、赵括、赵婴齐,并诛灭了他们的宗族。韩厥称病没去。

赵朔的妻子姬氏在宫中生下一个男婴,但对外宣称生的是女婴,而且刚生下就夭折了。屠岸贾不信,亲自带人到宫中搜查,姬氏避无可避,只好把男婴藏在套裤里,祷告说:"如果赵氏宗族合该灭绝,你就哭;如果赵氏能保留血脉,就别出声。"等到搜查时,婴儿竟然没有发出一点声响,可算逃过一劫。赵朔有一个门客叫公孙杵臼,他对程婴说:"你为什么不去死?"程婴说:"赵朔是我的朋友,他的妻子有遗腹子,若是幸运生个男孩,我要倾力侍奉他。"后来听说是个男婴,程婴对公孙杵臼说:"第一次没有被搜查到,若日后再搜查可怎么办呢?这只能躲过一时,难逃一世呀!必须想办法把他藏起来才妥当。"公孙杵臼沉吟半晌,问道:"扶立孤儿替父报仇并光大祖业,与自杀相比,哪个更难?"程婴说:"自杀容易,把孤儿抚养成人难。"公孙杵臼说:"赵家对你恩重如山,你就承担难事吧,我做容易的事,让我先死。"程婴说:"你的办法是什么?"公孙杵臼道:"我们找一个差不多大的男婴冒充赵氏孤儿,我带着藏匿在山中,然后你出去举报,屠岸贾那个奸贼得到冒牌货,肯定会放松警惕,那样赵氏孤儿就安全了,剩下就是你的事了。"程婴说:"这是条好计,冒名顶替的婴儿好找,难的是怎么把孩子神不知鬼不觉地偷运出来。"公孙杵臼说:"韩厥和赵氏渊源颇深,可以找他想办法。"程婴说:"我可以找到替代的婴儿,然而你有藏孤之罪,肯定要被一并诛杀,我真不忍心。"说完哭泣不止,公孙杵臼怒道:"大丈夫做事怎能如此婆婆妈妈?!这是大事,也是美事,我能为赵氏做的只有这么多了,你怎么哭哭啼啼?!"程婴知道这时再多说都是废话了,就找来婴儿交给公孙杵臼,让他藏好,然后去见韩厥,他先写一个"武"字,韩厥会意,程婴就把公孙杵臼的计谋说了出来。韩厥道:

第二章 双侠客舍生取义 赵氏孤金蝉脱壳

"正好姬氏生了病,命我找医生,只要你把屠岸贾引开,我自有办法。"

◎赵氏孤儿赵武的核心关系

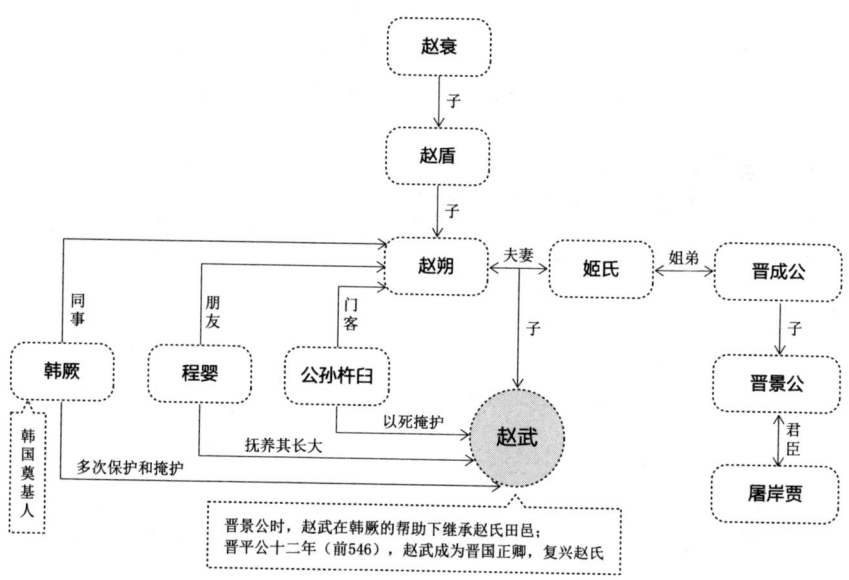

程婴故意向将军们扬言道:"我程婴没有出息,不能抚养赵氏孤儿,谁要是能给我千金,我就告诉他赵氏孤儿藏在什么地方。"将军们一听有人举报,很高兴,引他去见屠岸贾。屠岸贾问他为什么这么做,程婴说:"我和公孙杵臼受姬氏嘱托,抚养赵氏孤儿,可如今各位撒下天罗地网,我们又能逃到哪里去呢?若是有人告密行踪败露,他能得千金的赏赐,而我全家都要遭殃。况且赵氏对我也没什么恩德,我凭什么要这么为他们卖命?所以,有这等好事,我为何不近水楼台先得月呢?"屠岸贾相信了,让他带路,程婴领他们到了首阳山,迂回数里,左转右绕,故意兜圈子,好给韩厥争取时间。他们终于来到一个幽僻的地方，只见临溪有几间草屋，柴门双掩，程婴示意找到了，他先去敲门，公孙杵臼一看他后面跟着甲兵，故意仓皇逃窜，可还是被士兵擒住了。屠岸贾问："赵氏孤儿在哪？"公孙杵臼推托道："根本没有。"屠岸贾哪容分说，命令士兵搜查，果然找出一个出生没几天、用华丽的襁褓包着的婴儿。公孙杵臼拼命去抢夺，可双手被绑，他累得气喘吁吁，用布满血丝的双眼紧紧盯着程婴骂道："小人啊，程婴！当时赵氏遇难，你贪生怕死，却和我说什么'留得有用身，是为了抚养赵氏孤儿'，都怪我轻信了你这个儒夫，你一转身就出卖我，你纵然没有胆量和我一起抚养赵氏孤儿，怎么也不至于见利忘义出卖我们吧？公孙杵臼，你真是有眼无珠，活该，可老天爷啊！赵氏孤儿有什么罪呢？我求求你让他活下来，只杀我公孙杵臼一人就行了。"众人不许，于是公孙杵臼又对程婴千小人万奸贼地骂个不停，程婴"羞惭满面"，对屠岸贾说："为什么不杀了他？"于是公孙杵臼被杀，而程婴抓起婴儿掷于地上，一声啼哭，哀哉！这消息传出去，屠岸贾的党徒弹冠相庆，更多的人为赵氏惋惜，盛赞公孙杵臼义薄云天，说程婴卑劣无耻。大家这就应该明白"抚孤"与"赴死"哪个更容易了。而这还仅仅是开始，程婴注定要背负骂名，精神高度紧张地抚养赵武成人。

这边抓"赵氏孤儿"，那边韩厥把自己的心腹扮成医生，进宫为姬氏治病。见面时，"医生"把贴在药囊上的"武"字给姬氏看，姬氏马上明白了。"医生"说了一些产后保养的套话，留了点药就要离开。宫中有屠岸贾的耳目，多待一分钟都有风险。姬氏就把婴儿裹在药囊中，婴儿啼哭起来，姬氏祈祷说："赵武赵武！我们赵家一门百余口的血海深仇，都寄托在你身上，出宫之时切莫啼哭！"婴儿真就没哭，再加上现在屠岸贾听说赵氏孤儿已被杀死，宫中的防守也松懈了。韩厥如获至

第二章　双侠客舍生取义　赵氏孤金蝉脱壳

宝，赶紧把婴儿藏了起来，即使家人也不知道其真实身份。

屠岸贾回来要赏赐程婴千金，程婴不接受，屠岸贾说："你不就是为了钱吗？怎么现在又推辞了呢？"程婴说："小人我与赵朔相交很久了，如今为了保命杀死他的儿子，已经是很没义气了，怎么还敢贪图钱财呢？您若认为我还有点功劳，我愿意用这些钱殓葬赵氏一门的尸首，心里也好受点。"屠岸贾说："你也是个义士，我成全你。"程婴拿着钱把赵氏一门的遗体精心殓葬了，屠岸贾想任用他，程婴说："我一时贪生怕死，做了不义的事，早已声名狼藉，再也无面目见晋人，只想远走他乡。"就这样，程婴带着赵武隐姓埋名，教他研文习武，以图报仇。

十五年之后，晋景公患病，让人占卜，占卜人说大业的后代因为绝祀而作祟，大业是赵氏的远祖。晋景公问韩厥怎么办，韩厥知道赵武现在已十五岁了，就说："大业的后代在晋国绝祀的，恐怕是说赵氏吧。他一支子孙姓嬴，是秦国的宗族；另一支姓赵，就在我们晋国。从赵叔带辅佐我们晋文侯开始，一直到成公，赵家世世代代建立功勋，从未断绝祭祀。如今唯独您这代灭绝了赵氏宗族，晋国的百姓都同情赵家，所以才显现在卦象上。希望您考虑一下这事。"景公问："赵家现在还有后代子孙吗？"韩厥于是把实情和盘托出。那时的人畏惧天命，认为祸福都是天意，既然现在卦象显示自己的病是断绝了赵氏的祭祀造成的，亡羊补牢为时未晚。于是晋景公与韩厥商量扶立赵氏孤儿，先把赵武召进宫里藏匿起来。其实赵武论起来也是景公的姑舅兄弟，因为赵武的父亲赵朔是景公的姑父。当年诛杀赵家的那些将军进宫探病，景公利用韩厥的亲兵胁迫他们拜见赵氏孤儿赵武，将军们迫不得已，说道："这件事是屠岸贾的主意，他假传您的命令来胁迫我们跟从，不然谁敢这么做呢？！即使国君没有得这场病，我们也准备扶立赵武，因为当时误听人言铸成大错，我们也一直很后悔，如今您的命令正合我们心意。"于是景公召赵武与程婴出来一一拜谢各位将军，将军们反过来帮助赵武、程婴攻打屠岸贾，把他砍为肉泥，也灭了他的宗族。自古以来，多行不义必自毙啊。

晋景公把赵氏原先的封地重新赐给赵武。《赵武"冠礼"解析》一文推断，赵武在十三至十六周岁就行了冠礼。而后，程婴向赵武告别："当年赵氏被攻击，大家都敢于殉难，我程婴也并非贪生怕死，只是想扶立赵氏遗孤，以便复兴赵氏。如今您已成人，并且恢复了以前的爵位，我可以到九泉之下向赵朔和公孙杵臼汇报了。"赵武扯着他的衣襟，边哭边叩头，坚决请求他留下，说："您含辛茹苦把我抚养成人，恩同父子，现在正是我要乌鸦反哺、报答大恩的时候，您难道真忍心丢下我去死吗？"程婴说："我必须死。公孙杵臼认为我能忍辱负重，所以他先死；现在我若不去汇报，他会以为我没办成这件事，灵魂也难以安息。所以我必须去见老朋友。"说完他就自杀了。听说这事的人无不扼腕叹息，为程婴的忠义所倾倒。他有胆，当时赵家遭难，别人避之唯恐不及，只有他与公孙杵臼敢于挺身而出，继续为赵氏尽忠。他有识，没有逞血气之勇与屠岸贾玉石俱焚，那样虽然悲壮但毫无意义，当时最重大的责任是保全赵氏孤儿，为赵氏留下血脉，以待重振祖业、手刃仇人，这才是大义。他能忍，他是靠"出卖"公孙杵臼才得以安身的，只有这样才能从根本上杜绝屠岸贾的猜疑，让赵氏孤儿平安长大。但这些年来，公孙杵臼是烈士，而程婴作为卖友求荣的小人遭人唾骂，这不是一般人能忍受的，所以说自杀容易、活下来抚养孤儿更难。他忠信，对赵家不用说了，对公孙杵臼做出的承诺，也不惜以死兑现，其实程婴既已圆满完成任务，赵武恢复了爵位封地、手刃了仇人，他可以有千条万

第二章 双侠客舍生取义 赵氏孤金蝉脱壳

条活下来的理由,可他还是不给自己找借口,毅然杀身成仁。程婴死后,人们把他和公孙杵臼合葬在一起,称为"二义冢",赵武为程婴守丧三年,并为两位恩人设置专属祭邑,春秋两季按时祭祀,世代不绝。著名的元杂剧《赵氏孤儿》就是根据这段历史改编的。

赵武复位十一年后,晋景公的儿子晋厉公杀死郤(xī)至等三个郤氏大臣,胥童又想惩治栾书和中行偃,二人联合党徒反过来杀死晋厉公,而立他的同宗兄弟姬周为晋悼公,从此晋国权臣的势力日益强盛。赵武接续宗室二十七年(实际应为二十五年)时,晋悼公的儿子晋平公继位,十二年后,赵武升任正卿,吴王阖闾的叔父季札出使晋国,感叹道:"晋国的政权最终要操纵在赵武子、韩宣子、魏献子等人的后代手里了。"赵武复位四十年左右去世,谥号为文子,他的儿子赵景叔继任爵位。在赵景叔时代,齐相晏子出使晋国,与大臣叔向交谈。晏子说:"齐国的政权以后终将归于田氏(《邹忌讽齐王纳谏》中齐威王那一支,田忌赛马一事也发生在战国时的田氏齐国)。"叔向说:"晋国又何尝不是呢?公家权力掌握在私人手里,六卿放肆无礼,而国君却视而不见,不知忧虑。"后来赵景叔去世,儿子赵鞅继承爵位,赵鞅也叫赵简子。

第三章 扁鹊效周公解梦 公室衰权臣当政

赵简子在位期间，晋国公家的权力更加削弱。有一回他生病，五天不省人事，大臣们十分忧虑，医师扁鹊给他诊断。这个扁鹊就是中医诊断四法"望闻问切"的集大成者，扁鹊见蔡桓公的故事中，他断定蔡桓公病入膏肓、无药可救，这个故事说明疾病的生成是由小到大、日积月累的，人若讳疾忌医肯定是自讨苦吃，"讳疾忌医"的心理根源是不愿和不敢正视现实。

家臣董安于询问病情，扁鹊说："他血脉平稳，只是一时昏厥，没必要大惊小怪。秦穆公也曾这样，七天后才苏醒，醒来便对秦国大臣公孙支说：'我在玉皇大帝的灵霄宝殿里过得很快乐，之所以逗留这么久，是因为刚好碰到受教益的事。玉皇大帝告诉我说，晋国将要大乱，五代都不安宁，后代能称霸但没过多久就死了，霸主的儿子将会放纵自己。'公孙支就把这些话记录下来，秦穆公的谶（chèn）言也广为流传。后来晋国果然从晋献公、奚齐、悼子、晋惠公到晋怀公，一连五代都不

第三章　扁鹊效周公解梦　公室衰权臣当政

得安宁。晋献公宠信骊姬，杀死太子申生后晋国开始大乱。晋文公称霸五六年后去世，而他的儿子襄公在崤打败秦军以后，释放孟明视等人并放纵自己，这些都是有史料记载的。现在赵简子的病也和秦穆公的情况差不多，不出三天就会痊愈，到时自有话说。"

过了两天半，赵简子果然苏醒了，他说："我在玉皇大帝那里玩得很高兴，和神仙们一起在空中翱翔，音乐沁人心脾，让人欢欣鼓舞，和民间的流行音乐大不一样。乐声悠扬，神仙们翩翩起舞，风姿优雅，千变万化。我正在欣赏歌舞表演的时候，有一只熊要来抓我，玉皇大帝让我射它，我一箭就射死了熊，接着又射死了一只罴，大帝很高兴，赏赐给我两个竹匣一只翟犬，说：'等你儿子长大了，把这只翟犬赐给他。'又说：'晋国一代比一代衰微，再传七代就会灭亡，而我感念大舜的功勋，将把他的后代女子嫁给你的七世孙。'而且我清楚地记得，他说话时有个小孩正站在他身边。"董安于也把这些话记录下来，收藏起来，他又把扁鹊的话告诉了简子，简子赐给扁鹊四万亩土地。

有一天赵简子外出，有人挡路，驱赶也不走，随从发怒要杀他，拦路人说："我有事要见你们主君。"简子召见他，一见面就说："我怎么感觉您面熟呢？我们好像见过面。"拦路人说让随从们离开，他有要事相告。简子屏退众人，拦路人说："您生病后魂游天庭，我当时正在玉皇大帝身边。"简子说："有这回事，难道您是太白金星？您看到我时，我正在做什么？"拦路人说："玉皇大帝要您射熊和罴，您都射中了。"简子问："这代表什么意思呢？"拦路人说："晋国要有大难，而您首当其冲，玉皇大帝让你灭掉两位公卿，他们的祖先是熊和罴（指随后赵氏与范氏、中行氏的争斗，他们是晋国实力强大的六卿中的另外两家）。"简子问："那赐给我两个竹匣子是什么意思呢？"那人说："那是说你的儿子将会

长平之战

战胜两个国家,而这两块土地将会成为你们赵氏的发祥地(一说指代国和智伯的领地,也就是战国时代赵国的统治区域)。"简子又问:"当时有一个小孩站在玉皇大帝身边,而天帝给我一只翟犬,说:'等你儿子长大以后,我把翟犬赐给他。'这又是什么意思呢?"拦路人说:"那个小孩是你的儿子,他很贤能,可是现在还小,而翟犬是代国的祖先,你的儿子会拥有代地(这里所说的儿子是指赵襄子赵毋恤,但说这话的时候,赵襄子还是个小孩子,而且赵简子已立了继承人赵伯鲁,后来发现赵毋恤贤能,就改立他为继承人,赵毋恤攻占了代国)。此外你的后代子孙会改革内政,提倡改穿胡人的服饰(说的是赵简子的后世子孙赵武灵王,那时已经到了战国时代,为了增强国力,他移风易俗,改革内政,提高军队的战斗力。赵武灵王提出改穿少数民族的简易服饰,抛弃笨重的战车,发展灵活机动的骑兵部队,这在当时属于重大的政治行动,史称"胡服骑射",后文详述)。"用这么一种具有神秘色彩的传说来揭示事情的发展,是古人特有的手法,大家知道有这么一回事就可以了,不用太较真。虽然这段故事有点荒诞,但在《史记·赵世家》中也有详细的记载,笔者只是加了玉皇大帝和太白金星的名字以便理解,其他忠实于原著。赵简子询问拦路人的姓名,并请他做官,拦路人却说:"我是粗野无知的人,只是来传达玉皇大帝的旨意。"说完就走了,简子记录下这些话,收藏起来。

第四章　真将军出身寒微　赵襄子忍辱负重

有一天，当时有名的相学家姑布子卿来拜见赵简子。简子把儿子们召集来让子卿看相，子卿说："这些人骨相平平，没有人能当将军。"赵简子说："难道赵氏要灭亡了吗？"子卿说："我来的时候看到一个孩子，也是你的儿子吧？"简子这才想起自己的小儿子赵毋恤还没来，就把他叫来。子卿一见马上起身施礼，说："这才是真正的将军，气度不凡。"简子说："他的母亲地位低贱，您怎么说他高贵呢？"子卿说："被上天抛弃的人，虽贵必贱；顺应天命的人，虽贱必贵，怎能拘泥于他母亲的地位呢？"从此以后，简子特意与所有儿子谈话，考验他们的学问见识，发现毋恤对答如流，条理清晰，冷静沉着。简子知道毋恤贤能，但这还只是理论上的测验，他还想看看儿子们的实践能力。这天，简子告诉儿子们说："我已把宝符藏在了常山上，谁先找到就有奖赏。"儿子们火速到常山上寻找，却一无所获，而毋恤回来说："我已找到宝符。"简子说："递上来。"毋恤说："从常山上逼临代国，可以出奇兵，

长平之战

声东击西,夺取代国易如反掌。"简子这回才真正服了,毋恤小小年纪就能审时度势,熟知地形,果然是当将军的材料,于是废了继承人伯鲁,改立毋恤。拦路人解梦的内容应验了。

◎赵襄子的核心关系

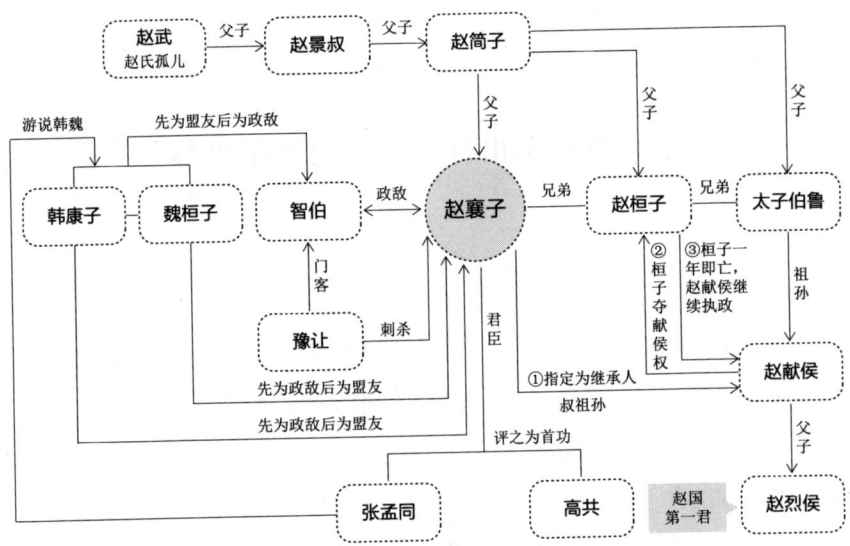

赵简子非常重视人才。他有个臣子叫周舍,喜欢直言劝谏。周舍死后,简子上朝听政时总是郁郁寡欢,大臣们以为什么事做错了,就一起来请罪。简子说:"你们无罪,只是我听说,一千件羊皮袄比不上一件狐裘价值高(《史记·商君列传》中有类似的话:千羊之皮,不如一狐之腋;千人之诺诺,不如一士之谔谔。指具有独到见解并且实事求是、敢于仗义执言的奇才太难得了)。我记得周舍刚来时无人引荐,在我门前站了三天三夜,我感到奇怪,派人问他有什么事,他说:'我想做直言无忌的臣子,为您指出过错,辅佐您做一番大事业。'现在回想他清正廉洁、铁

第四章　真将军出身寒微　赵襄子忍辱负重

骨铮铮的风貌，真是感慨良多！诸位大夫上朝时，我只能听到唯唯诺诺的奉承，听不到像周舍那样掷地有声的争辩，人的耳边听不到反对意见怎么行呢？我是在为这件事忧虑。"从此，赵简子封地的人更加仰慕他，他也抓紧实施人才培养战略。

赵简子梦中射死的熊和罴，指的正是晋国六卿中的范氏和中行氏（两方冲突的原因过程不再赘述，这不是本文的重点，只要知道"成者为王败者贼"即可），范氏、中行氏被定性为"叛乱"，最后被驱逐出境，而晋国政权落在了智氏、赵氏、魏氏、韩氏四家手里。赵简子通过这次行动占有了邯郸、柏人两地（后来邯郸成了赵国的首都，而汉高祖刘邦差点在柏人遇刺，后文有述）。赵简子名义上是晋国的大臣，实际上独揽了国家政权，他的领地已经可以和普通诸侯相媲美了。

赵简子生活在晋定公时代，这时已经是春秋末期，当时的大事是处于长江中下游的吴国和越国争霸，赵简子与越王勾践同时代。晋定公三十年，赵简子随晋定公出席黄池大会，在此次大会上，吴王夫差勉强争取到盟主的地位。晋定公三十七年，越王勾践灭掉了吴国。在这些年中，赵氏进一步积蓄力量。

晋定公死后由晋出公继位，在晋出公十一年时，四卿之一的智伯讨伐郑国。赵简子生病，就派儿子赵毋恤跟随出兵。智伯喝醉了，用酒灌毋恤，毋恤酒量小不能喝，智伯发怒，认为不给自己面子，操起酒器打了毋恤，毋恤顿时血流满面。赵氏的将士忍不住了，想要杀了智伯，赵毋恤说："好汉打掉牙要和血吞。我父亲之所以立我为继承人，是因为我能忍辱负重。这种小耻辱我必须忍耐。"但他也因此怨恨智伯。智伯回国后把这件事告诉赵简子，要求他废了毋恤，简子不听，毋恤更加憎恨智伯，两人酝酿着一场决战。

第五章　智襄子贪得无厌　韩赵魏反客为主

智伯原名叫智瑶，因智氏源于荀氏，又称荀瑶、智伯瑶，史称智襄子。他父亲智徐吾在册立继承人时向家族征询意见，族人智果说："智瑶比不上智宵贤能。"智徐吾说："智宵论才智谋略都比不上智瑶。"智果说："我承认智瑶有五个长处：身材魁梧，相貌堂堂；临阵当先，勇冠三军；博学多才，有所建树；坚毅勇敢，魄力惊人；智谋无双，灵活多变。然而他贪婪成性，不行仁义，这是他致命的弱点。再加上他自以为是，心狠手辣，恃强凌弱，这样谁还能容忍他？一个人不管多么优秀，只要他有致命的弱点，给对手留有可乘之机，必败无疑。如果立智瑶为继承人，我们智氏必然灭亡。"可是智徐吾不听，还是立智瑶为继承人。智果为了逃避灾祸，改姓为辅氏（中国百家姓中很多姓氏就是这样，出于某种原因，从一个姓氏演化出不同的姓氏）。现在的智伯就是那个智瑶，他主宰了晋国的政权，一时骄横跋扈，目中无人。大家请看，赵毋恤是四卿之一赵简子的继承人，其身份地位和他不相上下，可喝了点酒

第五章　智襄子贪得无厌　韩赵魏反客为主

他想羞辱就羞辱一顿，其他人就更不用说了。智伯因为一点小事给自己惹了大祸，后来果然被赵毋恤击败。

晋出公十七年，赵简子去世，儿子赵毋恤继位，被称为赵襄子。在襄子小的时候，父亲让他们到常山找宝符，别的儿子都空手而回，只有襄子看出从常山偷袭代国是最佳的进兵路线，可见赵氏觊觎代国很久了。但是为了麻痹代王，襄子把姐姐嫁给代王做夫人。赵简子刚刚被安葬，襄子丧服还没脱，就迫不及待地实施吞并计划。他邀请代王赴宴，这小舅子请姐夫喝酒本是天伦之乐，没什么值得担心怀疑的。但在吃饭时，赵襄子派人用盛汤的大铜勺击杀了代王及其随从，接着发兵平定了代国。襄子的姐姐听说后哭泣着呼唤苍天，用磨尖的簪子自尽了，代国人怜悯她，把她死的地方取名为磨笄（jī）山。襄子又把他被废掉的哥哥伯鲁的儿子赵周封在了代地，称为代成君，因为伯鲁死得早，所以封了他的儿子。代，在今河北蔚（yù）县东北部的代王城。赵襄子元年，代国被赵所灭。而后，此地先为代成君封邑，在赵武灵王时设置代郡。战国时代这里是赵国的疆域。秦王政十九年（公元前 228 年），秦将王翦（jiǎn）攻破邯郸，俘虏赵王迁。赵公子嘉自立为代王，在代地抵抗六年，公元前 222 年被秦所灭。

襄子继位后第四年，四卿智、韩、赵、魏把被打跑的范氏、中行氏的土地瓜分了，这些土地本来应该被收归国有，因此晋出公大怒，寻求齐国与鲁国的支援，想依靠外力讨伐四卿，但自己没本事，外援也靠不住。这四卿就联合起来进攻晋出公，晋出公在逃亡齐国的路上死掉了。智伯本想取而代之，但是又有所顾忌，于是扶立了傀儡政权，由晋懿公（一说为哀公或敬公）姬骄"执政"。从这以后智伯更加骄横，他的贪婪也进一步显现，他向韩康子、魏桓子索要土地，韩、魏双方掂量了一下自

长平之战

己的实力,认为现在还不能和智伯正面冲突。韩康子的谋士说:"智伯贪得无厌,他假借晋君的命令削夺我们的土地,若不给,他必然说我们违抗君命,正好找借口攻击,还是给他吧。他尝到甜头,肯定还会向魏、赵伸手,如果他们不给,肯定要打起来,那时我们再找机会讨回公道。"于是韩氏割让了土地。智伯果然心喜,又向魏氏要土地,魏桓子的谋士说:"智伯贪婪成性,他提出的非分要求得到满足后,肯定更加骄傲,自以为谁都怕他,失去土地的则怕他得寸进尺。骄傲者必轻敌,而恐惧者必相亲,到时韩、魏、赵三家联合,去攻击骄傲又没有防备的智伯,智氏的灭亡之日就不远了。"于是魏桓子也割让了土地。

◎晋国四大家族的分化组合

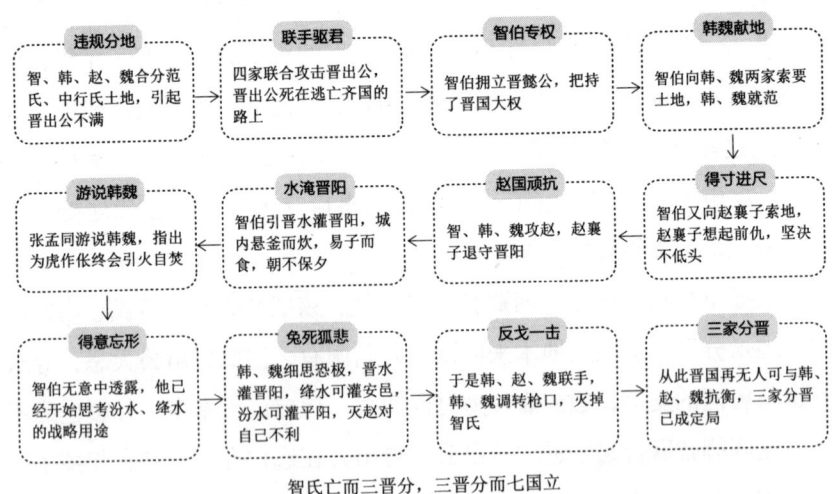

智氏亡而三晋分,三晋分而七国立

智伯的使者又到了赵氏那里,说明来意,赵襄子本来就因智伯酒后欺辱自己怀恨在心,如今又要无端地割占自己的土地,他忍无可忍,拍

第五章　智襄子贪得无厌　韩赵魏反客为主

案大怒,把智伯的使者骂了个狗血喷头。智伯也早看不惯襄子七个不服八个不愿的样子,于是他联合韩、魏进攻赵襄子。这韩、魏一方面是惧怕智伯,另一方面也贪图赵氏的土地,于是两个弱者就为虎作伥,帮助施暴者去欺凌另一个弱者。赵襄子抵挡不住,逃到了晋阳,三家围攻晋阳,一年多都没有攻克。原来,这晋阳是赵氏的大本营,襄子在这里有深厚的群众基础。他和父亲简子一直很爱护晋阳的百姓,所以百姓拼死保卫城池。后来智伯察看并利用周边的地形,引晋水灌城,晋阳整个被水淹没。城里只能把锅悬起来做饭,后来断粮了,百姓只好互相交换子女杀着吃(也就是最惨烈的悬釜而炊、易子而食)。俗话说久病床前无孝子,长时间被封锁,群臣都有异心,礼节也日渐疏慢,只有大臣高共对待赵襄子始终如初。

　　赵襄子担心再拖下去发生民变可就糟了,就派手下张孟同夜里去劝说韩、魏。张孟同对韩康子说:"以前六卿和睦,共同执政,后来范氏、中行氏不得民心,自取灭亡。如今只剩智、韩、赵、魏四家。智伯无故侵夺赵氏的祖传基业,我的主君考虑到这是祖先流血流汗拼杀得来的,怎能随便给人,可就遭到了智伯的攻击,他可真是蛮横至极呀!他自恃强大,联合您及魏氏想要攻灭赵氏,赵氏若灭亡,接下来恐怕就轮到韩、魏了,您可能认为我这是危言耸听,其实不然。今天韩、魏追随智伯,主要是得罪不起他,又指望在事后能得到赵氏的土地,这可错了,您想想,韩、魏不是把自己的祖宗基业都割让给智伯了吗?对诸位的核心利益他都垂涎三尺,到时赵氏的土地他能分给别人吗?赵氏被灭,智伯更强大,以他现在的实力诸位尚且不敢抗衡,等到他更加强大时,诸位还敢提这次的功劳来分一杯羹吗?那不是与虎谋皮、荒唐可笑吗?退一步讲,即使他遵守诺言把我们赵氏的土地分给了你们,以智伯的贪婪成性,谁敢保证他日后不会再要回去?到时你们给是不给?不给,你们仍然会反目成仇,他为了利益,不会顾及你们这次所谓的功劳。若是给,那你们就只能忍气吞声,那我就想问了:你们这样流血流汗不是为他人作嫁衣裳吗?你们想想智伯的为人和本性,他什么时候为别人着想过,他什么时候知足过?所以不如和我们赵氏联合,进攻智伯,平分他的土地。他的领土有赵国的几倍大,而且我们可以除去心腹大患,那时韩、赵、魏三家同心协力,唇齿相依,难道不是美事吗(这段话是意译,笔者不自量力地认为这样译能得其精髓,大家可以查阅《史记》或《东周列国志》看原文)?"韩康子点头同意,派人去联合魏桓子,魏桓子说:"智伯狂傲自大,目中无人,我也恨之入骨,但是这事不能操之过急,当三思而行。"不管怎么说,堡垒已经被从内部攻破了。

第二天,智伯邀请韩氏、魏氏来饮酒,他又有点喝高了,得意忘形地指着晋阳城说:"他们撑不了多久了,我现在才知道用水可以灭亡别人的国家。晋国水系发达,白浪滔天的汾水、晋水、绛水,都有可能成为我强有力的武器。"听到这话,魏桓子用胳膊肘碰了韩康子一下,韩康子也偷偷地踩了他一脚,两人交换了眼色,都感到惊惧。智伯现在用晋水灌晋阳,但将来可以用汾水灌魏氏的都城安邑,用绛水灌韩氏的都城平阳(原文可能有误,综合参考应该是晋水灌晋阳,绛水灌安邑,汾水灌平阳),两人这才真正理解兔死狐悲、唇亡齿寒的道理,也下定决心,要与赵襄子联合灭了智伯。智伯酒醒以后也知道自己的话说过火了,又把二人找来,说什么自己为人性直,有啥说啥,其实什么意思也没有。二人也表现得相当"无所谓",又大表了一番忠心,智伯心存侥幸,以为就此揭过。但他错了,大错特错。话一出口,覆水难收。

第五章 智襄子贪得无厌 韩赵魏反客为主

◎关于智伯以水攻城的考证

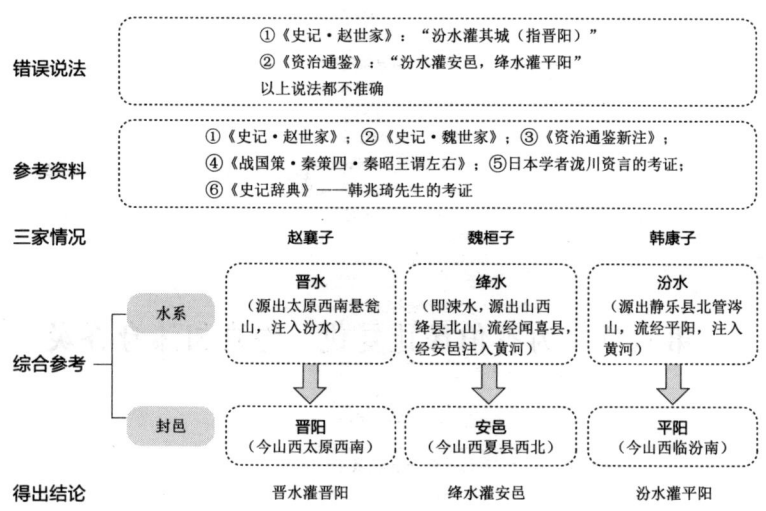

智伯先前和赵襄子结怨就不值得，只因为赵襄子酒量浅喝得少，驳了智伯一点面子，他就看得比天大，拿酒具打得赵襄子满脸开花。想做点事业的人，哪能在这些不值当的事情上埋下祸患呢？想要害人反而为人所害，值得吗？所以智伯的灭亡理所应当。就这样，韩、赵、魏三家联合消灭了智伯，瓜分了他的土地。智氏亡而三晋分，三晋分而七国立。事后赵襄子论功行赏，高共拔得头筹，张孟同说："晋阳危而复安，只有高共寸功未立。"襄子说："当我处境最危险的时候，群臣都懈慢无礼、三心二意，只有高共不离不弃，始终没有丧失作为人臣的礼节，他高贵的心价值连城，所以让他受上赏。"这时赵氏向北兼并了代国，向南分得了智伯的土地，比韩、魏都强大。乃至后来，赵国也一直是阻止秦国向东扩张的强劲力量。

第六章　为智伯豫让复仇　隐真相漆身吞炭

智伯死后,他的门客豫让要为他复仇(《史记·刺客列传》)。豫让曾经侍奉过范氏和中行氏,但没有什么名声,离开这两家去服侍智伯,却受到尊敬宠信。等到智伯被赵襄子杀死后,门客也树倒猢狲散,都逃之夭夭了。豫让为了逃避追杀,也躲到深山里。后来他听说赵襄子因为对智伯恨之入骨,竟然把智伯的头颅挖空,在外面涂上漆,作为饮器(对饮器的理解有两种:一为喝酒用的器具,一为尿壶。按照正常的理解,谁也不会在喝酒时在桌子上摆个骷髅,应该是夜壶才对,这也更能发泄赵襄子的不满)。听说智伯死后还受这种侮辱,豫让心中不安,叹道:"唉!士为知己者死,女为悦己者容。智伯对我有知遇之恩,我要为他报仇。我受人大恩,即使因复仇而死,我的魂魄也没什么好惭愧的了。"于是豫让变更姓名,故意犯罪,成为需要劳动改造的罪犯,来到赵襄子的宫中粉刷厕所。他身上带着匕首,想择机刺杀襄子。选取厕所作为刺杀地点,趁解手时刺杀是很合适的。赵襄子上厕所时突然心中一惊,第六感告诉他

第六章 为智伯豫让复仇 隐真相漆身吞炭

有危险,于是派人把粉刷厕所的人都抓来盘问,就这样抓住了豫让,又在其衣服里搜出匕首,问他想干什么。豫让说:"我要为智伯报仇。"左右都要杀了他,赵襄子却说:"这是一个有义气的人。智伯死了没有后人,其他门客也逃得无影无踪,只有豫让锲而不舍地为自己的主人复仇,这是天下的义士,不能杀。"就问:"我放了你,你能冰释前嫌吗?"豫让说:"您释放我是因为私人的感情,而我复仇是为了大义。"左右又要杀他,说:"这人如此无礼,放了肯定会有后患。"襄子说:"我已决定释放他,怎么能言而无信呢?以后小心躲避他就是了。"于是放豫让走了。

有一个典故叫"漆身吞炭",就来自豫让。第一次复仇失败后他仍然不死心,可又担心赵襄子认得出自己,以后再无机会。于是他用漆涂抹身体,弄得一身疮,像患了麻风病一样,还拔掉了胡须和眉毛,又担心别人认出自己的声音,就吞下木炭,破坏了声带,使声音沙哑难听,连妻子都被他瞒过去了(这个典故也叫漆身为厉、吞炭,是指义士为报知遇之恩,不惜一切代价为人复仇)。豫让在街上讨饭,他的朋友认出了他,说:"你不是豫让吗?"他说:"我就是。"朋友流着泪说:"凭你的才能,若是去侍奉赵襄子,肯定会受到宠信,那时你有机会接近他,便可以为所欲为了,那样不是更容易吗?何苦要这么摧残自己的身体?而且即使这样做,报仇也难如登天。"豫让说:"我若是委身侍奉赵襄子,同时又想杀他,这是用二心侍奉自己的主人,我宁可漆身吞炭,也不做那种两面三刀的事,我之所以这样做,就是要使天下后代那些三心二意服侍君主的臣子感到惭愧。"这就是豫让的人生观和价值观。

没过多久,豫让打听到赵襄子要外出,于是埋伏在襄子必经的桥下。襄子刚到桥上,马就受了惊,他感觉肯定有人意图行刺,派人到桥下搜捕，果然抓到一个人，襄子说："虽然这人面目全非，但肯定是豫让。"于是他列举条条罪状责备豫让道："您不是也侍奉过范氏、中行氏吗？智伯把他们消灭了，但您不为他们报仇，反而投靠了智伯。如今智伯死了，您怎么又非得为他报仇呢？"豫让说："人敬我一尺，我敬人一丈。范氏、中行氏只把我当普通人看待，所以我也用平常的态度回报他们。至于智伯，他像对待国家的名士一样对待我，我因此也以超凡的情义对待他，这两者有本质的区别，不能一视同仁（原文是"范、中行氏皆众人遇我，我故众人报之，至于智伯，国士遇我，我故国士报之"。此语在千年之后读来仍然虎虎有生气）。"赵襄子感慨叹息不已，流着眼泪说："哎呀！豫让先生，您为智伯赴汤蹈火，心意已经尽到了，而我对您宽仁大度，也已经到头了，我不能再赦免您了，您还是想个办法吧。"他命令军士团团围住豫让，豫让说："我听说贤明的君主不掩盖别人的美德，而忠臣为了气节道义奋不顾身。以前您曾经赦免过我，对于一个想置您于死地的刺客，真是仁至义尽了，天下人都会称颂您的恩德。我豫让也并非铁石心肠，同样感恩戴德，对于今天的事情，我甘愿伏法。但希望您能把衣服脱下来让我击砍，以此来表达我为智伯报仇的志愿，那样，我死而无憾。虽然这是非分的想法，但我还是要说出心里话。"襄子被他的义气所感动，派人拿衣服给豫让，豫让拔剑，跃起三次大力击砍，说："我可以报答九泉之下的智伯了。"接着他伏剑自杀。豫让就义的这座桥，一般是指旧址在今太原境内的汾桥。豫让死的那天，赵国的有识之士都为他流泪。这真是投之以桃，报之以李，宁死也要酬谢知己，展现了人性的光辉与伟岸。

第七章　赵烈侯首任赵王　公仲连实施变法

赵襄子在位三十三年后去世，他没有在自己的五个儿子中挑选继承人，而是选中了侄孙赵浣。襄子一直对哥哥伯鲁怀有愧疚之情，因为自己贤能，父亲赵简子废掉了哥哥。他刚开始想传位给伯鲁的儿子赵周，可赵周死在自己前头，于是册立赵周的儿子赵浣，就是后来的赵献侯。这个赵襄子也不是简单的人物，他年纪轻轻就有战略眼光，受到智伯侮辱时也能忍辱负重。晋阳被淹，都到了易子而食的危急关头，百姓也没有抛弃他，确实是得道者多助。最终反败为胜，更能说明他的谋略智慧冠绝一时。而且他豪气干云，对待豫让仁至义尽就是最好的证明。

赵献侯继位后还没站稳脚跟，就被赵襄子的弟弟赵桓子（一说是儿子）给驱逐了，而赵桓子在位仅一年就去世了，赵国人认为赵桓子继位名不正言不顺，也不是赵襄子的本意，于是就杀死了赵桓子的儿子，迎立赵献侯。献侯在位十五年去世，儿子赵烈侯赵籍继位。公元前403年，周威烈王正式发布官方文件，承认赵烈侯赵籍、魏文侯魏斯、韩景侯韩虔为诸侯。赵、魏、韩三家都成为诸侯，这也标志着战国时代正式开始。《资治通鉴》就从这一年写起。

赵烈侯是个音乐爱好者，甚至有点痴迷，他对相国公仲连说："我有喜欢的人，可以赐予他们尊贵的地位吗？"公仲连道："让他们富裕可以，但不能给他们爵位。"烈侯说："那好，我想赐给从郑国来的歌手枪和石每人一万亩田地。"公仲连说："好。"实际上他根本不同意。身系天下苍生的国君，理智追星尚且显得离谱，何况是如此狂热、如此为所欲为呢？过了一段时间，赵烈侯又询问赏赐歌手的事，公仲连没办法，只能实行缓兵之计，说没有找到合适的田地。不久，烈侯又询问落实的情况，公仲连始终不给土地，但也无可推脱，只能装病不上朝。他的朋友、番吾的封君说："您本身是正人君子，作为相国也想推行德政，但可惜不知该从何处下手。您不赏给歌手田地，说明您知道赏赐这种人会败坏社会风气，可您无计可施，一味推脱，这种逃避矛盾的做法是不可取的。而且禁止国君做这些事也仅仅是细枝末节，不是问题的关键所在，更不是相国的职责所在。请问您在当相国的四年中推举过贤才吗？"公仲连说："没有。"番吾君说："这就是您最大的失职。牛畜、荀欣、徐越都是难得的人才，可是您这么多年视而不见，我不知道缺少左膀右臂的相国是如何开展工作的。"公仲连幡然醒悟，于是把这三人推荐给烈侯。

在朝廷上，烈侯又问起赐田一事的落实情况，公仲连说："我正派人挑选良田，您再等等。"他是在等这三位贤士的劝谏。第一天牛畜建议赵烈侯推行仁义，用王道约束行为，烈侯的态度有所缓和；第二天，荀欣劝导烈侯重用人才，选举清廉能干的官吏；第三天，徐越劝说烈侯勤俭节约，用正确的尺度考察评估手下的得失。他们讲得合情合理、深

第七章 赵烈侯首任赵王 公仲连实施变法

入浅出,烈侯听进心里,喜上眉梢。明白这些道理后,烈侯派人告诉相国公仲连:"先不要给歌手田地了,这件事要三思而行。"赵烈侯让牛畜当自己的老师,时时规劝自己的不当行为;让徐越掌管都城政务,荀欣负责官吏的考核;赐予公仲连两套名牌服饰。作为相国,公仲连听了番吾君的建议,抓住工作重点,举荐人才,而且用这种方式才能使烈侯认清根本问题。光靠推脱来阻止烈侯滥加赏赐是不行的,这次阻拦了还有下次,这不是从根本上解决问题的方法。一个人努力做事是对的,但是如果事情没有得到根本的改变,就是说没有抓住根本问题,没有解决主要矛盾,那么再努力也是治标不治本。这也是我们办事时中常犯的错误。牛畜等三个贤士开始在赵国辅助赵烈侯变法,这种变法与商鞅变法具有同样的性质,都体现了新兴地主阶级的政治诉求。这次变法也被称为"公仲连变法"。

赵烈侯在位九年后死去,弟弟赵武公继位,武公在位十三年去世(一说没有赵武公这个人,一直是赵烈侯在位),赵人又拥立烈侯的儿子赵章,也就是赵敬侯。赵敬侯元年,赵敬侯的堂兄弟、武公的儿子赵朝作乱,但没有得逞,逃到了魏国。赵敬侯十一年,韩、赵、魏三家共同灭晋,瓜分了晋国仅剩的那点土地。敬侯在位十二年去世,儿子赵种继位,也就是赵成侯。这期间,战国七雄纷争不断,旁边的小国可遭了殃,都成了他们的盘中餐。而赵国主要与秦、魏、齐争权夺利。赵国的西边是秦,东边是齐,东南是魏,它处在中心地带,因此它四面出击。赵成侯二十五年,成侯去世,他的儿子公子缂与太子争位失败后逃亡,太子继位,就是赵肃侯。赵肃侯与秦孝公是同时代的人。在赵肃侯十二年时,秦孝公去世,商鞅被杀。赵肃侯十六年春天,他要出门巡游。大戊午牵住马说:"一年之计在于春。现在正是惜时如金的农忙时节,不能出游扰民,耽误一天都会影响庄稼收成。而且百姓正在面朝黄土背朝天地苦干,您不为他们着想也罢了,还优哉游哉地欣赏风花雪月,这会增加百姓对国君的怨恨呀。"赵肃侯赶忙下车认错。赵肃侯在位时,战国的著名辩士张仪和苏秦都出现了,其中苏秦以赵肃侯的名义号召、推行自己的"合纵"主张,把韩、赵、魏、楚、燕、齐六国联合起来抵抗秦国。赵肃侯在位二十四年去世,他的葬礼很风光,秦、楚、燕、齐、魏各派精锐一万人来参加葬礼。肃侯之子赵武灵王继位,又一个大人物登场了。

第八章　武灵王雄才伟略　赵国处四战之地

赵武灵王继位时年龄幼小，不能独立处理朝政，由知识渊博的老师和品学兼优的君子各三人组成教导组，负责规范其行为，完善其人格。等到武灵王亲政后，首先向自己父亲的老臣肥义请教治国方略，他给肥义提高俸禄，并且为年满八十岁的乡绅"三老"建立最低生活保障制度，在内政上进行调整。这时名义上的最高统治者还是周王室，周天子才能称"王"，而其他诸侯只能称"公"或者"侯"，这就是礼法，如晋文公、齐桓公、赵肃侯等。那时的爵位分公、侯、伯、子、男五档，而"王"是周天子专用的。等到有了皇帝称号，王才降了一级。像汉高祖刘邦后来规定不是刘家子弟不能称王，外姓人只能做到侯爵（有个典故叫"冯唐易老，李广难封"。这两个人都是汉初人物，其中李广最大的人生理想就是封侯，可惜他虽然战功显赫，被称为"飞将军"，可总是在关键时刻出乱子，至死都没被封侯，留下终生遗憾）。在春秋时代，作为地方大员，称公、称侯已经不错了。但到了赵武灵王时，诸侯已经不考虑周王室的面

长平之战

子，纷纷称王，只有赵武灵王不这么做。"武灵王"其实是他的谥号，在这里称之为"赵武灵王"是为了方便。在他继位八年的时候，他命令国人称他为"君"，理由是没有"王"的实质，光要一个"王"的虚名有什么用呢？有这种想法说明他是一个务实的人。关于他在世时是否称王，学术界一直有争议，三国时代那个"冢中枯骨"袁术袁大人显然没有熟读历史，连曹操那样的人物都只能"挟天子以令诸侯"，袁术却匆匆忙忙称帝，结果成为众矢之的，没两年就呜呼哀哉了。民国时代的袁世凯已经有皇帝的实权了，却非得要一个虚名，结果也是在全国人民的唾骂声中死翘翘了。像朱元璋绝对是一个厉害人物，他听从朱升的计策，"高筑城、广积粮、缓称王"，结果他笑到了最后。人生在世总是被虚荣牵制，不知"名实相符"的真正意义，结果不是自寻烦恼，就是自寻死路，赵武灵王应该是我们学习的榜样。

在接下来的几年中，赵国的军政大事主要是与秦国争斗，但失败居多。赵武灵王十六年，有一天，他梦见有个女子弹着琴咏唱诗歌："美人光彩夺目啊！娇艳欲滴；命运啊！你为何如此残酷，竟然辜负了我这倾国倾城貌，害得我缠绵悱恻，成了多愁多病身；命运啊！我何时才能遇到如意郎君。"原文是"美人荧荧兮，颜若苕之荣，命乎命乎，曾无我嬴"。苕，是一种草本植物，可以染布、护发养发，其花美艳；嬴，是姓氏。直译应是自己美艳绝伦，可惜没人知道芳名之意，笔者采用意译，想用文学的语言来描述。武灵王饮酒高兴时，多次提到这个梦，想要见到自己心仪的梦中情人。吴广听说这件事后，就把自己的女儿娃嬴（又叫孟姚）送进宫中，她很受宠爱，因为她确实有点像武灵王的梦中美人，这就是后来的惠后。赵武灵王的祖先赵简子曾梦见玉皇大帝对他说，要把舜帝后代的女子嫁给他的后世子孙，应该就是指这段姻缘。

第八章　武灵王雄才伟略　赵国处四战之地

赵武灵王十七年，他修建了野台，用来瞭望齐国和中山国的边境，这表明他对边境安宁的忧虑。赵武灵王十八年，喜欢体育运动的秦武王和大力士孟说比赛举龙纹赤鼎，一时逞能压断了腿，没多久就死掉了，孟说的家族也因此被诛灭。赵武灵王派人到燕国把作为人质的公子嬴稷护送回秦国继位，就是秦昭王（即秦昭襄王，本书统一采用"秦昭王"的称呼）。他是秦武王的兄弟、秦始皇的太爷，在位五十六年，而秦始皇的父亲与爷爷在位合起来不过四五年的光景。所以从这以后，各国基本都在与秦昭王打交道，蔺相如完璧归赵时的秦王也是他。赵武灵王十九年，武灵王在信宫举行盛大的朝会，召见肥义讨论天下的时政要闻，五天才谈完，他将有一个重大的举措。武灵王说："我的祖先在沧海横流、世事变迁中抓住了历史机遇，扩大了疆域，但大业还未完成。如今赵国同样四面受敌，列强环伺，北边有燕国，东边有东胡，西边毗邻林胡、楼烦及秦、韩的边界。若无强大的军事实力做后盾，赵国就要亡国了，怎么办？要想成就大功名，就必须抛弃条条框框，不受世俗观点的拖累，锐意改革。我想让全国改穿胡人的服装。"他所说的东胡、林胡，根据《史记·匈奴列传》记载都是燕、赵的劲敌。赵国毗邻今内蒙古一带，那里是游牧民族的主要活动区域，而这以后的一百年里，匈奴逐渐发展壮大。秦始皇曾派蒙恬攻打匈奴，又修建长城防备他们入侵，汉高祖刘邦的"白登之围"也是匈奴干的。到了汉武帝时更是与匈奴战争不断。赵武灵王的改革叫"胡服骑射"，"胡服"就是改穿胡人的轻便服饰，在现在这没什么了不起，可在当时，这项措施受到赵氏贵族和大臣的一致反对。因为赵国所在的中原是正宗的礼仪之邦，怎么能向胡人学习呢？当时中原各国称少数民族为夷、胡、戎、蛮、狄，多少有一点瞧不起的意味，连秦国都因为地处偏远，受到中原文化的排挤。可以说当时自诩

长平之战

主流的赵国贵族根本接受不了武灵王这一决定,除了楼缓等人,朝野上下一致反对。

◎胡服骑射的战略分析

地理因素	赵国周边强敌环伺,西有秦国、韩国和游牧民族林胡、楼烦,东有东胡,北有燕国。赵国压力巨大,必须做出改变。
面临困难	①周边擅长骑射的游牧民族,对赵国直接构成威胁; ②车兵不适合山地战,步兵不适合与骑兵作战,迫切需要改革兵种和战术,把"车兵+步兵"的战斗方式改为"车兵+骑兵+步兵",赵国需要大力发展骑兵; ③赵国的战略目的之一是从云中、九原南下攻秦; ④华夏服饰不利于生产生活,尤其不利于骑兵战斗; ⑤赵国贵族无法摆脱文化优越感,不愿学习效仿夷狄。
主要改变	①改变文化;②改变观念;③改变服饰;④改变兵种;⑤改变战术;⑥改变战略。
战略成效	①攻灭中山;②攻破林胡;③攻破楼烦;④拓地,北至燕、代;⑤在原阳设置骑兵训练基地。

在这里笔者有必要解释一下胡服骑射中"骑射"的含义。我们汉字当中有一个"骈"字,指并列的、对偶的,常见词为"骈文",是种讲究对仗的文体。骈字原本的含义是两匹马拉的车。有一个"骖(cān)"字,是指驾在车前两侧的骖马,也指"三匹马拉的车"。还有一个"驷"字,是指套着四匹马的车,也指"同驾一辆车的四匹马",如"一言既出,驷马难追"当中的"驷马"。在春秋战国时代,乘坐"驷马高车"是身份尊贵的象征;四匹马拉的车也叫"一乘(shèng)"。在当时,"万乘之国"是指周王室,而千乘之国是指诸侯。而且在春秋时代,马与车是不分家的,"有车必有马,有马必有车"。马车在战争中的作用相当于现在的坦克,优点是适合集团冲锋,缺点是机动性不强。赵武灵王

第八章 武灵王雄才伟略 赵国处四战之地

的骑射改革就是把"马"与"车"分开,大力发展骑兵,这个兵种更适合游击战和运动战。笔者以为,这场改革之所以首先发生在赵国,是因为赵国常常遭受盘踞在附近的游牧民族的攻击,游牧民族的骑兵来去如飞,赵国军队相对被动。既然要发展骑兵,就要练习骑术和射箭,首先就要改穿轻便的胡服。不管多小的改革,都是在与思维定式和传统习惯战斗,所以推行起来很困难。

第九章　排众议胡服骑射　更军制以策万全

改革总是不会一帆风顺的。赵武灵王刚开始改革，就遭到顽固派的强烈反对。武灵王私下对肥义说："我们赵国的简子、襄子之所以能建立功业，就是因为攻伐胡翟、谋取利益，可这些大臣现在不支持我向胡人学习。作为臣子，应该有孝悌、忠贞、恭顺、明理等德行；能辅佐君主建立功勋并且善于抚慰百姓的，才是真正的深明大义，做到了分内的事。如今我想继承我祖先襄子的业绩，攻伐胡翟以开疆拓土，但孤掌难鸣，只怕终生也难找到与我志同道合的能臣，真是孤独啊！我穿胡服是为了在提高自己战斗力的同时削弱敌人，这是一箭双雕、事半功倍的举措，可以在不浪费民脂民膏的情况下，继承简子、襄子的功业。但凡想法独特、能够深谋远虑的人，总是要遭受别人的误解、冷嘲热讽乃至怨恨。如今我想让百姓穿轻便的胡服，抛弃笨拙的战车，练习骑马射箭，但世俗的人一定会议论、讥笑我，怎么办呢？"他这时的苦恼和秦孝公变法时一样，他们都想改变旧俗、变法图强，但又怕传统而强大的舆论

第九章 排众议胡服骑射 更军制以策万全

压力。肥义这时客串了商鞅的角色,他说:"我听说做事犹豫不决就难以成功,行动拖泥带水就不会成名。您既然决定承受抛弃陋习所要遭受的谴责,就不必顾虑天下人的非议,这时要有独行己见的偏执。追求崇高境界的人,不会附和世俗的见解;成就超凡功业的人,不会与凡夫俗子纠缠不清,这时要有'天下之大,舍我其谁'的勇气与魄力。从前大舜曾像有苗族人一样跳舞而使他们归顺,大禹曾赤着身体进入裸国,他们不是为了满足欲望和快乐,而是为了实地考察当地的风土人情以方便自己决策。只要能取得成果,他们就不会顾忌别人的非议。愚蠢的人即使事实摆在面前也不明白真谛,而聪明的人目光如炬、明察秋毫,在事情发生以前就能预见。您既然通过调查分析认为自己做得对,还有什么可犹豫的呢?"武灵王说:"我对改穿胡服毫不犹豫,只是怕天下人讥笑我。糊涂人追求的快乐,正是清醒明智的人最为悲哀的;愚人的嘲笑,正是贤士正确的证据。世人终有一天会对我心悦诚服,因为改穿胡服的功效不可估量,纵然天下人都来嘲讽我,我也要做,我必定能占领胡地和中山国。"于是他率先改穿胡服。

赵武灵王向下推广政令,第一个阻力来自他的叔父赵成,也就是公子成。武灵王派人告诉公子成:"我已经穿上了胡服,想穿着这种新装束朝会群臣,希望叔父起到先锋模范作用,带头穿上胡服。居家听从父母,做官听从国君,是古今公认的道德规范;儿女不得反抗父母,臣子不准背叛君主,也是约定俗成的规矩。现在我发布改穿胡服的命令而叔父不执行,我怕天下人会议论、观望,从而怀疑命令的权威性。制定国策的标准,以有利于百姓为根本;推行政策,令行禁止是最高的准则。推行教化先要晓谕平民百姓,而推行政令则需要贵族以身作则。现在改穿胡服的目的,不是颠覆传统或者纵情享乐,而是为实现奋斗目标铺路,很多事只有在成功以后,才知道当初的决定是英明的。如今我怕叔父违背从政的规则,跟其他贵族一起表示反对,因此提出来帮助您思考:作为人君最高的道德是仁义;作为人臣最高的操守是恭敬;作为儿子最高的善行是孝顺;作为父亲最高的品质是慈祥;与人交往最高的准则是诚信。而且我听说,推行有利于国家的政策的人,行为受人尊敬,依靠贵戚施政的人,名望不会受损,所以我希望借助叔父的威望,完成移风易俗、改穿胡服的事业。我派人去拜见叔父,请您改穿胡服。"公子成拜了两拜叩头说:"我也听说您已穿上了胡服。我无德无能又赶上卧病在床,不能亲自到您面前阐述观点。如今您命令我穿胡服,为了国家大计,我斗胆说些肺腑真言:我听说,中原是聪明睿智的人居住的地方,是万物财货聚集的地方,是圣贤君子推行教化的地方,是《诗》《书》、礼乐、仁义盛行的地方,是奇技异能试验应用的地方,是远方来客观光旅行的地方,是蛮夷戎狄倾心学习的地方。如今您舍弃这些优越的条件而改穿胡人的服饰,改变古时的教化礼仪,废弃古时的正途常道,违逆百姓的心愿,挑动有识之士的反抗情绪,远离中原的传统习惯,我认为不十分合适,请您再慎重考虑一下这件事。"

使者把公子成的这些话一字不漏地转述给武灵王,武灵王说:"早就听说我叔父是顽固派的代表,若是说动了他,其他人不足为虑。"武灵王亲自到了公子成的家,说:"衣服不在于形式,能方便穿用就好;礼法不能拘泥,方便做事才行。圣人观察时代变化,因时制宜,依据现实条件制定规范、礼法,这样做是为了方便百姓从而有利于国家。剪短头发,文身刺青,衣襟向左开,这是越国的风俗;染黑牙齿,在额头上刺字,戴鱼皮帽子,穿劣等服装,这是吴国的习惯。虽然礼仪服饰不同,但都有一个共同的目的,就是为了方便。一方水土养一方人,自然

第九章 排众议胡服骑射 更军制以策万全

条件不同，风俗也各有千秋，一旦事情发生变化，礼法也要随之而变更。因此圣人认为，只要有利于国家，施政方法不必一致；如果方便行事，礼法可以各不相同。学生师承同一人，但各人的理解不同，所以传播出去的礼法也不相同，即使礼仪制度相同，推行教化的方法也千差万别。所以事物的变化日新月异，即使圣人也没法使它完全一样；服装款式各有千秋，即使贤者也不能让它千篇一律。遇到这种问题只能求同存异，具体问题具体分析，不能强制，不能强求，完全要因地因时制宜。而且越是穷乡僻壤，风俗习惯越是奇异；越是见识浅薄，越是顽固不化。不懂的事不要妄加猜疑，与自己相反的意见不要妄加排斥，偏听则暗，兼听则明，要集思广益，博采众家之长，闻过则喜，见贤思齐，这样才能日益完善自己。如今叔父讲的是遵循旧俗，我讲的是改变旧俗，因此我们的思维方式大相径庭。我们赵国东边有黄河、薄洛之水，与齐国、中山国共有，可我们没有船只可用，要如何守卫那些住在岸边的百姓呢？赵国四面强敌林立，虎视眈眈，可我们没有骑兵守卫边疆，我想改穿胡服、练习骑射，就是为了提高军队的机动性和战斗力。以前中山国与齐国联合多次侵占我们的领土，掳掠我们的百姓，多次制造险情，可因为我们的军队指挥笨拙、行动迟缓，若不是神灵保佑，恐怕都城都要失守了。先王把这些事视为奇耻大辱，仇一直未报。如今我想增强军队的战斗力，最好的方法就是建立机动灵活、可攻可守的骑兵部队，可以观察敌情，可以抓住战机，可以巩固边防，可以血洗耻辱。可要想建立骑兵部队，首先就得改变服饰习惯。叔父只知顺应习俗而违背了祖先的遗志，厌恶改变服饰却忘记了先代的耻辱，这不是我希望看到的。"

公子成拜了又拜叩头道："我愚蠢至极，不理解您的深谋远略，竟然一味迎合世俗的见解，这是我的罪过，俗话说'人无远虑，必有近忧',我知道自己目光短浅。如今您想要继承祖先的遗志开疆拓土,我又怎敢不听从命令呢?"于是第二天公子成也穿上胡服上朝,武灵王正式公布改穿胡服的命令。

  这件事还有余波,贵族赵文、赵造、周袑(shào)、赵俊等人都来劝阻,武灵王说:"普通百姓只知随波逐流,而圣贤要有开创新时代的大气魄,所以谚语说:'没有实践经验只用书本知识去赶车的人,不能摸透马匹的性情;没有辩证思维只知因循守旧的人,不能懂得事物的变革。'遵循旧的礼法不能超脱世俗,拘泥于古人学说不能治理当世。教条主义者刻舟求剑、顽固不化,看不到事物的本质,更不能制订出合乎规律的政策,你们不懂这些道理呀!"于是赵国上下都改穿胡服,并招募士兵练习骑射了。

  赵武灵王的改革确实有效,在接下来的几年中不断取得战果,令诸侯们对他刮目相看,再不敢轻易挑动战争,赵国的疆域进一步扩大。赵武灵王二十七年,正值他年富力强的时候,这一年却发生了新老交替。武灵王大会群臣,把王位传给了儿子赵何,就是赵惠文王,廉颇、蔺相如侍奉的君王。

第十章　生恶念釜底抽薪　沙丘宫主父饿死

赵惠文王赵何完成拜祭祖先的礼仪，上朝处理政事，由肥义担任相国并兼任他的老师。他就是先前提过的惠后娃嬴的儿子。武灵王自称"主父"，有一点太上皇的意味。他想在自己有生之年让儿子得到锻炼，积累政治经验，所以才这么早就传位。武灵王（现在应该称主父，但担心读者因频繁变更名称而糊涂，所以还是这么叫）想要袭击秦国，于是假扮使者去见秦昭王，主要是为了考察秦国的山川地形和秦王的为人。秦昭王并不知情，会见后，感觉这位使者相貌魁伟、顾盼自雄，凛然有霸气，不像人臣的气度，立即派人追赶，可武灵王早已飞驰而去，离开秦国的关卡。秦人经过询问才知道是武灵王，非常震恐，都叹服于他的胆略。赵惠文王三年，武灵王灭掉了中山国，回来论功行赏，大摆酒宴，痛饮五天，封大儿子赵章为安阳君，赵章向来骄奢放纵，对弟弟赵何不服，而他的老师又是骄傲阴险的田不礼，这两个人狼狈为奸。

长平之战

◎赵惠文王的核心人际关系

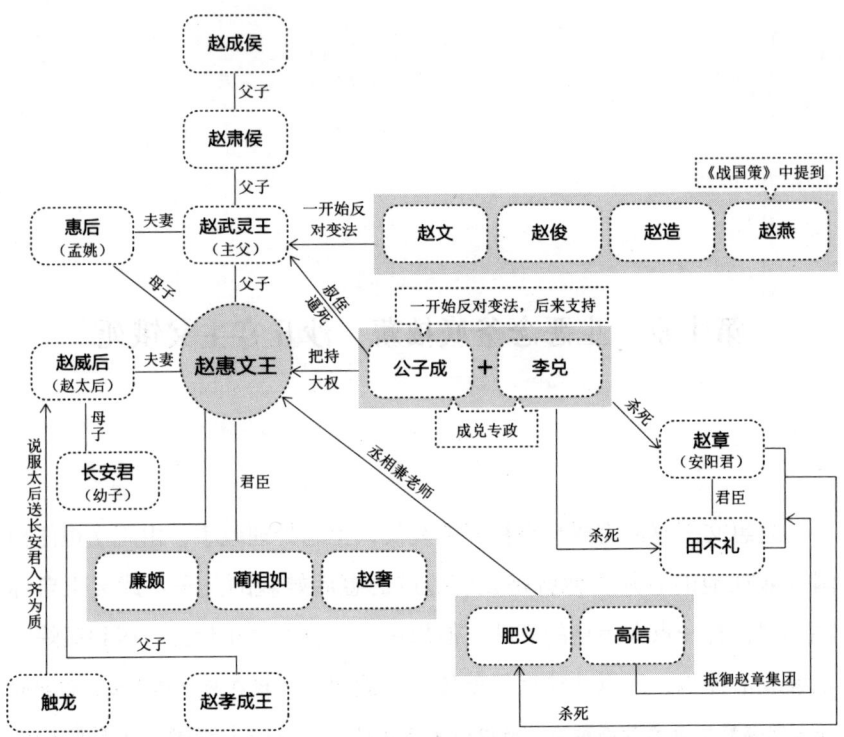

大臣李兑对相国肥义说:"公子赵章强壮而有勇力,骄傲而有野心,党徒众多而且欲壑难填,恐怕私下里有不可告人的阴谋吧?田不礼为人残忍好杀、骄傲自大,这两个人凑在一起肯定会阴谋叛乱。人一旦有侥幸心理就会不计后果铤而走险。小人有野心,往往考虑轻率、谋划肤浅,只看到好处而不顾祸患,只注意眼前而没有长远打算。若是再遇到同类的人互相怂恿教唆,就会头脑发热、意气用事。这些人办事不只是损人利己,有时损人损己、玉石俱焚也在所不惜。根据我的观察,这一刻不会很久了,我已看到了他们蠢蠢欲动的迹象。您身为相国权势太

第十章　生恶念釜底抽薪　沙丘宫主父饿死

大，恐怕要首当其冲，成为叛乱者进攻的对象，他们的矛头都会指向您。仁者博爱众生，而智者防患于未然，不仁不智，靠什么来治理国家呢？您为什么不称病在家而把政权交给公子成呢？不要做叛乱者攻击的目标。"肥义说："不行，主父把大王托付给我，说：'要像对待我一样侍奉我儿子，不要更改做人的原则，不要更改做事的态度，一心一意服侍他，直到你去世。'我接受了命令。现在若是因为害怕田不礼作乱就忘记这项重托，岂不是不讲诚信？主父对我信任有加、恩重如山，我已经接受了命令，如果因为私欲临阵退缩，这不是忘恩负义吗？我若是半途而废，天理难容。谚语说：'假使死人复生，活人面对他时应该问心无愧（死者复生，生者不愧。晋献公死时把他与骊姬的儿子奚齐托付给荀息，荀息也说过这话）。'我有言在先，就必须一诺千金，怎能为了保全自己而畏首畏尾呢？况且有节操的臣子，只有在危急关头，节操才能显示出来。您的忠告我铭记于心，尽管如此，我还是不肯食言，若真有灾祸发生，我宁愿舍生取义。"李兑说："我明白您的心意了，您尽力而为吧，恐怕我明年就看不到您了。"他哭着离去。此后李兑又多次会见公子成，和他商量怎样防备田不礼作乱。

肥义心中也很忧虑。有一天他对信期（掌管内务的人）说："公子赵章和田不礼令人担忧。他们表面上言辞和善，实际上奸狠歹毒、不忠不孝。我听说，奸臣在朝廷是国家的不幸，谗臣在宫中是君主的祸害。这种人贪婪狡猾，工于心计，靠迎合君主的喜好来骗取信任，私下里则凶相毕露、残害忠良，最善于假传命令，曲解旨意，行为傲慢，一旦擅自发号施令，就会为所欲为，没有什么大逆不道的事做不出来。灾祸就要降临到我的国家，我为此忧虑，夜不成眠，没有食欲。对于反叛者不能不提前防备，从今以后，假如主父召请君王，必须先通知我，我先去试探，若是安全才能让君王进见。"信期说："好的，我记住了。"肥义也真是忠臣，但他仁义而寡谋，预防措施做得还是不够。李兑先前的评析太准确了，赵章、田不礼这些人是心存侥幸的机会主义者，他们确实在密谋反叛。

赵惠文王四年，朝廷集会，赵章也来了，武灵王让惠文王处理政事，他在一边观察群臣和宗室贵族的礼仪和态度。这时，看到自己的大儿子赵章垂头丧气地向小儿子俯首称臣，心里也感觉可怜，于是就想分割赵国，把赵章封为代王，但计划还没有实施就中止了。犹豫不决是祸患的开始。这一年，武灵王和惠文王到沙丘游玩，两人住在不同的宫室，赵章、田不礼发动"沙丘叛乱"，假传武灵王的旨意召见惠文王，因为肥义说过，若有谁召见惠文王必须由他打头阵，没有变故才能让惠文王去，这次也是肥义先去了，结果被杀。惠文王的手下高信（应该就是前面说的信期）与赵章等人作战。这时李兑和公子成听说发生变故，从都城赶来，调动周边部队来平叛，赵章被打败，逃到了武灵王所在的行宫，武灵王开门收容了他。公子成与李兑因而包围了武灵王的宫殿，两人进宫去见武灵王，请求把赵章交出来，武灵王说："他没到我这里来，你们再到别处看看。"二人叩头道："赵章叛乱，依法应当诛杀，请您把他交出来。"可武灵王就是不肯。二人退出后，李兑说："事情已经这样，不可能再回头了，我们干脆搜查一下，找不到再谢罪。"于是他们在暗室中搜出赵章和田不礼，李兑拔剑就杀了二人，公子成说："你怎么这么急着动手呢？"李兑说："如果主父向我们要人，不给是抗命，给了又有后患，不如杀了他们。"李兑提着赵章的首级往外走时，听到武灵王的哭声，他对公子成说："主父收容赵章，说明他已经在怜惜赵章了，我等因为赵章而包围了他的宫室，并且杀死了他的儿子，他

第十章　生恶念釜底抽薪　沙丘宫主父饿死

难道不伤心吗？若等到事情平息、秋后算账，我们这些人都得灭族。"于是他们继续包围武灵王的宫殿。这时惠文王年幼无知，根本掌控不了局面。李兑等人对沙丘宫中的人说，"后出来的夷灭三族"，那些人争先恐后地逃了出去，只剩下武灵王一个人孤苦伶仃地困守，想要出去不被允许，又没有食物，饿了只好掏鸟蛋幼雀充饥，三个月以后饿死在沙丘宫，尸体枯槁，真是可怜。这又能怪谁呢？他一开始立赵章为太子，后来得到了娃嬴，封其为惠后，十分宠爱，为了她好几年不外出。她的儿子赵何还未成年，他就废黜了赵章而册立赵何。可惠后去世以后，他对赵何的宠爱也日渐淡薄，反而怜悯起大儿子赵章来了，想让赵何、赵章都当王，却犹豫不决，所以才导致祸乱，以致父子俱死，被天下人耻笑，难道不令人痛惜吗？李兑他们确信武灵王已死，这才向诸侯发讣告，事后，惠文王拜公子成为丞相，封为安平君，李兑也成了司寇，两人专权。

赵武灵王在国家大事上何等果决，可一遇到感情问题马上优柔寡断，结果害了自己，也害了儿子，他死在沙丘宫，这个地方后来更是名声大噪。秦始皇出巡时死在这里，然后赵高、李斯与胡亥相互勾结，篡改诏书，胡亥成了秦二世，公子扶苏被赐死，史称"沙丘之谋"。

第十一章　蔺相如智勇双全　外交官完璧归赵

赵惠文王在位时，最出名的两个人物是廉颇与蔺相如，所以笔者把《史记·廉颇蔺相如列传》放到这里讲。本部分实际上要介绍五个人，另外三个是将军赵奢、赵括和李牧。赵惠文王、孝成王和悼襄王三代都是父死子继，廉颇的活动时间跨越三代赵王，而蔺相如、赵奢基本上只服侍了前两代赵王，赵括是在孝成王时代，而李牧则服侍后两代赵王，所以这五人只能穿插来写，希望大家理解。《史记》还有一篇《平原君虞卿列传》，其中的平原君赵胜是赵武灵王的儿子、惠文王的弟弟，他主要活动在惠文王、孝成王时代，担任相国。但是为了方便把战国四公子放在一起进行比较，把他抽出来单独介绍。

廉颇是赵国杰出的将领。赵惠文王十六年，廉颇带兵攻打东面的齐国，大败齐军，攻取了阳晋城，被任命为上卿，凭借勇敢无畏闻名天下。蔺相如也是赵国人，曾是赵国宦官头目缪贤的门客。赵惠文王得到一块价值连城的和氏璧，秦昭王听说后派人送信来，说愿意用十五座城

第十一章　蔺相如智勇双全　外交官完璧归赵

池来交换和氏璧。赵王就和廉颇等大臣商议：若是把和氏璧交给秦国吧，恐怕得不到城池，白白被骗；若是不答应吧，又怕秦国趁机挑动事端，一时拿不定主意。最后想找一个智勇双全的使者去与秦国交涉，见机行事，但是没有合适的人选。宦官头目缪贤说："我的门客蔺相如能够胜任。"赵王问："你凭什么这么说？"缪贤道："我曾经犯了罪，私下里计划要逃亡到燕国去，蔺相如劝我说：'您怎么知道燕王会保护您呢？'我说：'我曾经跟随大王与燕王会见，燕王私下里握着我的手，说愿意交我这个朋友，我因此知道他对我好，所以想逃往燕国。'蔺相如道：'燕王未必真是对您好。当时赵国强大而燕国弱小，而您又深受赵王的宠幸，他想结交您应该是真的，因为与您结交对他有利。可是现在情况不一样了，您是作为赵国的逃犯去投奔他，燕王肯定害怕赵国的报复。在这种情形下，他不但不会收留您，反而会把您捆绑起来送回赵国，因为您现在不但毫无用处，反而是燕国的包袱，他怎么会为了一个逃犯得罪强大的赵国呢？您不如真诚地向赵王负荆请罪，这反而是唯一的活路。'我听从了他，大王您果然开恩赦免了我，一切都在他的预料之中。所以我认为这人既是个勇士，又富有谋略，应该能胜任。"这件事就是职场的典型案例，有些人跳槽时最容易遇到这种情况，当他在某个公司因为地位特殊或者是能与决策者说上话时，别人会倾心结交他，他若不知道自己只是"狐假虎威"的狐狸，而错误地把自己定位为"老虎"，想跳槽到对方公司，恐怕就犯了致命错误，因为情况不同了。对方会看重的是"老虎"而不是失去老虎护佑的"狐狸"，可惜很多人没有自知之明。笔者也遇到过类似的案例。

于是，赵惠文王召见蔺相如，问："秦昭王想用十五座城池来换和氏璧，该不该答应？"蔺相如说："秦强赵弱，不能不答应。"赵王问：

长平之战

"那他若不给我城池怎么办,他耍赖,我们又打不过他,该如何是好?"蔺相如说:"秦王要用城池交换和氏璧,人家和言细语,要求也合情合理,赵国若不答应,理亏在赵国。赵国给了和氏璧,而秦国不给城池,破坏公平交易、言而有信的规则,理亏在秦国。权衡两个对策,宁可先答应他,让秦国背上理亏的包袱。"赵王问:"谁可以出使秦国呢?"蔺相如说:"大王若没有合适的人选,我愿意带着玉璧出使。若是城邑划归赵国,就公平交易,将和氏璧留在秦国;若是秦国不讲信用,我保证完璧归赵。"赵王于是派遣蔺相如作为护宝使者出使秦国,秦昭王在一处叫章台的离宫接见他,这让蔺相如十分不快。因为这不是一件小事,本来这种外事活动应该在正殿中举行,秦王这种行为隐含了轻视之意。当蔺相如把和氏璧进献给秦王时,秦王大喜,把玉璧递给妃嫔和随从人员观赏,左右侍从都高呼万岁,好像这块玉璧已成为秦国的东西了。相如看出秦王没有诚意履行承诺,于是上前说:"玉璧上有瑕疵,请让我指给您看。"秦王就把和氏璧递还给相如,相如拿着玉璧,后退几步,靠着宫殿的立柱站定,怒发冲冠,对秦王说:"大王想得到这块玉璧,派人送信给赵王,赵王召集全体大臣商议,大臣们都说:秦国贪得无厌、恃强凌弱、胡作非为,想空手套白狼骗取和氏璧,而答应的城池恐怕不会割让。大家本来不打算和秦国做这笔生意,但我认为平民百姓之间的交往也应该以诚信为主,何况堂堂大国呢?而且因为一块玉璧惹得秦国不高兴,十分没必要。因此赵王斋戒了五天,在朝堂上庄严地写下国书,然后才派我捧着玉璧入秦,为什么这么做呢?是尊重秦国的威望,表达敬意。今天我来到贵国,您只在偏殿中接见我,礼节不周,态度傲慢。拿到玉璧后,又让妃嫔弄臣传看。侮辱我也就罢了,但是不能侮辱我们大赵的国格。我看您没有诚意割让城池给赵国,所以收

第十一章 蔺相如智勇双全 外交官完璧归赵

回了玉璧,您若想逼迫我,那么今天我的头就会和这玉璧一起,在殿柱上撞个粉碎!"蔺相如握着玉璧斜视殿柱,摆出同归于尽的架势,秦昭王怕他撞碎玉璧,连忙道歉,再三请求他不要冲动,并且叫负责的官员来察看地图,指着从某地起到某地止的十五座城邑,说要划给赵国。可是蔺相如见秦昭王的言谈举止还是没有丝毫诚意,只不过是做做样子,就说:"这块和氏璧是天下公认的宝物啊!赵王在送出玉璧的时候曾经斋戒了五天,现在您也应该斋戒以表敬意,正式在朝堂上举办隆重的仪式接见我,我才敢献上玉璧。"秦昭王估量了一下,觉得终究不能强夺,就答应斋戒五日,并把蔺相如安置在国宾馆。蔺相如认为,秦王虽然口头答应,但一定会违背承诺,不会割让城池,便让他的心腹化装成百姓,怀揣着玉璧从小道逃回了赵国。

秦昭王斋戒了五天之后,就在朝堂上延请赵国使者蔺相如。相如对秦王说:"秦国自穆公以来,二十多个国君没有一个诚实守信的,所以我害怕被您欺骗而辜负赵国,就派人拿着玉璧从小路返回赵国了。大王您看,秦强赵弱,您只派了一个地位卑微的使者到赵国来,赵王马上就举行隆重的仪式,派我捧着和氏璧来了。您若真有诚意,就先割让十五座城池给赵国,凭着秦国的强大,赵国难道还敢留着玉璧、背负不义的名声而得罪大王吗?只有秦辜负赵,没有赵辜负秦的道理。我知道欺骗您罪该万死,但我已向赵王报信不打算生还了,我视死如归,愿意下油锅承受烹煮的刑罚,让其他国家的人都知道秦王因为强求和氏璧不成,恼羞成怒,而烹杀了赵国使者蔺相如,由天下人来判断是非曲直吧!我只是希望您与群臣好好商议这件事。"秦王和手下大臣面面相觑,发出惊叹,都没有预料到事情的结局是这样,满腔喜悦被当头浇了一盆凉水。侍从就想拉蔺相如下去受刑,秦昭王却说:"今天杀了蔺相如也得不到玉璧，反而伤了秦赵的和气，不如照旧优待他，让他回国，赵王哪会因为一块玉璧而故意欺骗秦国呢？"最终秦王在隆重的典礼中会见了蔺相如，并放他回国。赵惠文王认为蔺相如贤能，外交行动中誓死不让国家受辱，有骨气，于是任命他为上大夫。秦国没有把城邑割让给赵国，赵国也终究没有给秦国和氏璧，这"完璧归赵"的典故大家都比较熟悉。

　　秦昭王的商业欺诈行为很明显，历来都讲究一手交钱一手交货，秦国本身是求购方，而赵国没有意向做这笔生意，只是惧怕秦的强大才答应交涉的。秦国若真是诚心诚意地交易，就应该先让赵军到他割让的十五座城池前待命，然后找第三国使节当见证人，这边蔺相如交付和氏璧，那边赵军入驻十五城，这样的话才能交易成功。笔者浅见，以秦昭王的为人，肯定不会因为一块无用的和氏璧割让血战得来的土地。明朝有个叫王世贞的人写过一篇《蔺相如完璧归赵论》，质疑蔺相如的举动，认为赵国没有必要这么做，当初只要不答应就可以了。你要买我不卖，双方互不亏欠，既然带着和氏璧去了秦国，最后又派人把玉璧送回赵国，这是在激怒秦国。若秦昭王以此为借口大军压境，来责问这件事，蔺相如不但要被灭族，和氏璧也终究会归秦所有，认为蔺相如的方法不可取。他的观点有合理的地方，但是他生活在明代，看不到中国近代的屈辱史。国家之间的利益纷争可不像市场经济规律控制下的商业竞争那么公平，你买我不卖就可以了。当时的秦国确实为了扩展疆域不断制造借口，"弱国无外交"这是古今中外的通则，蔺相如说自秦穆公以来，秦国国君都是以不守信用而闻名天下的，确实如此，但他们不会认为自己出尔反尔、不讲信义，因为强者才是游戏规则的制定者，一旦翻脸不认人，撕毁协定是家常便饭。笔者认为，蔺相如也未必全然在乎一

第十一章　蔺相如智勇双全　外交官完璧归赵

块玉璧的得失，只是怕秦王不费吹灰之力诈取了和氏璧以后，更加小觑赵国，从此胃口大开，得寸进尺。倘若秦王此后再索要贡品、土地，给还是不给？给了，赵国就会更加抬不起头，再难以立足；不给，又会为对方提供借口。谁要是希望用委曲求全来博得贪得无厌的强者的欢心、同情与满足，就大错特错了，这种退让只会激起对方更大的贪欲，而欲望是没有止境的。所以蔺相如如此抗争，只是想彰显国家意志，让秦昭王知道赵国人有种，不是好欺负的，自强才是自信自立最根本最坚实的保障。

其实大家再回顾一下中国近代史，就会理解蔺相如的行为。中国清政府在 1840 年被打开国门以后就步步屈辱，先是签订《南京条约》，设立通商口岸。后来英国因为商品销路不好，归咎于中国开放的地方太少，就有了英法联军再次侵略并签订《北京条约》，进一步扩大利益，触角开始向内地延伸。美、俄两国也加入侵略集团，美国主张利益共享，俄国人则只对土地感兴趣，通过几个条约在新疆、蒙古、东北一带共割走了一百多万平方公里的土地。后来法国再次无事生非，在中越边境制造争端，最后因清政府无能，竟以胜求和，签订《中法新约》。法国即使战胜得到的利益也不过如此，最为致命的是中日甲午战争的惨败，当时世界舆论一致认为中国必胜。以前败给欧洲强国不寒碜，可日本是个弹丸小国，谁知结局还是中国战败，这才让全世界看到清政府的软弱无能，而且清政府为了苟活，在签订条约时一味退让，中日《马关条约》赔偿的二亿两白银是日本全年财政收入的三四倍之多（详见纪录片《复兴之路》）。后来列强干涉日本强割辽东半岛的事，中国又用三千万两白银赎回自己的领土，自己的东西还要自己花钱买，真是滑天下之大稽。1900 年八国联军进北京后，签订《辛丑条约》时，连比利时那样的小国都要来分一杯羹，清政府软弱可欺到了极致。1905年，日俄为争夺中国东北的利益，在中国国土上发动战争，慈禧竟然划出一块特定区域让他们打，事后一看中国人死得最多。更离谱的是，有时赔偿条款还规定要补偿对方的军费，意思是我打你中国花费的弹药钱，你要给我报销，真是屈辱到极致！日本人大规模侵华蓄谋已久，在几十年的调查分析后得出结论：中国是一盘散沙，完全可以各个击破。于是他们以士兵丢失的借口悍然发动"七七事变"。其实从1840年开始，清政府但凡有一次能给侵略者以迎头痛击，中国人也不会一步一步沦为别人的奴隶，不管对于国家还是个人，在原则问题上都不能犯"农夫与蛇"的错误。

所以笔者认为，王世贞的观点只能提供另一个思考的角度，但是提倡小忠小信、小仁小义不足取，在原则问题上就不要总讲什么中庸之道、小不忍则乱大谋了，有时那只是人没有骨头的借口。韩信之所以承受胯下之辱，是不想用自己的千金之躯去换那个无赖的狗命，他"屈"是为了"伸"，但人如果一味地"屈"下去不就成了缩头乌龟吗？清政府可是"最能忍"的呀，那可是做到了"小不忍则乱大谋"的呀，那可是低眉顺眼、媚态百出的呀，那可是"量中华之物力，结与国之欢心"的呀，其摇尾乞怜的本事可以"独步千古、傲视群雄"。他们可没有像蔺相如那样和强国硬碰硬，但是息事宁人了吗？这样强国就找不到再侵略的借口了吗？这样就满足了强国难填的欲壑吗？没有，不可能通过委曲求全解决根本问题。笔者不同意王世贞的观点，而佩服蔺相如大无畏的英雄气概。

第十二章　意气盛廉颇争位　将相和负荆请罪

紧接着的四年中，秦攻打赵两次，赵国战败。在赵惠文王二十年时，秦昭王派使者告诉赵王，想与他在渑池进行友好会盟，赵王害怕，不打算去。廉颇、蔺相如进谏说："大王要是不去，越发显得赵国软弱可欺。"赵王只好起程，蔺相如跟随，廉颇送到边境上，和赵王诀别道："您这次出行，估计来回行程加上会盟，时间不会超过三十天，如果您三十天不回来，就请允许我们拥立太子为王，以此断绝秦王的贪欲。"这很有生离死别的意味，这时最坏的打算就是赵王被秦国扣押，然后要挟赵国。赵王同意廉颇的意见。从他敢去赴会又敢于留下遗嘱看，倒也有点骨气。秦赵两国君王在渑池相会，秦王喝酒喝得欢畅，说："听说赵王精通音乐，请弹奏一曲吧。"左右把琴瑟拿了过来，赵王面红耳赤，但不敢推辞，只好勉强弹了一曲，秦国的史官走上前来写道："某年某月某日，秦王与赵王饮酒，命令赵王弹瑟。"这样写的话，赵国可就一点国格都没有了。蔺相如大怒，上前说："赵王听说秦王擅长演奏

长平之战

秦地的音乐,请允许我进献缶(缶是盛水的盆罐一类的器物,敲击声有很强的节奏感,也是中国早期的打击乐器),您演奏一曲,彼此娱乐。"秦王发怒,不同意,蔺相如捧着乐器上前跪请秦王演奏,秦王还是不肯。蔺相如说:"五步之内,我愿和您同归于尽。"秦王的侍从要杀相如,相如圆睁虎目,须发尽张,大声呵斥他们,左右惊骇,不觉倒退数步。秦王很不高兴,但也确实害怕这个老对手孤注一掷,只好勉强击打了一下缶,蔺相如回头招呼赵国史官写道:"某年某月某日,赵王与秦王相会,命令秦王击缶。"秦国的大臣不服气,站起来说:"请赵国割让十五座城池作为给秦王的贺礼。"蔺相如说:"礼尚往来,请用秦国的都城咸阳作为给赵王的贺礼。"针尖对麦芒,寸步不让,秦王一直到酒宴结束,都未能从气势上压倒赵国,而且赵国也严阵以待,防备秦国。秦王最终没敢动武。

会见结束,赵王回国后说道:"蔺相如宁死不屈,威震天下,能够扶危济困,使国家的声誉与日俱增,相如功劳最大,群臣莫及。"于是他任命相如为上卿,位次排在廉颇之上。廉颇大怒:"我身为赵国将军,有攻城野战之功,九死一生,而蔺相如只不过靠耍嘴皮子立了点功劳,位次就排在我之上。况且蔺相如本是宦官缪贤的门客,地位低贱,位次排在他下面是我的耻辱。"他扬言说:"等我碰见蔺相如,一定要当众羞辱他。"这倒不是廉颇心胸狭窄,而是他确实转不过这个弯儿,因为他立的功劳比如说攻城、杀敌,都是看得见的功劳,而蔺相如立的功劳是为国家维护尊严,是增强国家的软实力,但表面上没那么轰轰烈烈,所以才会让廉颇误解。很多时候,团队领导最容易忽视蔺相如式的功劳,只知道表扬看得见摸得着的,其实这些未必是真正的大功。廉颇能把不满的意见当众说出来,足见他胸怀坦荡,谁没有看不开的事?有

第十二章　意气盛廉颇争位　将相和负荆请罪

些人城府极深，心中不满，可表面上笑容可掬，只在背地里捅刀子，这才是最可怕的。

蔺相如听说后，不肯和廉颇会面，每次到了例行的朝会时，常常借口生病，不想与廉颇争位。有一次相如外出，远远望见廉颇的车队，急忙掉转车头躲避。蔺相如的门客都很不高兴，一起进言道："我们之所以抛家弃子、背井离乡来投靠您，只因仰慕您崇高的节义，您是当世无双的大丈夫。如今您与廉颇同朝为官，位次尚且高于他。廉先生口出恶言、宣之于众，您不回击不报复也就罢了，但不能畏首畏尾到如此地步！既在朝堂上躲避，又在街市上避让，这也怕得太过分了，就连平常人都感到羞耻，何况是身为上卿的人呢？我等无才，恳请您允许我们离开吧。"相如再三挽留说："我躲避廉将军是有原因的，只是你们没有体察到。"众人说："我等浅薄无知，请直言相告。"相如问："你们看廉将军和秦昭王相比，哪个更强些呢？"众人说："秦王更强。"蔺相如说："秦王威风凛凛，天下没有谁敢与之抗衡，而我蔺相如敢在秦国的朝堂上大声呵斥他，羞辱他的臣下，我虽然没有才能，难道单单害怕廉将军吗？只是我考虑到，强秦之所以不敢轻易攻打我们赵国，就是因为文有蔺相如、武有廉将军。而堡垒最容易从内部攻破，我俩相争好比两只老虎争斗，不死也要两败俱伤，我这样做，是把国家利益放在前面，而把私人恩怨放在后面。"原文是："夫以秦王之威，而相如廷叱之，辱其群臣，相如虽驽，独畏廉将军哉？顾吾念之，强秦之所以不敢加兵于赵者，徒以吾两人在也。今两虎共斗，其势不俱生。吾所以为此者，以先国家之急而后私仇也。"这话可垂千古。

廉颇听到这话以后，无地自容，就裸露上身背上荆条，由宾客引领，到蔺相如家请罪，说："我是粗鄙不堪、志量浅狭的人，不知道您有如此宽广的胸怀。"蔺相如赶忙扶起他,两人最终和好,还结成了生死不渝的"刎颈之交"(负荆请罪、刎颈之交、将相和三个成语典故由此而来)。蔺相如处理同僚关系的方法及态度,会让那些只知争权夺利而不知国家忧患的政客汗颜;而廉颇也勇于认错,光明磊落,两人都是顾全大局的伟丈夫。蔺相如做思想工作也很有一套,当门客们不理解、请辞时,他讲道理,善用比较分析法,这样能更直观、更深刻地阐明自己的主张。他让众人先比较秦王与廉颇,以参照物形成鲜明的对比,然后再告知原因:先公后私,不是真怕。众人这才恍然大悟,这种说话方式是十分有效的,比一味说教强百倍。蔺相如之气概胸襟让人心驰神往。

第十三章　平原君奉公守法　马服君勇冠三军

接下来的几年中,赵国在对外战争中频频取胜,当时主要的军事活动是攻打齐与魏,这时又引出赵国一位名将叫赵奢。赵奢其实在秦赵渑池相会前一年,也就是赵惠文王十九年时就已成为将军。他原来只是征收田赋的官吏,相当于国税局的干部,是被平原君赵胜(战国四公子之一,赵惠文王的兄弟)提拔引荐的,但平原君这个伯乐之所以能发现赵奢还是因为一场纠纷。

赵奢征收田地租税,可平原君家不肯交租,赵奢秉公执法,杀了平原君九个管家。平原君当时权倾朝野,没有谁敢给他上眼药,这次大怒,想杀赵奢。赵奢趁机劝说道:"您是赵国尊贵的公子,今天我若对您家知法犯法纵容不管,那么国家的公权力就会被削弱,国家形象受损,国法推行不了,国家实力也会因此衰弱;而国力衰弱就会被其他国家侵犯,各国都来侵犯,赵国必然要灭亡。赵国灭亡了,您还会有这么富足的生活吗?但事情反过来讲,您作为赵国贵族的领头羊,带头奉公

长平之战

守法,那么赵国上下就都会公平守法,上下守法则国力增强;国力强盛则赵王的统治稳固,外人就不敢有丝毫怠慢。而您作为赵王的兄弟,难道还会被天下人轻视吗?"这段原文是:"君于赵为贵公子,今纵君家而不奉公则法削,法削则国弱,国弱则诸侯加兵,诸侯加兵是无赵也,君安得有此富乎?以君之贵,奉公如法则上下平,上下平则国强,国强则赵固,而君为贵戚,岂轻于天下邪?"平原君心悦诚服,认为赵奢贤明,向赵惠文王推荐。赵王任用赵奢主管全国赋税,相当于国家税务总局局长。国家赋税征收得公平合理,人民富裕,国库充实。

赵惠文王二十九年,秦国包围了阏(yù)与,韩王向赵国求救。赵王问廉颇:"通往阏与的路况怎样?能不能发兵救援?"廉颇说:"路途遥远且险峻狭窄,很难救援。"赵王又召将军乐乘询问,他也与廉颇有同样的顾虑。又召赵奢,赵奢说:"这条路远险狭长,好比两只老鼠在洞中打架,狭路相逢勇者胜。"于是赵王命令赵奢带兵增援。赵奢刚离开都城邯郸三十里就停了下来,传令下去:因军事问题进谏者一律处死。当时秦军驻扎在武安西面,每日擂鼓呐喊,训练军队,声音把武安的屋瓦都震动了,足见其气势,赵军探子建议急速增援武安,赵奢立即处斩了他。赵奢坚守营盘二十八天,纹丝不动,而且不断地加固营垒,摆出死守的架势。秦军的间谍来赵营刺探军情,赵奢好酒好肉地款待他,这人回去以后把情况报告给秦将,秦将大喜说:"离开国都三十里就驻扎下来,而且不断地加固营垒,看来阏与要被秦国收入囊中了。"赵奢送走了秦军的间谍,就命令全军卷起盔甲武器,轻装急行军,用两天一夜的工夫抵达目的地,命令优秀的射手在离阏与五十里的地方驻扎下来,修筑营垒。秦军听说后,全副武装,倾巢出动。

军人许历请求谈谈军事问题,赵奢让他进来,许历说:"秦军没想

第十三章　平原君奉公守法　马服君勇冠三军

到将军两天前还在邯郸附近修建营垒，两天后就发兵抵达了这里，他们全神戒备，来势极猛，将军一定要集中力量，增强正面战场的防守，猛烈回击，挫挫秦军的锐气，不然我军必败。"赵奢说："我接受你的好建议。"许历说："请按军法斩杀我。"赵奢说："等回邯郸再处理。"言外之意就是不杀了，当初发布那个命令是怕赵军惧怕秦军，七嘴八舌乱了军心，如今不怕了，况且许历的建议是正确的，这就是原则性与灵活性相结合的体现。许历又说："谁先抢占北山制高点谁就会胜利，否则必败无疑。"赵奢同意了，派一万精兵抢占了北山的制高点，秦军其实早就在这一带驻军，本来应该早就占据北山的战略要地，大概是因为赵奢早早驻扎军队，故意显示怯懦，所以秦军轻敌了。等到赵军占了先机，秦军再想过来争夺，已无法上山了。赵奢发兵，两路夹攻，大败秦军，秦军撤围逃走。就这样，赵奢解除了秦国的军事威胁，胜利班师。赵惠文王赐封赵奢为马服君，而本来应该处斩的许历也升为国尉，赵奢从此跟廉颇、蔺相如平起平坐。

赵奢之子赵括长平之战失败后，赵氏宗族深感耻辱，据说有些人追忆赵奢的文治武功，改姓"马服"，就是以赵奢的封号"马服君"为姓，后来简化为"马"姓，这是马姓的来源之一。以封号改姓也是百家姓变迁的方式。更直接的证据出自《后汉书·马援传》，上面记载："其先赵奢为赵将，号曰马服君，子孙因为氏"。《三国演义》诸葛亮征讨孟获的章节里也提到过伏波将军马援，他的名言是："丈夫为志，穷当益坚，老当益壮"。《古文观止》收录他的《诫兄子严敦书》，堪称经典，其中的名言是：刻鹄不成尚类鹜，画虎不成反类狗。中国古典文化就是这样博大精深、源远流长，从源头上梳理实属必要。

第十四章　赵威后深明大义　有见识民贵君轻

四年之后,即赵惠文王三十三年,赵王去世,太子赵丹继位,就是赵孝成王。秦国趁机伐赵,攻下了三座城池。赵国向齐国求救,齐国说:"发兵可以,但必须让长安君来齐国当人质。"这时赵孝成王刚刚继位,其母赵太后专权,她也被称为赵威后,而齐人索要的人质长安君是赵太后的小儿子,极受宠爱。赵太后不同意齐国的要求,大臣们极力劝谏,惹怒了她,她明确地宣布:"有谁再说长安君为质的事,我一定当众把唾沫啐在他的脸上。"左师触龙求见太后,太后知道在这个时候来肯定是为长安君的事,就怒气冲冲地等着他。触龙腿脚不好,虽然努力快步走,但还是走得很慢,他坐下后谢罪说:"老臣腿脚有病,走路费劲,所以一直不能前来拜见,但又担心太后的身体,这才来问候,希望您恕罪。"太后说:"老妇我靠辇车行动。"触龙问:"饮食方面怎么样?"太后说:"只能喝点稀粥罢了。"触龙说:"我近来也食欲减退,就勉强自己散散步,每天走三四里路,稍微增加了点食欲,身体也舒适

第十四章 赵威后深明大义 有见识民贵君轻

多了,您不妨也试试这法子。俗话说:饭后百步走,能活九十九。今天我信了。"太后说:"我暂时办不到。"她的脸色稍稍缓和下来。触龙又说:"我最小的儿子舒祺,没什么出息,可我越老越疼爱他,希望他能进王宫当卫士。我冒昧地说出这个不情之请,希望您见谅。"太后说:"好吧,他多大了?"触龙道:"十五岁了。虽说年龄还小,但我希望在死之前就把他托付给您,这样我也了了心愿。"太后问:"男人也疼爱小儿子吗?"触龙说:"超过女人。"太后笑着说:"不可能,还是女人疼孩子疼得厉害。"太后笑了,说明触龙的上一步棋非常精彩。他又说:"老臣私下以为您疼爱燕后(赵太后的女儿)胜过长安君。"太后说:"你错了,还是疼爱长安君多些。"触龙说:"父母疼爱孩子是人之常情,但更应该替他们做长远的打算。您当年送自己的女儿远嫁燕国时,在车下抚摸着她的脚,为她流泪,想到她就要远去,十分舍不得。她走了以后,您更加想念,可您在祈祷时却说'一定不要让她返回赵国'。您难道不是为她长远打算,希望她的子孙世世代代做燕王吗?"那时诸侯的女儿出嫁后,除非被废掉或亡了国才会回娘家,所以祈祷时祝愿女儿别回来,这其实是母亲割舍思念之情,希望女儿王后的位置长久。太后承认她是这样想的。触龙又问:"您看三代以前(从现在的孝成王上推到惠文王、武灵王,到赵肃侯)被赵肃侯封为侯爵的人物,他们的继承人还有把爵位延续至今的吗?"太后说:"没有。"触龙问:"不单是赵国,您看其他诸侯国中有持续三代的侯爵吗?"赵太后说:"我没有听说过。"触龙说:"这就是说,骄奢淫逸者必败。要么自身遭殃,要么祸及子孙,他们都是因为骄傲自大、触犯刑法,才被剥夺了爵位。难道国君的儿子一被封侯就变坏了吗?不是的。是因为他们不劳而获,也不知道珍惜。他们生在蜜罐里,但是地位尊贵却没有被社会认可,俸禄优厚却没有功劳，不用奋斗就被赏赐许多贵重的宝物。可是来得容易去得快，他们根本不知道生活的艰难，更有甚者，会因不劳而获的寄生虫生活丧失了斗志，一味沉醉在温柔乡中无法自拔，或者狂悖放纵，成为社会的败类、国家的蛀虫，这样又怎能长久呢？授之以鱼，不如授之以渔，教给后代实际的本领比什么都重要。您现在可以给长安君尊贵的爵位，但不能让他获得别人的尊重；您可以赏给他肥沃的土地，但不能给他持盈保泰的方法；您可以赐予他贵重的宝物，但不能使他懂得物力维艰的道理。如今入齐为质这件事，如果您不趁现在让他为国立功，一旦您驾鹤西游，长安君还能靠什么在赵国安身立命呢？您这么做不是疼爱他，恰恰是害了他。所以老臣以为，您对长安君的人生规划太过短浅，而对燕后倒是深谋远虑。我今天冒死说了这些大逆不道的心里话，太后您再仔细考虑一下。"太后恍然大悟，说："好，长安君的事就由你来安排吧。"于是她为长安君准备了一百辆车，送到他齐国做人质，换齐国发出救兵。赵国的贤明君子子义听到这件事后说："国君的儿子，骨肉至亲，尚且不能无功受禄，何况我们臣子呢！"

　　这篇文章收入《古文观止》时定名为《触龙说赵太后》，它是一篇探讨教育子女的经典之作。父母千辛万苦积累家业，希望儿女过得好，这没有错，可方法若不对头，养出一个败家子，很快就会挥霍掉几代人的努力成果。一代创业，二代收成，三代挥霍，这好像是一些富贵之家的墨菲法则。实在应该引以为戒。

　　这篇文章也是关于谈话技巧的精彩案例，最明显的特征是迂回包抄。触龙知道若直来直去地说，肯定会激怒赵太后。于是他绕弯子，但又不是瞎绕，是有策略有目的地绕。他先从家常谈起，说自己腿脚不好，很久没来探望太后了，问她的健康状况、饮食习惯等等，先在情感

第十四章 赵威后深明大义 有见识民贵君轻

上拉近距离,舒缓紧张的气氛。然后话题转到自己儿子身上,提出一个父母爱小儿子的问题,留下伏笔。再进行比较分析,指出赵太后实际上是对自己的女儿更好些,为什么呢?因为谋划更深远。从赵国到其他国家,无功受禄的贵族爵位没有传承超过三代的,来得容易,不会珍惜。最后,话题才转回到长安君身上,让他做人质为国立功,才是长久之道。赵太后心服口服。当然,像触龙这样说服别人,需要丰富的社会经验和对人情世故敏锐的洞察力,这篇文章对笔者的影响很深。

◎触龙说赵太后"十步走"

步骤顺序	谈话要点	具体内容
第一步	健康入手	双方都是老年人,先谈"三高"问题,闲话家常,缓和气氛
第二步	再谈养生	提到养生保健的饮食、生活习惯,话题继续深入
第三步	请托少子	既然都是老年人,以慈父的姿态,请太后给小儿子安排工作
第四步	切入正题	由此切入男人和女人谁更疼爱孩子的话题
第五步	旁敲侧击	先不提长安君,先提他姐姐燕王后,说太后更疼爱她
第六步	案例对比	先不提长安君,先讨论先代贵族为何富不过三代的问题
第七步	溺爱之弊	得出溺爱子女如同杀子的结论,刺激太后
第八步	指出方向	这时,再给出一个解决方案,即让长安君为国立功
第九步	点醒太后	太后认识到慈母多败儿,被说服了
第十步	送出质子	于是太后送长安君入齐国为人质,换得齐国派出救兵

这位赵太后是当时的名人,她可不是一般的女人,在《古文观止》上还收录一篇关于她的文章,叫《赵威后问齐使》,赵威后是她的别名。田氏齐国的齐王田建派使臣到赵国下国书,书信还没有启封,赵太

长平之战

后就问齐国使者道:"贵国年景好吗?百姓好吗?国君好吗?"齐使不高兴了,说:"我是奉齐王之命来向太后您问好的,而您不先问候我们齐王,却先问年景和百姓,您为什么先问贫贱的人,后问尊贵的人呢?"太后说:"话不是这样说的。民以食为天,没有好的年岁收成,哪有百姓?没有百姓的安居乐业和鼎力支持,哪有国君呢?其他人的问法都是本末倒置。"她接着问:"你们齐国有一个隐士叫钟离子,他好吗?他道德高尚,是一个能辅佐国君、抚慰百姓的人,为何至今还不启用,让他成就功名呢?另一个隐士叶阳子好吗?他是一个哀怜鳏寡孤独、赈济困苦贫穷的人,他能帮助国君安抚百姓,为何至今还没有被征召呢?你们齐国的孝女婴儿子也好吗?她抛弃装饰,终身不嫁来奉养父母,她这种人是孝道的表率,为什么没有得到嘉奖呢?连这三个高尚的人都没有得到表彰,还如何做众人的表率、百姓的父母和身系天下苍生的君王呢?齐国还有一个叫子仲的隐士,他上不能辅佐齐王治理国家,中不能结交诸侯为国效力,下不能治理家业,做些力所能及的工作,这种人只知沽名钓誉,败坏社会风气,为什么不杀了他?"赵太后从"民贵君轻"的观点出发,不讲客套话直问到底,对齐王田建用人的失策提出批评,也说明她的见识不一般。不管她的目的是巩固统治也好,是真正爱民也罢,这种见地在当时都是可贵的。这种民本思想,与孟子的"民为贵,社稷次之,君为轻",唐太宗的"百姓是水,水能载舟,亦能覆舟",理念大同小异。一句话:是否以民为本,是评估统治者好坏的重要标准。

第十五章　长平战史上最大　疑点多争论不休

我们为什么要重新研究和细致分析长平之战？

首先，长平之战，不仅仅是战国时代最大的一场歼灭战、运动战，在中国历史上能达到这个规模的战役，也是不多的。它不仅仅是秦赵两国的一次战略性决战，而且是中国历史发展的分水岭。赵国胜利，中国历史的走向不明；秦国胜利，建立中央集权的大帝国，这已为历史所证。

这次战役，在当时就是一次影响深远、波及范围极其广泛的战役，是秦赵两国的一次巅峰对决。从这次战役中可以看到两国政治力量、军事力量、经济力量在全方位对决；可以看到两国君主在进行顶层战略决策时各自的优缺点；可以看到双方伐谋、伐交、伐兵时的决策水平和执行力。到长平之战发生时，秦国商鞅变法已经过了将近百年，商鞅的治军思想此时是否依然得到贯彻？可以从秦国的一些反应中找到答案。另外，长平之战毕竟是战争，两国军事统帅的能力，也在这里淋漓尽致地体现。

其次，长平之战留给后人许多疑点和不解之谜。

- 长平之战到底何时发生，又持续了多长时间，是三年还是半年？
- 上党郡的战略地位到底有多重要，以至于成为秦、赵争夺的焦点？
- 韩国上党郡郡守冯亭把上党献给赵国，是不是一次反间计，长平之战时一共有几次反间计？
- 赵国应不应该接受上党郡，这里面到底有怎样的战略失误和战略考量？
- 秦国反间计能够成功的关键是什么？究竟是什么原因让赵括替代了廉颇？
- 赵括究竟错在哪里？他真的只是一无是处的纸上谈兵之辈吗？
- 四十万的赵军真的全是被坑杀的吗？赵军究竟死了多少人？
- 长平之战的历史成败与经验教训到底有哪些？

关于长平之战，我们可以参考《长平之战——中国古代最大战役之研究》这部书，它是长平之战研究领域的突破性学术成果。

这部书有两位作者，一位是山西大学教授靳生禾先生，一位是《山西地图》的主编谢鸿喜先生，他们为了还原长平之战的真实面貌，将相关史籍进行参照对比，九次去长平古战场调查研究，风餐露宿，不辞辛苦，并且翻阅了各种地方志、史料、论著、地图等超过一百份。根据史料开展实地考察，通过实地考察再确认史料的正确与否。这就印证了两个最可宝贵的治学与实践经验，一是"没有调查就没有发言权"，二是"纸上得来终觉浅，绝知此事要躬行"。这才是创造性的学术研究。

此书笔者看完一遍意犹未尽，就又读了两遍。书中对长平之战的战区位置、战线设置、指挥中心、进军路线、双方统帅的决策和指挥艺术、坑杀赵军之地、秦胜赵败的经验教训等,都有独到的论断,让人感觉佩服、信服、心服。

对于长平之战,笔者也有自己的理解,思路也与两位先生完全不同,但是涉及一些刚性的学术考证问题,在必要时会以他们的结论作为参考标准。这种情况还是比较少的,毕竟我的作品不是学术考证,而且,确实暂时没有二位先生那样的便利条件。总之,我还是用自己一贯的风格来解读长平之战,也就是所谓"纸上谈兵"嘛。

靳老先生在 2019 年 3 月已经作古,留下一系列实地考察的史学专著,可谓价值连城。斯人已逝,学术成果不朽,在此向他表达后学的敬仰与哀思之情。

我们可以从史学研究四要素来分析长平之战。

什么是史学研究四要素?时、空、史、论,也就是时间概念、空间概念、史料还原能力和评论分析能力。为何很多人对历史望而生畏,或者难以体味其中妙处?就是因为没有这四个方面的能力。

首先要解决的就是长平之战的持续时间问题:长平之战,到底持续了多长时间?

想彻底了解这个问题,可以看四篇论文。第一篇是《长平之战时间考辨》(张景贤著),张先生首先提出这个话题;然后看第二篇《关于长平之战的时间》(杨宽著),这是杨先生对张先生的回应;接着看第三篇《长平之战时间再辨》(张景贤著),这是张先生对杨先生的第一次回应;最后看第四篇《再谈长平之战的时间》,这是杨先生对张先生的第二次回应。这四篇文章都非常好。下面稍微分析一下学术界的主要观点。

长平之战

◎长平之战持续时间的三种说法

说法	半年说	一年说	三年说
持此观点的著作、学者	范文澜著《中国通史简编》 张景贤	齐思和编著《中外历史年表》	《吕氏春秋》 《中国史稿》 《辞海（1979版）》 杨宽著《战国史》 靳生禾
该观点认为长平之战时间	前260	前261—前260	前262—前260
当时年号	秦昭王四十七年	秦昭王四十六年至四十七年	秦昭王四十五年至四十七年
	赵孝成王六年	赵孝成王五年至六年	赵孝成王四年至六年
基本结论	错	错	对

第一种观点，半年说。范文澜的《中国通史简编》（1979年修订本）认为，长平之战的爆发和进行均在公元前260年之内。张景贤先生支持这个观点。

第二种观点，一年说。齐思和编著的《中外历史年表》（1958年版）一书，认为是公元前261年—公元前260年，一年有余。

第三种观点，三年说。《中国史稿》（郭沫若主编）、《辞海》（1979年版）、《战国史》（杨宽著）等，坚持这个观点，这也是主流的观点，即长平之战从公元前262年—公元前260年。上文提到的靳生禾先生也坚持三年说。

张景贤先生认为，大多数人都误解了秦军进攻韩国上党郡的时间、赵军进驻长平的时间和长平之战爆发的时间。而事实是，张先生误解了。说实话，只读《史记》，有很多疑惑解决不了，并且因为《史记》

第十五章　长平战史上最大　疑点多争论不休

不是编年体，而是纪传体，同样记述一个事件，因为参与人太多，在不同人的传记中都要记录，根据重要性不同还要分详略阐述。因此，司马迁可能在记述某人某年的重大事件时，就把此前发生的事情都记述在这一年中，容易产生误会。《史记》太复杂了，长平之战也太复杂了，出现误解也是正常的。

长平之战的时间问题，让我们慢慢道来，随着事件的展开，一定能揭开它的神秘面纱。

长平之战是有前因后果和连锁反应的。

战前，发生了秦韩上党之战、秦赵上党之战。战中，发生了秦赵长平之战。战后也就是长平之战结束第二年，发生了秦赵邯郸之战。引发的连锁反应是，长平之战后约十年，赵国对燕国发动自卫反击战。

简述一下长平之战的始末。

秦昭王四十五年（公元前262年），白起攻占了韩国的野王（今河南沁阳），彻底切断了韩国本土与韩国上党郡之间的交通线。韩国上党郡的归属成为首要问题。秦国对于上党郡志在必得，韩桓惠王不得不基于现实，做出放弃上党郡的决定，可是上党郡郡守冯亭却把韩上党献给了赵国。于是秦、赵为了争夺韩国上党郡，发动了战争，秦国攻占了原属上党郡的一小部分，赵国取得了原属上党郡的大部分地区。尤其让秦国不能容忍的是，秦占领区原本的韩国上党郡居民都逃到了赵占领区。为了保护这些百姓并且抵抗秦军，赵国派廉颇军团进驻重镇长平，与秦国的王龁（hé）兵团对峙。艰苦的相持阶段大概有二十个月，在秦昭王四十七年（公元前260年），战斗开始变得激烈。到了大约五六月，赵国中了秦国的反间计，以赵括代替廉颇，秦国则以白起替代王龁。到了九月以后（杨宽先生认为是大致在年底和次年初），基本分出了胜负，秦国惨胜，

长平之战

赵国完败。长平之战停战约九个月后，秦昭王四十八年（公元前259年），秦国继续进军，开始了邯郸之战，从赵国方面看，则是标准的邯郸保卫战。长平之战后大约十年，公元前251年，燕国末代王燕王喜认为赵国的精锐都死在了长平，有机可乘，于是派栗腹、卿秦攻赵，赵国的廉颇、乐乘大破燕军，栗腹被杀，卿秦被俘。至此，长平之战的余波才算彻底过去。

第十六章　近秦国韩氏遭难　上党郡前世今生

我们不能只着眼于长平之战，而要借助历史长镜头，把眼光投向更广阔的地方。让我们再来看看这期间韩国的悲惨遭遇。

韩国身处秦、赵的夹击之下，日子确实不好过。和赵国还好说，毕竟是从晋国这一个娘胎里出来的，还有传统盟友的交情在；可是秦国就不好说了，谈判桌上刚谈完，下来就用拳头继续"交流"。

秦昭王四十二年（公元前265年），秦昭王的母亲宣太后去世，穰（ráng）侯魏冉被夺权，秦昭王彻底摆脱母后专政的阴影，大权独揽，撸起袖子首先攻打韩国，夺取了少曲（今河南济源东北少水弯曲处）和高平（今河南济源南，一说在今河南孟州西北）。

秦昭王四十三年（公元前264年），白起攻韩，夺取陉（xíng）城（今山西曲沃东北）。

秦昭王四十四年（公元前263年），白起攻韩，夺取太行山以南的南阳。秦昭王四十二年秦国攻取的少曲、高平也在南阳范围，只是因为史

长平之战

籍缺失,这个地区可能被反复争夺,详情不得而知。但是,南阳的丢失,导致韩国上党郡与韩国本土基本隔绝。

到了秦昭王四十五年(公元前262年),白起攻韩,夺取野王,完全封闭了韩国上党郡和韩国本土的交通线。三四年之内,秦国接连攻占韩国的少曲、高平、陉城、南阳、野王,好比一个葫芦,在上半截与下半截之间也就是中腰处,被牢牢地楔入了一块挡板。韩国上党郡的存留问题,就摆在了韩国执政集团的桌案上。

关于上党郡,问题很复杂,必须要有一个基本的认知。让我们来说一说上党郡的前世今生。

◎长平之战前四年内秦国攻占的韩国领土

攻占地点	现今位置	公元纪年	年号纪年	秦国主将	所据资料
少曲	河南济源东北少水弯曲处	前265	秦昭王四十二年	不详	《中国历史大事年表》
高平	河南济源南	前265	秦昭王四十二年	不详	《中国历史大事年表》
陉城	山西曲沃东北	前264	秦昭王四十三年	白起	《史记·白起王翦列传》
南阳	太行山以南	前263	秦昭王四十四年	白起	《史记·白起王翦列传》
野王	河南沁阳	前262	秦昭王四十五年	白起	《史记·白起王翦列传》
南阳和野王的陷落,使上党郡与韩国本土的联系被切断,它成为秦国下一个攻击目标。					

战国时代上党郡的历史沿革、大致区划是一个复杂的学术问题,我们不做学术考证,只能简而言之。笔者看过《战国时期上党郡新考》《秦汉地理形势的变化对上党郡战略价值的影响》《冯亭献上党与赵国实为诈降辨》《冯亭献上党郡是个阴谋》诸文,尤其第一篇,所考证的史

第十六章　近秦国韩氏遭难　上党郡前世今生

料比较丰富，但是依然难有一个准确的定论。因此，在这里我们只选择确定的部分讲，让读者有个大致的印象。

上党郡的历史要追溯到韩赵魏三家分晋。既然分家单过，就一定要相对公平，没有相对公平就达不成分配协议，或者就得用武力来找补损失。上党地区原本是统一的晋国的一部分，在三家分晋时被韩、赵、魏瓜分。可以确认的是，在战国晚期，韩国有上党郡，赵国也有上党郡，最直接的证据是《战国策·齐策二》中提到的"楼子恐，因以上党二十四县许秦王"，楼子指楼缓，这件事的前因后果就不说了，是一次普通的领土争端，关键是这里提到赵国的上党郡有二十四个县。《战国策》有些记载不可靠，但是关于赵国有没有上党郡、郡里包含多少个县，这种大是大非问题，又是常识，应该不会出大错。为了叙述方便，我们姑且分别称之为韩上党、赵上党，这两个上党郡是赵国都城邯郸西南部的屏障，尤其是阻止秦国东侵的最大的战略缓冲区。对于赵国，可以说"无上党则无邯郸"。

《战国策·西周策·犀武败于伊阙》提供了一些关于魏国上党的信息。说伊阙之战中，秦将白起打败魏将犀武（公孙喜），这一年是秦昭王十四年，魏昭王三年，即公元前 293 年，秦与韩、魏爆发了伊阙之战，白起斩首 24 万，魏国统帅犀武被俘或被杀，战前白起因功升为左更（二十等爵中第十二级）。伊阙，在今河南洛阳南，因两山相对，伊水流经其间，望之若门阙，故名，后亦称龙门。这篇文章是说，白起在伊阙打败魏将犀武，接着就进攻西周（战国时的小封国"西周国"），西周国君向魏求救，"魏王以上党之急辞之"，是说魏昭王以上党形势急迫为由，拒绝了西周国君的请求。魏昭王公元前 295 年—前 277 年在位，如果这条记载可靠，在公元前 293 年发生伊阙之战时，魏国似乎还拥有上党的一部

长平之战

分地区。

　　《战国策·西周策·韩魏易地》也提供了关于魏国上党的信息。这篇文章在《战国策》中就接在《犀武败于伊阙》后面，内容是说，韩、魏曾经做过一次土地交换，交换完成后，"韩兼两上党以临赵"，既然是"韩魏易地"，交换完成了，"韩兼两上党"，那么韩国一定是拥有了魏国的上党，而不是赵国的上党。可能在这时，上党被分成了两块：韩上党和赵上党。根据其他史料提供的信息可知，韩上党有十七座城（《战国策》上说七十城，是错的，应该是十七城），赵上党有二十四个县，至于何时形成这个格局，不得而知。魏国之所以接受这笔交易，应该是基于新的战略考量，此时魏国早已迁都到大梁，即今河南开封，它的战略重心必须以大梁为核心，扩充战略缓冲区。相比之下，上党对于魏国，远远不如对于韩国、赵国重要。这只是推测。

　　韩上党与赵上党的大致区域，按照《史记辞典》的说法，赵上党"辖境约在今山西和顺、榆社以南，南与韩国上党郡相接"，韩上党"辖境约在山西沁河以东一带，北与赵国上党郡相接"。

　　长平之战的结果大家都知道，赵国战败，上党郡归了秦国。此地后来应该还被反复争夺过，从而易主。长平之战后九个月，秦昭王再次发起邯郸之战，这次战役因赵国的拼死抵抗和魏、楚的救援，秦国大败。很可能是这次战败导致秦国丢失了长平之战取得的战果。秦庄襄王三年（公元前247年），秦国再度攻占韩上党郡；据《史记辞典》，秦王政十一年（公元前236年），秦国攻占赵上党郡，上党郡合二为一，治所（政治中心）在长子。秦始皇统一中国时，上党郡是三十六郡之一。

　　关于上党郡的考据就到此为止。上文不一定完全讲清了上党郡的前世今生，但是基本上把相关问题都说清楚了，这是为了解决"时、空、

第十六章 近秦国韩氏遭难 上党郡前世今生

史、论"中空间概念的问题。

那么,我们对上党郡问题做一个最后的总结。上党地区原来属于晋国,三家分晋之后被韩、赵、魏瓜分。大概在魏昭王时,韩、魏进行了一次土地交易,韩国拥有了原属于魏国的上党地区。至此,上党地区为韩、赵所共有。在韩国拥有韩上党、魏上党后不久,秦国对韩国发动了持续的攻击,尤其是公元前 265 年—公元前 262 年,夺取了韩国的少曲、高平、陉城、南阳、野王,彻底斩断了韩国本土与韩上党之间的交通线。韩桓惠王把这片土地割让给秦国求和,但是上党郡郡守却把上党郡献给了赵国。如果秦国拥有韩上党,那么秦国的边境就与赵上党接壤,赵上党是赵国首都邯郸的西南大门,如果韩上党归秦,秦赵之间就不再有战略缓冲区,秦国就会如利剑高悬在赵国头上。于是,秦、赵为争夺韩上党发生了上党之战,进而引发了长平之战。长平之战持续了三年,公元前 260 年年中开始,战争进入白热化阶段;大概在公元前 260 年年末、公元前 259 年年初(时间问题后文细说),长平之战结束。赵国因此损失了四十五万兵力,并且试图割让一部分土地求和。然而和平持续不久,约九个月后,秦国又发起邯郸之战,邯郸之战又持续了约两三年。一连两场大战,前后持续六七年之久,对于赵国的伤害是致命的,而秦国也遭受了巨大损失。在这两场战役之后,秦国东进的势头也被极度削弱,直到秦王嬴政亲政之后,才又开始了迅猛的统一之战。虽然从学术角度,这个总结还有可斟酌之处,但基本上足以概括上党之战、长平之战、邯郸之战的起承转合。

值得一提的是,秦昭王之所以攻打韩国,隔绝韩上党与本土的联系,是因为鄙视韩国,认为他们不讲信用。

《战国策·赵策一·秦王谓公子他》中记载,秦昭王对公子他抱怨

长平之战

韩国不讲信用，想要揍它。公子他，又作公子池，秦昭王之兄。秦昭王讲起了两件事，第一件事，是秦惠文王后元七年（公元前318年），"韩、赵、魏、燕、齐帅匈奴共攻秦"。一说是当年，据《史记·六国年表》是后元八年（公元前317年），秦国派樗（chū）里疾在修鱼与之交战，俘虏了韩国将领申差，打败了赵国的公子渴、韩国的太子奂，斩首82000级。第二件事，应该是指秦惠文王后元十三年（公元前312年），在蓝田发生的。蓝田东南的峣（yáo）关（原址在今陕西商洛商州区，后移至今陕西蓝田，称青泥关，后改名蓝田关），古为关中通往南阳盆地的交通要塞和军事要隘。秦国与楚国在蓝田大战，起先韩国派出精锐部队协助秦国，等秦国作战失利，韩国转而投靠楚国，不守信约，唯利是图。最后秦昭王得出结论，"韩之在我，心腹之疾，吾将伐之"。秦昭王所说的这两场战役，最后都是秦国大胜。第一次联合伐秦时，韩国是主力，第二次韩国援助秦国时三心二意，这都成为韩国的罪证。其实，若论不讲信义，没有谁能超过秦国，然而弱国无外交，强者打弱者总是有无数借口。于是，秦军兵分两路，一路进攻荥（xíng）阳，一路进攻太行道，最后攻占野王，隔绝了韩上党与韩国本土之间的联系。

第十七章　韩上党郡守抗命　赵宫廷反复评析

韩上党朝不保夕，韩桓惠王首先就屈服了，他不敢再与秦国硬碰硬，派阳城君为使者到秦国赔礼道歉，请求献出上党讲和。又派韩阳去上党郡宣布这个决定，让郡守做好交割土地的准备。韩阳说："秦国出兵两路进攻韩国，韩国支撑不下去了，决定献出上党郡与秦国讲和，派我来通知郡守（一郡的最高行政长官，战国时始置，汉景帝时改名为太守），希望您献出上党。"但上党郡郡守靳黈（jìn tǒu）拒绝执行交割上党的命令。靳黈说："虽然大王有令，可我是上党郡郡守，有守土抗战之责。我请求发动全部兵力抵抗秦国，如果不能守住上党，我情愿为国捐躯。"韩阳连忙把这个情况回报韩桓惠王，韩王说："我已经答应了秦国相国应侯范雎，如果不献出上党，我就是欺骗他。"于是派冯亭去接任上党郡郡守一职。

韩国新任的上党郡郡守冯亭，依然拒绝执行交割上党的命令。

看来此时，在韩国政府内部已经分裂成主战派和主和派，韩桓惠

长平之战

王、阳城君、韩阳无疑都是主和派；上党郡郡守靳黈肯定是主战派，新任郡守冯亭似乎也是主战派，他的战略意图可能非常复杂，不能单纯以主战还是主和来区分，下文会对他的动机进行细致分析。但是，如果看《战国策》和《史记》的表面意思，冯亭至少是不同意痛痛快快向秦国交割的。冯亭刚到上党郡三十天，就秘密派人告诉赵孝成王说："韩国不能守住上党，要把上党献给秦国。上党的百姓都不愿意当秦国的百姓，而愿意当赵国的百姓。上党有十七座城池，甘愿全部献给大王，希望大王裁决。"赵孝成王大喜。

我们把镜头对准这个巨大喜讯来临前一晚，在赵国的王宫里，赵孝成王做梦娶媳妇，想的都是美事儿。《史记·赵世家》记载，赵孝成王四年（公元前262年），赵王梦见自己"衣偏裻之衣，乘飞龙上天，不至而坠，见金玉之积如山"，这个梦令人费解，但还是要对它做一些解读。裻（dú），衣背缝。杜预注："偏，左右异色。裻在中，左右异，故曰偏。"是说赵王穿了一件衣服，左右颜色不同，很新潮。他乘着飞龙上天，但还没等上去就掉了下来，并且看见金银珠宝堆积如山。于是他就找一个叫敢的史官来解梦，史官说，梦见穿着两色衣服，象征国家残破；乘飞龙上天，半途而坠，意味着徒劳无功；只看见金玉堆积如山（而看不见隐患），正是国家忧患之所在。其实，这个梦正预示着长平之战赵国的惨败。我们已经知道了战争的结果，所以可以换一种方式解读这个梦：乘着飞龙上天，代表不费一兵一卒就可以得到韩上党十七座城池，好像可以一飞冲天；然而，还没有抓牢，就招致更大的祸患，最后得而复失，徒劳无功；只看到金银财宝堆积如山，却看不见是谁让自己掉下来，也许是黑影中藏着阴险的刺客，岂不是不知隐患之所在？三天之后，冯亭准备带着上党郡投降赵国的消息传到了赵国。

第十七章 韩上党郡守抗命 赵宫廷反复评析

赵国此时到底应不应该接收上党郡？

针对这个问题，赵国内部分成了两派，接受派和反对派，两派都有各自的着眼点。人性的弱点就是，要么只见其利，要么只见其弊，很少有人能够反复推演和仔细权衡。所以，是否接收韩上党？赵国中枢大多数人是支持的，主动送上门来的五百万大奖，哪有不要的道理？可是有一个人是坚定的反对派，他叫赵豹。

赵豹是战国末期赵国的贵族，嬴姓，赵氏，是赵惠文王的母弟，封阳文君。赵武灵王时以相国身份辅政。赵惠文王时受封为平阳君，赵孝成王时反对接收韩上党。这是主流的说法，可是这个说法是有严重问题的。《史记·赵世家》记载："武灵王元年，阳文君赵豹相。"能担任相国的至少应该是成年人。如果赵豹是赵武灵王儿子、继承人赵惠文王的母弟，那就更不可能了。赵武灵王让位给赵惠文王时，惠文王还未成年。赵武灵王公元前 325 年—公元前 299 年在位，赵惠文王公元前 298 年—公元前 266 年在位，赵孝成王公元前 265 年—公元前 245 年在位。如果谏阻赵孝成王的赵豹就是赵武灵王元年担任相国的赵豹，那么他可真是一位老寿星。赵武灵王元年为公元前 325 年，赵孝成王四年为公元前 262 年，如果是那个赵豹，时间相隔大约 63 年，如果担任相国时 20 岁，那么此时就是 83 岁，也不排除有这个可能，可这样一来，这个赵豹肯定不是赵惠文王的弟弟。因此，极有可能是重名，有两个赵豹，一个是阳文君赵豹，在赵武灵王元年（公元前 325 年）担任相国；一个是平阳君赵豹，在赵孝成王四年（公元前 262 年）时谏阻接收韩上党。这个问题的讨论到此为止。

赵孝成王把冯亭献韩上党的事说了，问赵豹："冯亭向我们进献十七座城池，接受它怎么样？"

赵豹说:"圣人甚祸无故之利。"圣人以无故之利为祸,认为不经过自己流汗流血奋斗,就接受天上掉下来的馅饼,这种事的背后往往隐藏着巨大的祸患。

赵孝成王道:"韩国上党郡的百姓感念赵国人的恩德,怎么说无缘无故呢?"

赵豹说:"秦国蚕食韩国的土地,斩断了韩国上党郡与韩国本土的联系,秦国人理所当然地认为可以坐收上党了。韩国人之所以不降秦而降赵,其实是想嫁祸于赵。秦国付出辛劳,赵国享受其利,即便是强者也不能如此占弱者的便宜,更何况我们作为弱者,反过来去占强者的便宜。难道这还不算无缘无故获得利益吗?再说,秦国对韩国是一点点地蚕食,就好像用牛耕田种谷子,就等着秋天成熟收获。秦国的漕运从渭水出发,东入黄河、洛水,完全可以支持攻击韩国上党的秦国军队。如今韩上党被孤立,秦军又切断了它与韩国本土的交通,可以说,秦国已经把韩上党当成了秦国的土地,这是不可能更改的战略目标。因此,千万不要在这个节骨眼和秦军作对,不能接受冯亭献出的十七座城池。"分析得非常到位。

赵孝成王道:"征调百万大军去作战,一两年也未必能夺取一座城池。如今人家把十七座城池直接献给我们,这是多么大的利益啊!"赵王也不全错,花五百万买彩票都不一定中五百万大奖,如今别人把中了五百万大奖的彩票白给自己去兑奖,这样的好事哪里去找?他只想着不要白不要,没有考虑后果。

赵孝成王一看赵豹给自己泼冷水,说话不上道,不符合自己的心愿,就转头找平原君赵胜和赵禹商量。赵胜、赵禹支持接收韩上党。

赵胜,战国时赵国的宗室大臣,也称公子胜,是赵武灵王的儿子、

第十七章　韩上党郡守抗命　赵宫廷反复评析

赵惠文王的弟弟、赵孝成王的叔叔，赵惠文王和赵孝成王在位时，他担任赵国的相国。因为他最早的封地在平原（今山东平原西南），又称为"平原君"，是战国四公子之一，以门客三千、礼贤下士著称。后来，他又被封于东武（今山东武城西北）。在是否接收韩国上党郡的问题上，他支持赵孝成王，可以说缺少一定的战略眼光，因此司马迁说他虽然是翩翩公子却"不识大体"。在长平之战后的邯郸保卫战中，他散尽家财，全力以赴，并且争取到魏、楚的支持，是立了大功的。关于他的问题，后文还要详述。

赵禹是战国时赵国的贵族。在是否接收韩国上党郡的问题上，他与赵胜都支持赵孝成王的决定。

赵豹出去之后，赵孝成王又把赵胜、赵禹找来，告知冯亭献地一事。两人说："动用百万军队去作战，一整年也未必能夺取一座城池，现在坐享其成，白得十七座城池，天下哪有这样的好事？不可错失良机。"赵孝成王说："好。"回得如此干脆和兴奋，是因为这个答案才是他最想听到的。

我没有找到其他的资料佐证，赵孝成王除了赵豹、赵胜和赵禹还有没有找其他人，有记录的只有这三个人，找的都是家里人，还都是宗室大臣。这还不算最关键的，最关键的是，没有记录主张接受的一方，对赵豹的意见如何反驳？可以不接受赵豹的意见，但是要认真对待赵豹意见中的合理成分。很多人就是这样，不肯接受任何反对意见，对赞同意见却全盘接受，意识不到其中隐藏的陷阱。这样做的决定基本不对，如果对了，往往也都是蒙的。决策团队做决策一定要客观、冷静、理性、细致。而汉高祖刘邦恰恰就能做到上面这些。不懂刘邦的人无法理解他有多伟大，既多谋，又善断，司马迁评价他"豁达大度，从谏如流"，

085

不是夸张之词。能够做出正确判断的领导人，一定会慎重对待反对意见。

在此可以做一个假设。前文《触龙说赵太后》中提到的赵太后即赵威后，是一位与秦昭王母亲宣太后几乎同时代的女政治家。虽然史料中关于她的记载不多，却也可以看出她是一位有魄力、有眼光、懂战略、能纳谏，具有杰出政治家素养的女性。她的丈夫赵惠文王虽然不及老公公赵武灵王那样勇武，可是能任用赵奢、廉颇、蔺相如的赵王，也绝对是一位有所作为的君主。长期的耳濡目染之下，赵惠文王夫妇彼此成就，成了战国政坛上一对相当强悍的夫妻档。赵惠文王去世后，年轻的赵孝成王登基，赵太后把持政局。可惜天不佑赵国，在赵孝成王二年的时候，赵太后就去世了。两年后也就是赵孝成王四年时，发生了长平之战。假如赵太后在长平之战时还是赵国的最高决策者，那么赵国很可能不会败，或者不会败得那么惨。从她能采纳触龙的劝谏上看，她应该也能听从赵括之母和蔺相如的合理建议；而且她应该能信赖廉颇的能力，不会轻易换掉他。赵太后是有理智的，能把自己最疼爱的小儿子长安君送到齐国当人质，说明她虽然也有普通人溺爱孩子的弱点，可是最终还是能用理智战胜感情。她的言行体现了朴素的民本思想，所以能得赵国的民心；从她质问齐国使者的话语来看，她对齐国的小事都了如指掌，可见她对当时的局势有清晰的战略认知。而且，如果是她，在开会讨论时，一定不会只找赵国的宗族商量，而会从各种角度吸取有价值的意见。倘若当政者有所作为，赵国的国运不至于沦落到后来这样。可惜，这也只是一个假设。

第十八章　看其利赵胜接手　驻长平廉颇横刀

赵国决策集团应该回答赵豹这几个问题：如果接收了韩国上党郡，秦国会是什么反应？根据秦国的一贯表现，它会忍气吞声吗？如果把秦国和赵国角色对调，赵国能不能忍？如果秦国来打，赵国该如何应对？如果秦国被激怒，不遗余力地发动进攻，赵国能支撑多大规模的战争？如果赵国出动大军应战，后勤和军粮要如何保障？如果战争旷日持久，赵国承受的极限在哪？如果赵国不能独立支撑这场战争，是不是需要外援？外援究竟应该锁定在哪几国，如何确保获得外援？

借这件事，简单谈一谈决策的艺术。

决策需要团队内部讨论、确定并拿出一个执行方案。团队内部一般会分成三派：支持派、反对派和中间派，而且大多数情况下这三派的占比呈现两头小、中间大的橄榄形，即支持派是少数，反对派是少数，中间派是大多数。经过激烈辩论，如果最高决策者最终采纳了反对派的意见，那么这个提案就胎死腹中，不用继续向下推演了；如果采纳了支持派的意见，就需要接着讨论具体的解决方案。

遇到反对意见和别人指正自己的错误时，怎么办？最高级的态度是孔子提出的闻过则喜、见贤思齐，听到有人反对自己、有人指正自己的错误，非常高兴，知道这是在帮助自己进步，不是自己的反对者，而是帮助自己提升修养的恩人。次一级的态度是容忍反对派，听到反对意见肯定不高兴，但是自身的修养能让自己容忍反对派，容忍指出缺点、错误的人，积极主动地去吸纳反对意见中合理的部分，并给出解决方案。再次一级的态度，就是感性层面不喜欢反对派，但理性层面吸纳反对意见。最下策就是把反对派视为障碍。秦始皇不容忍反对派也是在称帝之后。在取得最终胜利之前，他会承认错误、从善如流。例如打楚国是用20万人还是用60万人的问题，他听信了李信，结果吃了大败仗。于是，他亲自去王翦的老家去承认错误，请老将军出山。这种态度一般人都比不上，我们作为现代人，了解这上下几千年的历史知识，学过的东西比秦始皇多太多，理应比他更优秀才是啊！

赵孝成王显然不具有这样的决策艺术。他没有思考赵豹反对意见中合理的部分，"只见其利，未见其弊"。其实，这样的大事应该召开大会，把忠臣、重臣、老臣都纳入决策团队。比如，蔺相如就有多次与秦国打交道的经验，他因为和氏璧的事情出使过秦国，一定了解秦国的风土人情；渑池会上也和赵惠文王一道，再次与秦昭王过招。这是有历史记载的，没有记载的恐怕还有很多。蔺相如应该知道秦昭王的为人，也应该知道接收韩国上党郡后秦国会有的反应。而且，与秦国经常打交道的外交人员，也不会只有蔺相如一个，此外与秦军直接对阵过的将军，也是有发言权的，应该把大家都召集起来，仔细评估。所以，赵国的这次决策，明显有很多缺点和不足。这都给后来的悲剧埋下了伏笔。

第十八章 看其利赵胜接手 驻长平廉颇横刀

从事件的发展来看,赵国在决定接收韩上党时,并没有想好这些后续问题。后来,赵军果然迅速面临缺粮、外援不到、秦军不依不饶、战争旷日持久并不断升级、战与和犹豫不决等一系列问题。反观秦国,就是打,没有一丝一毫和谈的可能。就是要用武力解决,就是要打歼灭战,就是对韩国上党郡势在必得,就是为了战争胜利不顾一切。意志极其坚决,战略极其清晰,战术极其高明,手段极其残忍。

至此,我们再来看一看,赵国应不应该接收韩国上党郡?

接收韩国上党郡,好处确实很多。

赵国上党郡和韩国上党郡可以连成一体,成为对抗秦国的坚固桥头堡,也从西、南两面扼守住交通咽喉,以护卫赵国首都邯郸的安全,战略意义非常大。

韩国上党郡的百姓不愿意被秦国统治,却愿意加入赵国,随后地域融合和人民融合时,就会减少阻力,民心所向是最好的黏合剂。

赵国不费一兵一卒得到此地,如果能够稳固既得利益,赵国的实力必将更强大。此后,六国中能够与秦国在军事上抗衡的,恐怕就只有赵国了。如果赵国成为抗秦的领头羊,合纵抗秦,应该是不容小觑的。

而不接收韩国上党郡,弊端也非常大。

如果秦国占有了韩国上党郡,领土就直接与赵国上党郡接壤,秦、赵失去了战略缓冲地带,冲突会变得更加频繁。

如果秦国进一步占有了赵国的上党郡,那么赵国的首都邯郸就暴露在秦国的刺刀下,邯郸西面无险可守,生死攸关。

如果赵国频繁地遭受秦国的军事进攻,就需要把财力和资源大量投入国防和军事,难以集中精力搞经济建设,国家发展将陷入恶性循环。

◎接收与拒收韩上党的利弊分析

选择	接收	拒收
直接影响	①得到意外横财 ②可以将韩上党与赵上党合并 ③扼守交通咽喉,保卫邯郸西南 ④群众基础良好,方便地区融合 ⑤形成抗秦基地	①秦赵领土接壤 ②赵上党遭受威胁 ③秦国掌握战略主动 ④邯郸门户洞开 ⑤秦国实力进一步增强 ⑥形成攻赵基地
利弊得失	对长远有利,有现实威胁	对眼前有利,有长远威胁

总结一下赵国接收韩上党的问题。

接收、不接收都是有利有弊的。接收的利处明显,与秦国摊牌快;不接收虽然暂时未必有危险,局势相对缓和,可是韩国上党郡被秦国占有之后,就像楔入了一枚钉子,让赵国如芒在背,始终都是一个巨大的隐患。

看来,赵豹反对接收韩上党的观点很对,但支持接收的观点也不算错。赵国的问题没有出在是否接收韩上党,而是出在随后的伐谋、伐交、伐兵这些具体操作层面上。当时,赵国决策集团可能真没有预料到,长平之战能升级到那样大的规模,在整个中国历史上都绝无仅有。不论是评选十大战役还是五大战役、三大战役,长平之战都应该入选。这是赵国当时根本想象不到的。

这件事最后的结果是,平原君赵胜作为赵国的全权代表去接收了韩上党。

关于这件事的记载,《史记》应该是以《战国策》为母本的,二者差别不大,因此以《史记·赵世家》的记述为主。

赵国政府对上党郡从上到下进行了嘉奖。

第十八章　看其利赵胜接手　驻长平廉颇横刀

上党郡郡守冯亭得到三座万户之都的封赏,他可以世世代代做赵国的有土封君。但如果赵国没了,那就没办法了。

上党郡的县令得到三座千户之都的封赏,可以世世代代做赵国的有土封君。

整个上党地区所有的官吏和百姓,都加爵三级。可见六国也有爵位升迁制度,只不过可能没有秦国那样体系化。

凡上党官民人等,能各安其位、谨守秩序者,每人赐黄金六镒(相当于24两或20两)。

从这个封赏力度可以看出,赵国下了血本。

但是冯亭坚决推辞不受,他痛哭流涕,不肯见赵国使者,也不接受封赏,理由是他有"三不义":替韩王守卫土地,却没有为国死难,一不义;韩王想把上党割让给秦国,他没有听从命令,二不义;出卖韩国的土地,换取自己的封邑,三不义。冯亭的动机比较复杂,他的结局后文会说。至此,赵国已经彻底卷入了这次领土争端,秦、韩矛盾转为秦、赵矛盾。

公元前262年,秦、赵在长平开始对峙。

这一年正是秦昭王四十五年、赵孝成王四年,战争开始一步步推进,但还没有一下子到达白热化。这时,赵国认为和秦国还有和谈的可能,也在全力争取友邦的支持,双方战略对峙。《史记·赵世家》只有一句话:"赵遂发兵取上党。廉颇将军军(军,动词,驻军之意)长平。"是说赵国出兵接管了上党,廉颇率领赵军驻守长平。《史记·白起王翦列传》中称:"秦使左庶长王龁攻韩,取上党,上党民走赵,赵军长平。"廉颇驻守长平之前,应该还发生了一些事。

这之前,秦赵两国应该发生过局部战争,结果是秦军占领韩上党的

长平之战

一小部分，赵军占有大部分，而秦国占领区的原韩国居民纷纷逃亡到赵国占领区。赵国接管韩上党，不可能只派使者团，一定也要派驻军队才能宣示国家主权。在战火纷飞的战国时代，谁也不会天真到只派文官去治理新占领区。随着平原君使节团去往上党的，一定是赵国的武装部队，这自然会引发秦赵之间的武装冲突。于是，赵国政府派廉颇主力军团进驻原属于韩国上党郡的长平，一方面阻击秦军，一方面保护逃难的秦国占领区居民。此时与廉颇军团对阵的是秦国王龁兵团。

廉颇为何选择长平作为主战场？我们不是军人，笔者也没有亲自调查过长平古战场，在这里引述一下靳生禾、谢鸿喜两位先生的著作《长平之战——中国古代最大战役之研究》。按照这本书的说法，廉颇选择长平作为阻击阵地，体现了经验丰富的将军的专业眼光。因为学术界长久以来有一种说法是"驻上党的赵军因缺乏兵力，退守长平"，照此说法，廉颇驻军长平是迫不得已的选择，是被动的。而《长平之战——中国古代最大战役之研究》认为，长平是廉颇主动选择的主战场。书中说："其实，从早期文献记载和现场野外踏勘，足见名将廉颇到达上党之始即进驻长平，完全是主动的、自觉的，是一位绝顶睿智而久经沙场的军事家做出的最佳选择。我们可以认为，单这一点本身，就再次充分揭示了这位战国名将的战略智谋和谙熟的军事经验。"接着，他们从军事地理学角度论证了长平的战略价值。如果这些推断无误，可以进一步证明，廉颇作为战国四大名将之一，并非浪得虚名。

公元前262年—公元前260年年末，长尾效应可能延续到公元前259年年初，长平之战历时三年之久，这应该是毋庸置疑的。战争是从公元前262年几月开始的，不得而知，但是到了公元前260年，从四月开始，战争逐步升级，进入白热化阶段。这年七月，赵括取代廉颇成为

第十八章 看其利赵胜接手 驻长平廉颇横刀

赵军统帅，战事不久达到了高潮。战略相持阶段累计大约两年半，决战阶段大约半年，从四月到十月。

《吕氏春秋·应言》记载："秦虽大胜于长平，三年然后决，士民倦，粮食□（□，当为乏、匮之类的阙文）。"大意是说，秦国虽然在长平之战中大胜，可是持续三年的战争让秦国的人力、物力也损耗殆尽，战士、百姓疲惫不堪，粮食匮乏。《吕氏春秋》这部书，创作者是吕不韦的门客，吕不韦是赞助商、荣誉主编，不一定参与具体编撰，但会亲自裁定，要为学术成果负责。此书成于秦王政八年（公元前239年），距离长平之战只过去了二十年左右，吕不韦又是秦国的相国，倘若记录二十年前秦国历史上的大事、常识都能搞错，《吕氏春秋》这本书也就毫无价值了。因此，只要没有更权威的考古证据证明"三年然后决"中的"三年"不对，那么《吕氏春秋》上说长平之战持续了三年，就应该是准确的。

◎长平之战防线图示

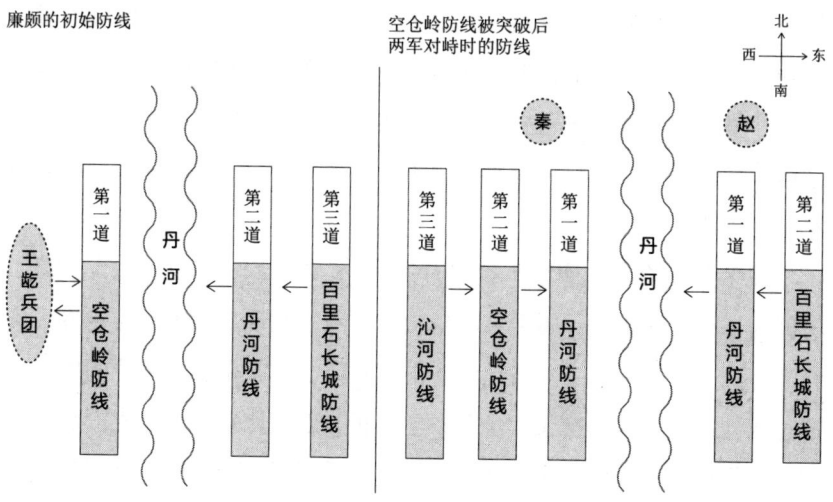

长平之战

赵军、秦军各自建立了三道防线。按照《长平之战——中国古代最大战役之研究》的考证，廉颇建立的三道防线是：第一道，空仓岭防线；第二道，丹河防线；第三道，百里石长城防线。秦军王龁建立的三道防线是：第一道，沁河防线；第二道，空仓岭防线；第三道，丹河防线。赵军的空仓岭防线应该是被王龁兵团突破了，廉颇兵团退守第二道丹河防线。而王龁兵团先是建立第一道沁河防线，突破赵军空仓岭防线后，建立了第二道防线即空仓岭防线。当廉颇军团退到丹河东岸，巩固赵军第二道丹河防线时，王龁兵团推进到丹河西岸，建立了第三道防线。其实应该倒过来说，秦军第一道防线为丹河防线，第二道为空仓岭防线，第三道为沁河防线；赵军第一道空仓岭防线丢失，如今只剩第二道丹河防线和第三道百里石长城防线。王龁兵团和廉颇军团以丹河为界，展开了长时间的对峙。作为进攻方，秦军的丹河防线是第一道防线，作为防守方，赵军的丹河防线由第二道防线变成第一道防线。《长平之战——中国古代最大战役之研究》一书中关于防线问题的论证比较复杂，以上是我的总结概括。两军进入丹河防线对峙时，秦军就很难讨到便宜了。按照该书的论证，战略天平已经开始向廉颇一方倾斜，假以时日，最后的胜败还未可知。然而就在这个关键时刻，赵王用赵括取代了廉颇，赵括完全更改了廉颇的战略和战术部署，追求速决战，结果赵军全面崩溃。

战争开始阶段，廉颇军确实有失利。《史记》一般只记载大战略，有时为了让细节丰满，需要在其他史籍、考古发现、学术考证中寻找资料来补充，比如，秦、赵各自设置的三条防线，就是学术考证的成果。通过实地调查、典籍交叉印证和科学分析，应该比较接近历史的真相。如果说廉颇的第一道空仓岭防线是被王龁兵团强力突破的，赵军肯定有

第十八章　看其利赵胜接手　驻长平廉颇横刀

所损失；但是等到廉颇巩固了第二道丹河防线，秦军也推进到丹河防线。双方在丹河两岸对峙时，廉颇死守防线，不主动出击，秦军也就占不到什么便宜了。

任何一场战争进入艰苦的持久战阶段，就是对双方当政者、军队统帅、外交策略的艰巨考验，这时间谍战、反间计就开始频繁上演，以便扰乱对方的决策系统，使对方犯错，给己方创造一刀毙命的机会。这个时候，谁的意志不坚定，谁听信谗言，谁不能建立统一战线，谁的战略出了错，谁就可能遭受灭顶之灾。

第十九章　想求和陷入被动　拒良策赵国孤立

赵国有没有想过建立统一战线，寻求盟友的支持？

当然想过。按照秦国的一贯作风和战绩，赵国面对这样的劲敌，肯定能和平解决就和平解决，能寻找支持就寻找支持。可是，就像赵豹说的那样，秦国辛苦耕作，秋收时却被赵国抢收了庄稼，这种事弱小国家都不能容忍，都可能与对方拼命，让秦国这样的强国忍气吞声，又怎么可能呢？想要和平解决也可以，把韩上党交出去，可赵国又怎么舍得到嘴的肥肉？和平停火纯属痴心妄想。赵国做了一系列的外交努力，可是反而被秦国利用。

不仅在与秦国是战是和这个问题上，赵国犯了错；在寻找盟友的过程中，赵国同样一错再错，而秦国总是能够利用赵国的错误取得外交进展，在外交这个战场上，秦国依然碾压赵国。

我们先来说这期间赵国一次失败的外交和谈。

这件事详情记载在《史记·平原君虞卿列传》中，在本系列丛书

第十九章 想求和陷入被动 拒良策赵国孤立

《秦史之谜》中曾提到过，当时是为了论证秦国与六国用人风格的差异。虞卿是一个拥有智慧和战略眼光的辩士，可是他的正确意见却没有发挥最大的价值，这是赵国的悲哀，也是秦国的胜利。你不能接受正确的意见，就是让对手增加胜算。

虞卿，不是姓虞名卿，他的姓名不得而知，因为游说赵孝成王，被任命为上卿，又因封地在虞（今山西平陆），因此被称为"虞卿"。赵孝成王对他有知遇之恩，第一次见面就赠送给他黄金百镒（相当于二十四两或二十两），白璧一对，第二次见面就封他做了上卿。这种封赏方式正是秦国反对的，在秦国，要想获得政治权益和经济利益，基本上都是要靠军功的，而商鞅尤其反对让游说之士轻易获得利益。但赵王如果是虞卿真正的知音，就应该采纳其意见，而不是仅仅赐予他财富和地位。赵王这样用人，对于国家没有实质意义。

《史记·平原君虞卿列传》记载："秦赵战于长平，赵不胜，亡一都尉（高级将领之下的中级武官，略低于校尉，关于都尉和校尉的问题下文再说）。"这事究竟发生在公元前262年长平之战的初期，还是公元前260年四月以后，我没有找到答案。这句话的意思是，秦赵战于长平，赵国损失了一名都尉。其实，打仗总是要死人的，有损失也是正常的，可赵孝成王就坐不住了。他找楼昌和虞卿来商量，并说："长平的军队出战不利，还损失一个都尉，我打算集中长平的军队再次突袭秦军，你们认为怎么样？"

楼昌，赵国将领，在赵惠文王二十三年时曾经率领军队攻魏，不克，随后廉颇出手才达成目标。他说："没有什么用处，不如派一个高级代表团去秦国讲和。"虞卿说："楼将军之所以主张马上求和，是因为他认为我们不求和就要大败。大王您分析一下，秦国是想打败我们，还

长平之战

是不想打败我们呢?"赵王道:"秦国不遗余力,一定是想打败我们。"虞卿说:"那么大王您听我的建议。您可以先派使者带着重礼去结好楚国和魏国,楚、魏贪图我们的贵重宝贝,一定会隆重地接待我们的使者。赵国的使者一旦进入楚、魏,秦国的谍报系统必定会把这个消息送回秦国,秦国势必会怀疑六国又联合起来,它肯定会害怕。到那时,我们再去求和,就一定能成功。"可是赵孝成王不听。

详细分析一下这三人的话。

赵孝成王这个人,不是给他抹黑,他真是不懂战略和军事,也无法玩转大国外交。他在政治、军事、外交上不专业,所以做不出专业的判断。此时是战是和,他还没有最后决定,嘴上说要对秦军继续使用武力,可能就是一种试探。

楼昌作为军队将领,他提出讲和,可能是理性客观的意见,也可能是畏敌如虎。刚刚接战,将领就要讲和,最起码能证明他持"抗秦必败"的悲观主义论调。

虞卿也同意讲和,但他不同意楼昌所提出的讲和方式。

◎ 虞卿的清晰和谈思路

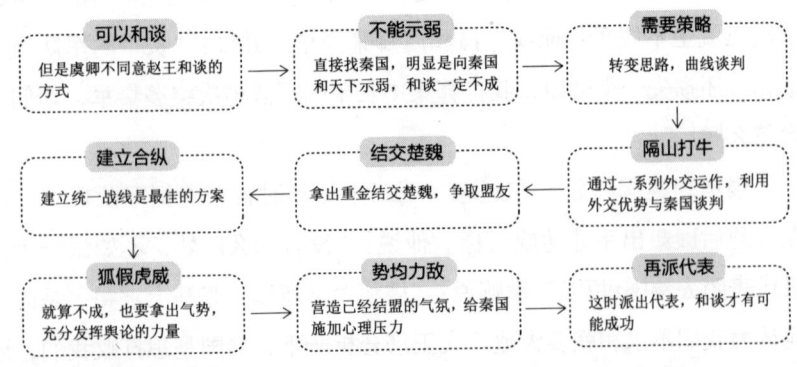

第十九章　想求和陷入被动　拒良策赵国孤立

如今秦国磨刀霍霍，不遗余力地攻击赵国，怎么可能轻易地同意讲和？而且赵国这样直接去讲和，明显是在示弱，强者怎么会同意弱者的条件？军事上得不到的东西，想在谈判桌上得到，简直痴心妄想。讲和一般在这样几个情况下才能实现：第一，把对方打怕了；第二，气势如虎，把对方吓住了；第三，双方势均力敌，对方也快支撑不住了。如果己方处于明显的弱势，却想去讲和，那不就是示弱？对方能答应你的要求吗？

因此，虞卿的讲和方式是比较高明的，先用重金结交楚、魏，哪怕只是造成一种赵、楚、魏合纵抗秦的假象也好，这样才能震慑住秦国，求和才有可能。

可是赵孝成王非常不专业，听不懂这种高明的策略，或者舍不得花钱，认为秦国一旦答应了和谈，不就省下了打点楚、魏的钱吗？结果证明，他太抠了，太嫩了。

赵孝成王不听虞卿的建议，而是与平阳君赵豹商定，立即派郑朱入秦，向秦国求和。秦国接待了郑朱。赵孝成王可能比较得意，就找来虞卿说："我让平阳君派郑朱去向秦国求和，秦国已经接受了，您怎么看？"虞卿回道："大王的求和不会成功，赵军将被打败，天下的诸侯很快就要去给秦国道贺了。郑朱，是我国一个显贵的人物，他到了秦国，秦王和应侯范雎一定会假意做出尊重的样子，隆重招待他。这样，楚国和魏国就会认为赵国已经向秦国求和，他们就不可能再来支援我们了。当秦国确信天下诸侯都不会来支援我们以后，他们也就不会再答应求和了。"果然，范雎刚开始表现得很尊重郑朱，把他介绍给各国使者，但就是不签和平条约，不答应赵国的求和。最后赵国长平大败，邯郸也被秦军围困，整个赵国都被天下人耻笑。

郑朱去秦求和，有几大弊端。

首先，这让天下人看到赵国示弱服软，在气势上输给了秦国。

让秦国看到了赵国最高统治者的软弱，更坚定了击败赵国的决心。

客观上，让天下诸侯看出谁强谁弱，方便站队。

秦国实施"拖字诀"，让天下诸侯不断做出误判，以为秦赵有和谈的可能，同时也不断向赵孝成王传递一些暧昧信息，干扰他的决断。也就是不真正和谈，只发表意向性的"和平愿景"。

谈，是为了做样子；打，可绝不放松。

韩、魏、楚、齐在秦赵争端中的反应又是怎样的呢？

我们现在是以上帝的视角来看待长平之战，自然一目了然。可是当局者迷，恐怕各国都没有想到秦、赵最后会发展到战略决战的程度。领土纠纷和局部战争本来就是春秋战国的常态，各国为了抢夺土地和人口已经打了几百年，早就见怪不怪了。当时，除了秦国的战略目标非常清晰之外，其他国家的谍报系统和研究机构，都很难做出准确的战略预判。韩、魏、楚、齐在整个长平之战的过程中，基本是采取隔岸观火的态度，它们在秦国的武力威胁和外交攻势之下，纷纷选择了屈服和观望。当长平之战尘埃落定，赵国邯郸又被包围，各国这才认识到形势的紧张。于是，在赵国进行邯郸保卫战时，魏国和楚国才出手。可魏国派出的统帅晋鄙依然在观望，如果不是信陵君出手，邯郸之战的结果依然是未知数。这就是六国的战略短视，它们永远想不到，赵国的垮台只会加速自己的灭亡；或者也许都想到了，却做不到，只能眼睁睁地看着秦国日益强大，而自己日渐衰落。

反观秦国，在伐交的过程中表现得非常不错。我们一再提到的伐谋、伐交，出自《孙子兵法·谋攻篇》："故上兵伐谋，其次伐交，其次

第十九章 想求和陷入被动 拒良策赵国孤立

伐兵,其下攻城。"大意是,上等的用兵之道是凭借策略取胜;次一等的就是用外交战胜敌人、孤立敌人;再次一等的是用武力击败敌军,最下策是直接攻打敌人的城池。伐兵、攻城是迫不得已,但这是基础,没有伐兵、攻城的能力,只寄希望于伐谋、伐交,好比摆空城计,见效看运气。当战争双方势均力敌,伐兵、攻城能力相差不多的时候,伐谋、伐交就显得非常重要了。战国的时代主题就是"合纵"和"连横"。从北部的燕国到中部的韩、赵、魏、齐,再到南部的楚国,在地图上是南北向分布,因此为"纵",故名"合纵"。而秦国在西,当它联合六国中的某一个国家时,会连成东西向,因此为"横",故名"连横"。合纵就是群弱打一强,合纵抗秦;连横就是一强联一弱打一弱,或者一强联数弱打一弱,这就是秦国的策略。在长平之战时,秦国是非常担心六国合纵抗秦的。所以,虞卿才会出主意,让赵孝成王拿出重礼去结交魏、楚,哪怕没有真正实现合纵,也能造成假象迷惑秦国,让秦国以为六国在秘密串联,要搞自己,然后再去求和,才有胜算。结果赵王不听,直接派人去秦国求和,这样一来秦国就知道,合纵策略没有实行,这才放心大胆地使用军事手段。

不仅如此,秦国还有针对性地对各国采取种种措施。

◎长平之战爆发时各国国君情况(公元前262年)

国家	国君	年号纪年	一句话点评	具体情况
赵国	赵孝成王	赵孝成王四年	政治小白	即位四年,政治上还不成熟
韩国	韩桓惠王	韩桓惠王十一年	被秦国打怕了	被白起一系列军事行动打懵
魏国	魏安僖王	魏安僖王十五年	坐山观虎斗	骑墙派,想救赵又贪图秦王许诺

长平之战

续表

国家	国君	年号纪年	一句话点评	具体情况
楚国	楚考烈王	楚考烈王元年	政治菜鸟	刚即位,得解决国内问题,与范睢关系好
燕国	燕武成王	燕武成王十年	自顾不暇	国力被严重削弱,无力管
齐国	齐王建	齐王建三年	妈宝	君王后当家,事秦谨,但求太平
秦国	秦昭王	秦昭王四十五年	老练的政治家	当了四十五年秦王,有清晰的战略和专业的判断

第廿章　长平战一触即发　同盟国心胆俱碎

韩国为什么没有帮赵国？

韩上党郡郡守冯亭献城于赵的意图，是通过把韩上党进献给赵国，拉赵国下水，韩、赵结成军事同盟，共同对抗秦国。但是，我自己查看史料，好像这个目标没有达成，韩国并没有派兵支援赵国的记录，而是放任秦、赵在本属于韩国领土的上党郡打了一仗。我有一个猜想：冯亭把韩上党送给赵国的真实目的，会不会是韩桓惠王也不甘心把韩上党白白交给秦国？也许在冯亭上任之前，他暗中授意冯亭，可以把韩上党送给赵国，韩王对外的口径是把韩上党交给秦国，可是上党郡郡守临阵"抗命"，私下与赵国做了交易。如果是这样，韩桓惠王与冯亭应该有一些默契，天知地知，你知我知，不能告诉第三个人。从韩国角度来看，韩上党落入秦国之手，不仅是赵国的隐忧，对于韩国更如卧榻之旁有猛虎酣睡，这只猛虎又没有被绳索拴紧，它可以自由活动，你不知道它什么时候饿了，什么时候醒了，什么时候兽性大发。虽然对韩国而言，赵

长平之战

国也绝非善类，可如果赵国拥有了韩上党，形势稳了，对于韩国来说相对比较好，赵国比秦国更需要韩国的支持；如果形势不稳，秦、赵必有一战，两大强国都被削弱，对于韩国也是一种"利好"。虽然夹在两大强国之间的日子还是不好过，但饮鸩止渴，总还能缓解一下。这都是猜测，没有证据。但是冯亭的动机确实很可疑，在那样的处境下，冯亭做出把上党献给赵国的决定，明面上只能是他"自做主张"，是"违背"韩桓惠王意思的。总之，长平之战没有韩国出兵支援赵国的记录，它被秦国打怕了，它还有很多不甘心，只好祸水东引。

魏国为什么没有帮赵国？

《战国策·魏策四·长平之役》记载，在秦赵长平之战中，赵国的都平君田单（一说都平即安平，田单在齐的封号为安平君）对魏安僖王说："您为什么不组织合纵联盟？"魏王说："秦国已经答应把垣（yuán）雍归还给我了，就用不着组织合纵联盟了。"垣雍，故址在今河南原阳西南，本来是魏国的城邑，现在在韩国手里。秦国许诺，只要魏国不出兵帮助赵国，就把垣雍还给它。田单说："我认为秦国把垣雍归还给魏国只是一句空话。"魏王道："您这话是什么意思？"田单说："秦赵在长平相持已经很久了。天下诸侯如果与秦联合，赵国就大祸降头；天下诸侯如果和赵联合，秦国就大祸临头。秦国怕您改变主张，所以用垣雍来诱惑您。如果秦国战胜了，大王您敢向秦国要求割让垣雍吗？不敢吧。如果秦国战败了，那么垣雍依然会在韩国的手里，您能让韩国交出垣雍吗？不能吧。所以我说，秦国把垣雍归还给您只是一句空话。"魏安僖王说："善。"不过，这件事没有下文了，这就是《战国策》的一大弊端，不像《左传》记事那么有头有尾，有时就只有一个片段。《史记·秦本纪》记载："（秦昭王）四十八年十月，韩献垣雍。"秦以十月为

第廿章　长平战一触即发　同盟国心胆俱碎

岁首。秦昭王四十七年九月，赵括兵团被消灭；下个月也就是秦昭王四十八年十月，韩国把垣雍献给了秦国，秦国是不是又把它给了魏国，不得而知。田单的判断很可能是对的，秦国拿韩国的土地开空头支票做人情，等到打赢赵国，就不提这个事了，魏国当然也不敢再提。秦国这是强盗逻辑，可是在大国相争时，这样的外交方法才管用，而赵国却一直非常被动。

齐国为什么没有帮赵国？

《史记·田敬仲完世家》记载，在齐王建六年时，秦攻赵，齐、楚救援赵国。这个时间可能有些问题，后文再说。秦国的君臣商量：齐、楚联合救援赵国，如果他们合作亲密，我们就退兵，如果不亲密，我们就继续攻击，结果"赵无食，请粟于齐，齐不听"。说好了救援，可真到关键时刻，齐国却反悔了，不支援粮食，而秦国在旁边做评估，看齐、楚是真救援还是装样子。如果真救援就退兵，如果装样子，就不必考虑齐、楚了。

有一个谋臣叫周子（《战国策·齐策二·秦攻赵长平》记载为苏秦，但苏秦死于公元前284年，距此已有大约25年，不可能是苏秦），劝齐王建道："不如答应借给赵国粮食，这样可以促使秦国退兵。如果不支援赵国，秦国就会继续发动军事进攻，这就会使秦国的计谋得逞，是齐、楚的失败。况且赵国在地理上是齐、楚的屏障，三国如同唇齿相依，唇亡则齿寒。今天赵国灭亡了，明天灾祸就会降临到齐、楚头上。如今救援赵国，就如同捧着漏水的瓮去浇烧干了的锅一样紧急，必须快步走，才能少漏水，才能起作用。再说，救援赵国是有道义的行为，击退秦兵，又能彰显齐国的威名。我们以仁义之举救援一个将亡之国，以仁义之师击退强大秦军，这才是目前的首要问题。不以此为当务之急，反而吝惜支

长平之战

援粮食,眼睁睁地看着秦国得逞、赵国消亡,从国家利益的角度来衡量,这是极端错误的。"可惜,最后的结果是"齐王弗听。秦破赵于长平四十余万,遂围邯郸"。看最后一句话,这次劝之应该发生在长平之战决战之前,即齐王建五年(公元前260年),而不是齐王建六年(公元前259年)。是否确有其事,倒不用较真,如果齐国没有一个谋臣有这么清醒的认识,齐国早就该亡国了。

这段话,在后来秦始皇统一六国时得到验证,那时的齐国已经彻底偏安一隅、不思进取。秦国想要攻打齐国,需要跨越韩、赵、魏才能实现,可是如果韩、赵、魏被消灭了呢?唇亡齿寒的道理齐王建不一定不懂,人在局中,往往就缺少战略远见。在这个时候,齐国真正能够拍板做决定的,可能不是齐王建,而是君王后。

在这里要介绍一下齐国的君王后。战国时代有几位出名的女性。首先是秦昭王的母亲宣太后,这是一个非常强势的人物,虽然她也逃不脱依靠娘家人、照顾娘家人的局限,但是她基本上还是一个开拓型的领袖,对于秦国国家大战略的推行,起到了积极的作用。相比之下,秦始皇的母亲赵姬就无法摆脱命运的左右,卷入了历史的漩涡。与宣太后大致同时代,赵国也有一位强势的女性,就是赵惠文王的妻子、赵孝成王的母亲赵威后。同样,在齐国也有一位,叫君王后,她是齐襄王之妻、齐王建之母。《史记·田敬仲完世家》记载,燕国、齐国曾有一段时间是死对头,先是齐国趁着内乱攻入燕国,燕昭王上台之后,用二十八年的努力使得燕国强大,然后由乐毅担任上将军,组成以燕国为主的联军,攻入齐国,占领七十多座城池,只有莒(jǔ)和即墨没有沦陷,后来齐人在田单的领导下,使用反间计、火牛阵攻破燕军,齐国得以复国。齐湣王的太子田法章原本隐姓埋名,藏在莒地太史敫家里当佣工,

第廿章　长平战一触即发　同盟国心胆俱碎

太史敫的女儿看出了他非同一般，就悄悄地照顾他，给衣服给食物，进而自由恋爱，私订终身。等到齐国局势稍微稳定，臣民就开始寻找太子，田法章确定没有危险了，才公开自己的身份，于是被拥立为齐襄公，太史敫的女儿顺理成章地成为王后，史称君王后，她生下的儿子就是齐国末代国君齐王建。她的父亲因为她不经媒人私订终身，认为有辱家风，一辈子不再见她。可是她却是一个孝女，并没有因为父亲生气而有违孝道。齐襄王在位十九年去世，儿子齐王建登基，但是国政掌握在君王后的手里。《战国策·齐策六·齐闵（潜）王之遇杀》记载，君王后的外交战略是："君王后事秦谨，与诸侯信，以故建立四十有余年不受兵。"侍奉秦国谨慎恭敬，与诸侯交往讲信用，因此齐王建作齐国国君四十余年里，没有受到外来的侵犯。这固然是明哲保身，换来了四十余年的太平，可也是在混吃等死。躲在赵国的背后虽然暂时安全，但是等到赵国被灭掉之后，齐国也立刻灭亡了。长平之战期间，赵国是在齐王建六年或五年向齐国借粮，而君王后是在齐王建十六年才去世，那么最终否决支援赵国提案的应该是君王后。

也许齐王建的母亲目光短浅，那么他本人的战略眼光又如何呢？也很短浅。《战国策·齐策六·齐闵王之遇杀》记载，君王后在病逝之前，曾告诫齐王建："群臣之中可用的是某某。"齐王建当时可能心不在焉，就让母亲写下来，于是拿来了笔墨和版牍。简策的材料是细竹条，版牍用的是薄木板，没写字的木板叫"版"，写了字的叫"牍"，当时相当于纸张。等书写工具拿过来之后，君王后却说："我已经把我要说的话忘记了。"这可不是拍武侠电视剧，到了应该说出仇人之名的关键时刻，人就断气了，君王后此时一定非常生儿子的气，区区几个人名，只要稍微用心就可以记住。如果几个人名都需要写下来，那么写完之后也

长平之战

一定会束之高阁，不会真正任用，于是君王后就推说自己忘了。

再后来，齐王建任命后胜为相国，这个人已经被秦国重金收买，一味唆使齐王建投降。战国时有三大有名的奸臣，秦之赵高、赵之郭开、齐之后胜，乱国、毁国、卖国已经到了专业的程度。有人说后胜是君王后之弟，我没有找到出处。在其他五国相继被灭之后，是战是和就摆在了齐国的日程上。当时齐国还有上千里土地和几十万军队，如果再有一位雄主，依然可以一战。《战国策·齐策六·齐王建入朝于秦》记载，有人给齐王建出主意说，当时韩、赵、魏有一百多个大夫不愿意臣服于秦国，在齐国避难，楚国来齐国避难的也有百人，如果分给这些流亡大夫一部分兵力，让他们回到各自祖国的沦陷区，组织敌后游击战，很可能会创造奇迹，齐胜秦败也未可知。但那时齐王建早已毫无斗志，一心只想求和。秦王嬴政派陈驰忽悠他，说只要投降，就送给他方圆五百里的土地，不做国君，老婆孩子热炕头的日子也不错。于是，齐王建信以为真，到了秦国，却被安置在共县（今河南辉县）一个松柏树林里，五百里没有，五百平方米还是有的。秦军严加看管，不给他饭吃，齐王建后来活活被饿死了。当然，《战国策》的记载不一定可靠，可以当成故事来读，秦始皇没有杀他的必要，这样写也可能是为了突出秦始皇的残暴，《史记》没有采纳这个说法。虽然齐王建不一定死得这样窝囊，可是齐国被秦国兵不血刃地征服了，他的表现确实窝囊。

在一个国家穷途末路时，最高决策者又鼠目寸光，实在让人着急，他们为了苟且偷生，坐视盟友一个又一个倒下。最后唇亡齿寒，被实力最强大、战略素养最高的秦国各个击破。赵国在最危急的时刻需要粮食支援，君王后、齐王建却因为害怕得罪秦国，坚持作壁上观，那么齐国最后被秦所灭，也就在情理之中了。

第廿章　长平战一触即发　同盟国心胆俱碎

楚国为什么没有帮赵国？

邯郸保卫战时，在毛遂大智大勇的斡旋下，楚考烈王才决定出手。但是，此前的长平之战中，楚国基本没有实质性的救援行动，具体表现查不到直接的史料，但是有一个细节可供我们思考。

就在长平之战发生时，楚国刚好出现了一次政权交替，楚考烈王（公元前262年—公元前238年在位）登基，他去世时，距离秦始皇统一中国只有大约十七年了。要想说清楚考烈王与秦国的渊源，必须要说一下他的父亲和祖父。

他的祖父是楚怀王，芈姓，熊氏，名槐，是屈原的老板，楚国衰落就是从他开始，楚怀王的父亲楚威王在世时，楚国的军事力量还比较强大。到了楚怀王时，他受到秦国相国张仪和国内权臣的蒙蔽与摆布，不断地犯战略性错误，最后也被秦昭王骗到秦国，客死异乡。当时为了共同抗秦，楚、齐一直是结盟的关系，楚国太子横被送到齐国当人质。公元前299年，楚怀王入秦被扣，齐湣王遣送太子横回国，太子横次年（公元前298年）登位，就是楚顷襄王。

楚顷襄王（公元前298年—公元前263年在位），芈姓，熊氏，名横，在位约三十六年。这期间，楚国时而合纵，时而连横，与秦国关系时好时坏，后来与秦国的关系破裂，转而联合齐、韩伐秦，结果在公元前280年至公元前277年遭到秦国的大规模报复。最为惨重的损失发生在公元前278年，即秦昭王二十九年、楚顷襄王二十一年。秦国名将白起大举进兵，攻打楚国，攻破郢都（今湖北江陵），烧夷陵（今湖北宜昌），东进至竟陵（今湖北潜江西北），南进至洞庭湖一带。秦在江南设置南郡，楚国迁移都城至陈（今河南淮阳），屈原大约在此时投汨罗江自杀。这次打击对于楚国是致命的。楚顷襄王不得不向秦国求和，并送太子入秦为质。这个太子，就是后来的楚考烈王。

楚考烈王，芈姓，熊氏，名元，又称熊完。根据《史记·春申君列传》记载，当时陪着他在秦国当人质的就是春申君黄歇。熊元在秦国为质好几年，直到他父亲楚顷襄王病了，恐怕时日无多，秦国都没有主动放他回国的意思。注意这句话，"而楚太子与秦相应侯善"，就是说，熊元与秦相应侯范雎关系很好，于是春申君就去游说范雎，中心思想就是，楚顷襄王不久于人世，应该把太子熊元护送回国，这样太子继了位，一定会感念秦国和范雎的恩德，秦国也就增加了一个同盟国。如果不放楚国太子回去，一旦别的公子继承了楚王之位，太子在咸阳不过就是一个平民百姓，对于秦国一点价值都没有。于是范雎向秦昭王进言，秦昭王让太子的老师春申君先回国探视楚王的病情，然后再回来商议。实际上还是不想放人，想借此谈条件。可是春申君不打算这样办，他对太子说："秦王贪图利益，不会轻易放你走，而楚王的兄弟阳文君的两个儿子都在国内，万一楚王病死时太子您不在身边，册立阳文君的儿子为王，那可就大事不妙了。太子不如偷着跑回楚国。"于是，太子换上楚国使者车夫的服饰，没有和秦国打招呼就跑了。春申君留在咸阳，推说有病，不见客人，等到太子走远，估计秦国追不上了，他才告以实情，只求一死。秦昭王大怒，想要杀了春申君。范雎说，黄歇作为臣子，舍命救护主君，这是非常难得的，如果日后楚太子做了楚王，一定会重用他，不如放他回去，借以加强秦楚的友好关系。

《史记》非常复杂，一件事想要掰开、揉碎、理顺，不是那么容易的。这就是长平之战前楚国的主要情况，也可以知道此时的楚王与秦国的渊源。

就这样，楚国太子于公元前 263 年回国，回国三个月后，父亲楚顷

第廿章　长平战一触即发　同盟国心胆俱碎

襄王就逝世了，他于公元前 262 年改元，就是楚考烈王。楚考烈王刚刚登上王位，还在实习期，加上几年都在国外，需要研究国内的政治情况，很多问题亟待处理，一时未必有精力去处理复杂的外部事务。

楚考烈王在位时，春申君黄歇一直都是令尹(楚国的丞相)，把控朝政。因为与秦国有这段渊源，再加上与秦相范雎的关系比较要好，楚国在秦、赵长平之战时保持中立，是符合现实的。

燕国为什么没有帮赵国？

没有查到燕国在长平之战中帮助过赵国的记录。燕国与齐国一样，是躲在赵国背后的国家，只要赵国不亡，它被秦国侵略的可能性就比较小。当时它的头号敌人是赵、齐、东胡，它们对于燕国的威胁远远大于秦国。而且，在长平之战发生时，燕国也是心有余而力不足。为了说明这个问题，稍微梳理一下燕国几位国君的情况。

燕王哙，燕易王之子，公元前 320 年至公元前 314 年在位。继位后，任命自己的亲家子之为丞相，委以国政，后来智商欠费，非得要学尧舜搞禅让，将君位让于子之，自愿称臣，引起将军市被等的不服，与太子平(后来的燕昭王)起兵攻打子之，没有攻克，市被转而攻打太子平。国内由此爆发动乱，死了数万人。市被、燕王哙、子之等相继在这场内战中死去。齐宣王趁机介入，齐国用了五十天时间攻下燕国，然而统治残暴，燕人反抗激烈。当时孟子为齐卿，劝齐宣王实行仁政，不要俘虏、杀害燕人，为燕国重立新君，但齐宣王不听。太子平后来成为燕昭王，励精图治二十八年之后终于报复了齐国。

燕昭王，姬姓，名平，一说名职，燕王哙之子，公元前 311 年至公元前 279 年在位。关于他的继位有两种说法：第一种是，燕王哙、子之死后，燕国人拥立他为国君；第二种是，赵武灵王将他自韩国迎回燕

长平之战

国，拥立为国君。燕昭王一上台，就建造黄金台，以优厚待遇向各国求贤，乐毅自卫来，邹衍自齐来，剧辛自赵来。他效仿越王勾践，礼贤下士，生聚教训，与百姓同甘共苦，一心富强燕国、报复齐国。燕昭王二十八年（公元前 284 年），以乐毅为上将军，联合秦、韩、赵、魏伐齐，攻下齐国七十余城，只剩莒和即墨没有沦陷。齐湣王因这次外敌入侵而死。

燕惠王，燕昭王之子，公元前 278 年至公元前 272 年在位。他为太子时与乐毅不和，继位后就撤去乐毅上将军之职，以骑劫代替。而齐国以莒和即墨为根据地抵抗，在杰出将领田单的带领下大败燕军，骑劫战死，齐国收回了全部失地。

燕武成王，周赧王四十四年（公元前 271 年）继位，公元前 271 年至公元前 258 年在位。他与燕惠王的关系不详，燕惠王被公孙操所杀。当时韩、魏、楚共伐燕，燕国国力日衰。周赧王五十年（公元前 265 年），齐将田单再次伐燕，燕损兵失地。燕武成王在位十四年卒。在燕武成王十年（公元前 262 年）时，秦、赵爆发长平之战，此时燕国自顾不暇，而且这样的平庸之君，很难有高超的战略眼光，明白赵国的失败对于燕国意味着什么。

燕孝王，燕武成王之子，公元前 257 年至公元前 255 年在位，在位时间短，没有什么特别的成绩。

燕王喜，公元前 254 年至公元前 222 年在位，燕国的末代君王，燕太子丹的父亲。燕王喜四年、赵孝成王十五年即公元前 251 年，燕王喜见赵国因为长平之战、邯郸之战伤了元气，认为有机可乘，起兵攻赵，结果大败。这个事情后面再谈。

到这里，让我们简单梳理一下长平之战爆发时各国国君的态度。

韩桓惠王已经被秦国吓破了胆，虽然冯亭把韩上党献给赵国可能有

第廿章 长平战一触即发 同盟国心胆俱碎

他的默许。但是在秦赵长平之战时,他只能听之任之,不论谁战胜,韩上党都不再是韩国的领土了。

魏安僖王呢?秦国以垣雍为诱饵,骗其坐视,而秦国在发动邯郸之战时,魏王虽然派晋鄙出兵,可是受到秦国的恫吓之后就畏缩不前。如果不是信陵君出其不意窃符救赵,魏国所谓的仗义就只停留在嘴上。

齐王建作为齐国的末代君王,是追求偏安的平庸之辈。在赵国最困难的时候,他出尔反尔,不提供粮食救援,等到赵国被灭,齐国也随之灰飞烟灭。

楚考烈王曾在秦国当人质,这使得他与秦国的政治高层建立了非同寻常的关系,与范雎私交甚好,他很容易受到秦国的影响。长平之战爆发时,他刚刚继位,国内百废待兴,虽然楚国表面上可能不支持任何一方,但实际上是站在了秦国一边。

燕武成王当政时,燕国已经没有了燕昭王时代的雄风,不断遭受打击,自顾不暇。而且燕国与齐国一样,事不关己高高挂起,所以他在长平之战中不可能有所作为。而他的孙子燕王喜,更是做了落井下石的卑鄙之事。

赵孝成王继位的时候,秦昭王已经当了四十多年秦王,是一个极其老练的政治家,相比之下,赵孝成王就太不专业了,只是一个政治实习生。长平之战失败的罪魁祸首不是赵括,而是赵孝成王。后面会细致分析他的一系列战略和用人错误。

反观秦昭王,在他决定发兵时就已经有非常明确的战略目标,不惜一切代价,夺取韩上党,击败赵军主力。可以说,这个目标自始至终都没有动摇过。所以秦国在伐谋、伐交、伐兵、攻城等方面能形成合力。可以说,长平之战的胜负,是由双方的战略和用人水平决定的。

第廿一章　划时段全局入眼　战不利老将坚守

到目前为止，我们从上党郡的割让入手，基本说清了上党郡的战略地位、接收韩上党的利弊得失、长平之战前期的战况、当时的各国形势、秦赵外交上的努力。下文开始讲长平之战的各个发展阶段。

前面说过，赵国为了抵抗秦国，为了保护秦国占领区内外逃的原韩国上党居民，派廉颇率军进驻长平。此时秦军的统帅是王龁，虽然赵军前期有过失利，但是无伤大雅。廉颇采取了正确的应对措施，双方在丹河防线进行了约二十个月的对峙。

一时之间，王龁也一筹莫展，因为老辣的廉颇不会给他更多机会。可能从公元前260年四月开始，王龁受到了更大的压力，他再次开始主动进攻。仔细比较《史记·秦本纪》《史记·赵世家》《史记·廉颇蔺相如列传》和《史记·白起王翦列传》，其实这些文章中关于这一点都记载得不大明确。《史记·白起王翦列传》记载得相对细致，但是时间也不一定准。文中说"四月，龁因攻赵""六月，陷赵军，取二鄣四尉"

第廿一章　划时段全局入眼　战不利老将坚守

"七月，赵军筑垒壁而守之。秦又攻其垒，取二尉，败其阵，夺西垒壁"。然后就是"廉颇坚壁以待秦，秦数挑战，赵兵不出。赵王数以为让"。这里提到的"四月、六月、七月"，应该都在公元前262年，也就是长平之战爆发的第一年。公元前262年七月以后，廉颇开始坚壁待敌，严防死守，等待战机。这次坚守，应该持续了二十个月左右。在这个过程中，赵孝成王对廉颇非常不满，"赵王数以为让"，就是多次责备廉颇。然后在公元前260年，秦国实施反间计。《史记·白起王翦列传》记载，"(公元前260年) 至九月，赵卒不得食四十六日"，如果公元前260年九月赵军被围困，那么赵括代替廉颇为将的时间当在公元前260年五六月之间。《史记·赵世家》记载，"(赵孝成王) 七年，廉颇免而赵括代将"，这个时间是错的，应该是赵孝成王六年（有的版本记载为七月，本书不采用），赵括替代廉颇为将。这些时间记载得不详细，不准确，或者不同的书籍相互矛盾，对于理解长平之战造成了极大的困难。

我们姑且这样理解长平之战的时间，如果错了，就请专家来指正。赵孝成王四年、秦昭王四十五年，即公元前262年，赵国派出军队接收韩国上党郡，秦昭王大怒，派部队进行攻击，前期战斗情况不详，应该是秦国占领了韩国上党郡的一小部分，赵国依然掌控着韩国上党郡的大部分地区。这时，秦国占领区原属于韩国上党郡的居民开始外逃，逃入赵国占领区。为了保护这些百姓，同时赵国也认为战争有升级的可能，于是派廉颇率军进入韩国上党郡战区。廉颇选择驻扎在长平这个咽喉之地，他下手比较快，抢先建立了第一道空仓岭防线。但是从公元前262年四月开始，秦军王龁兵团开始进攻赵军，第一道空仓岭防线失守，叫茄的裨 (pi) 将 (副将) 被斩杀；六月，赵军又损失了四个校尉；七月，秦军开始攻击西垒壁。这个西垒壁应该是赵军在丹河西岸建筑的一个堡

长平之战

◎一家之言的上党之战、长平之战大事记

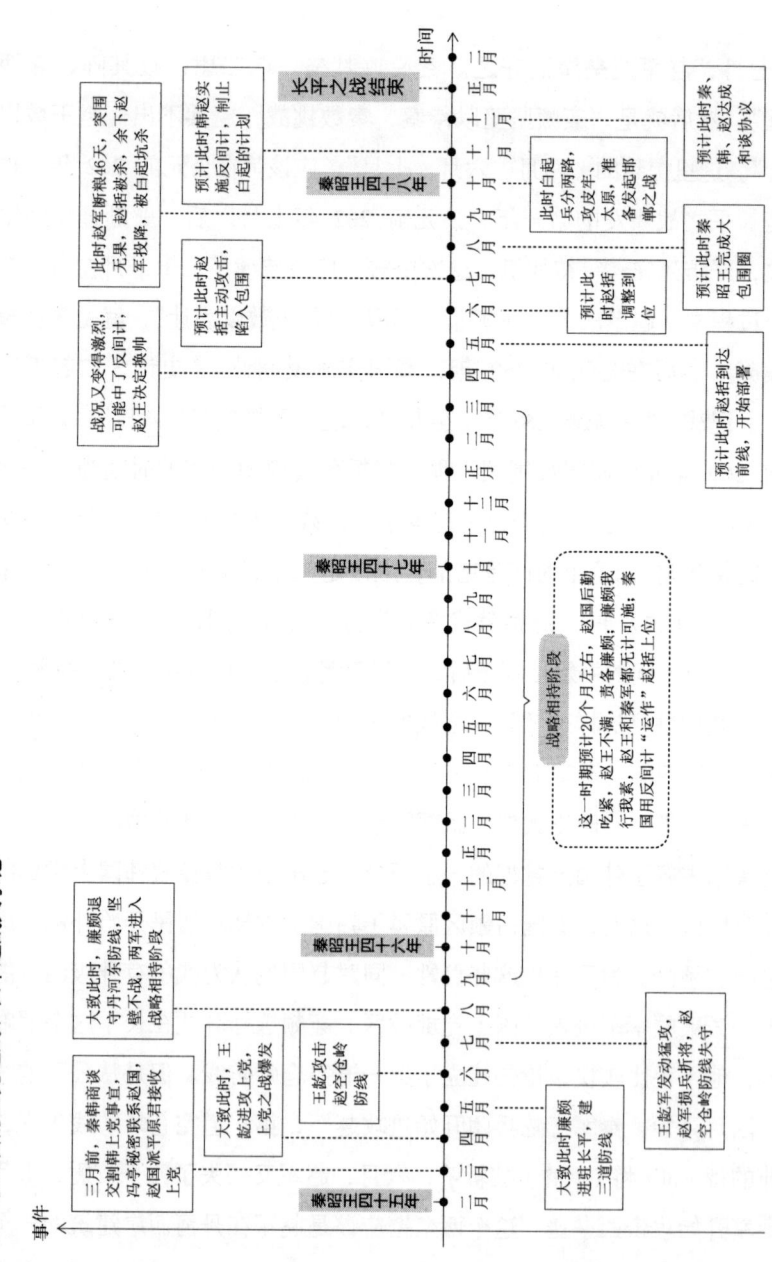

第廿一章 划时段全局入眼 战不利老将坚守

垒,是突出部,在丹河东岸则是赵国重兵集团防守的第二道丹河防线,这条防线与突出到丹河西岸的西垒壁形成一个正三角形,西垒壁就是三角形最上面的顶点。

《长平之战——中国古代最大战役之研究》一书中定义的赵"西垒壁",是指以天险空仓岭即今山西高平与沁水交界处为中心,南至武神山、北达丹朱岭的南北防线,系长平之战初期廉颇所构筑的,是当时赵在上党地区能够控制的最西方的首道防线,因称"赵西垒",一称"西长垒"。该书从战略层面理解"西垒壁",我是从战术层面理解,即便廉颇想要退守到丹河东岸,似乎也不该一下子退守,而是要在丹河西岸建立突出部,以攻为守。当然这种理解不一定正确。下文还是按照我的理解进行表述。

这样的态势表明,廉颇还是准备要进攻的。但是,王龁兵团对这个西垒壁发动了重点进攻,"秦又攻其垒,取二尉,败其阵,夺西垒壁",这是发生在公元前262年七月的事情。于是廉颇全军退守丹河东岸,建立起稳固的第二道丹河防线,而王龁则在丹河西岸建立了秦国的丹河防线。秦、赵两军隔着丹河对峙,廉颇不主动出击,王龁兵团也攻不破。从赵国接收韩国上党郡开始,到公元前262年七月,大概有半年左右的时间,如今两军从公元前262年七月开始对峙,大约持续了二十个月。到了公元前260年五六月间,秦国反间计成功,赵括替代廉颇。到了公元前260年九月,赵军就陷入了包围,这个时候已经过了半年左右,越括兵团垮掉后,白起继续用兵。因此,长平之战前后持续了大概三年。

通过睡虎地秦墓竹简(云梦秦简)的信息可知,当时秦国实行"颛顼历",以每年的十月初一为岁首。如果秦军在公元前260年九月前后就对赵军实现了合围,距离战争彻底结束可能还需要一些时日。如果按

长平之战

照秦国的历法，十月过后就已经是秦昭王四十八年了。但是，这个纪年和我们现在以阳历元旦或者阴历正月初一纪年是不一样的。有一种可能是，长平之战从秦昭王四十五年（公元前262年）延续到秦昭王四十八年（公元前259年）正月，双方才罢兵。但是这些不重要，大家对时间有个基本概念，对于长平之战的进程有个基本认识就好。这个记述时间和事件的方法，是我的一家之言，可能还需要学术考证，这些问题留待以后再说。目前为了便于读者理解，就按照我划出的时间段来讲述。

秦昭王四十七年为公元前260年，于是我们理所当然地认为秦昭王四十八年就是公元前259年，其实，这很可能不符合秦国人的纪年习惯。但是长平之战整体持续三年左右，是没有大问题的。如果非得做一个阶段划分的话，从公元前262年年初开始到公元前262年七月，是第一阶段，秦军取得初步胜利，取得韩国上党郡的一小部分，并且在与廉颇军团的战斗中获得了初步胜利。第二阶段是从公元前262年七月到公元前260年大约四月，秦国王龁兵团与赵国廉颇兵团隔着丹河对峙。第三阶段是从公元前260年四月到公元前260年九月，九月期间赵军已经被围困了四十六天，那么包围圈应该是在八月初或最晚八月中旬完成的。最后赵军无法突围，赵括被射死，剩下的赵军投降，长平之战达到了高潮。随后，战争进入了收尾阶段，赵军的局部抵抗应该还有，这时应该过了公元前260年的十月初一，按照秦国的纪年习惯，已经进入秦昭王四十八年。如果按现代人的习惯，也可以把长平之战的结束延伸到一般意义上的年底和新年年初，即公元前259年。整体来看，长平之战持续了三年左右。

关于秦国历法，需要做一点说明。

中国古代有"古六历"，即黄帝历、颛顼历、夏历、殷历、周历、

第廿一章 划时段全局入眼 战不利老将坚守

鲁历。夏历以正月初一为岁首，殷历以十二月为岁首，周历以十一月为岁首，秦历以十月为岁首。秦始皇统一全国后，历法仍以十月为岁首，直到公元前 104 年，汉武帝推行太初历，复以正月为岁首。另外举一个例子，《史记·陈涉世家》记载陈胜、吴广起义发生在"二世元年（公元前 209 年）七月"。"腊月，陈王之汝阴"，腊月，陈胜退走汝阴，车夫庄贾叛变，杀死陈胜投降秦朝。有的资料记载为秦二世二年（公元前 208 年）十二月，这是有问题的，如果按照现代人的理解，好像陈胜起义持续了一年半。实际上只有半年，因为过了十月初一就是秦二世二年。这个腊月，依然是公元前 209 年的腊月。文中说"陈胜王凡六月"，就是说陈胜称王的时间总共有六个月。从公元前 209 年七月到腊月，七月（秦二世元年）、八月、九月、十月（新年开始，即秦二世二年）、十一月、十二月（腊月），也就是半年左右的时间。举这个例子是说，现代人用现代观念理解秦的纪年，有时会有偏差。我们只能取一个约数，不要过于较真，过于较真，那么历史全是坑，每个细节都需要考证，那样就无法流畅阅读了。

关于垒壁，也要做一点说明。

垒壁、壁垒、深沟高垒，是当时战阵必备的，可以简单理解为古时军营的围墙，泛指防御工事，兼具防守与进攻的作用。"军营所处，筑土自卫，谓之为垒"，阏与之战时赵奢对秦军，长平之战相持阶段廉颇对王齕，长平之战后期白起对赵括，垒壁都充分发挥了作用。这个问题后面再说。

关于"尉"，也要做一点说明。

王齕进攻导致的结果，综合可以看到的史料可知，赵国至少损失了一个裨将、一个都尉。六个"尉"。损失一个都尉的时候，赵孝成王就沉不住气了，想要向秦国求和，虞卿劝阻未果。后来在王龁的一系列进攻中，又损失了六个"尉"，这六个尉应该是校尉。

校尉是秦汉时高级将领之下的中级武官，当是根据部队一部一校的编制而来的，地位略次于将军。对应现代军衔，大致是上校、大校。中垒、屯骑、步兵、越骑、长水、胡骑、射声、虎贲，总称八校尉，为西汉时专掌特种军队的宿卫将领，俸禄皆二千石。校尉除随军作战时为一级带兵军官外，平时随大将军等属内朝官，随其职务而冠以名号或美称，如戊己校尉、城门校尉之类。霍去病在十八岁时获封剽姚校尉，曹操曾经担任典军校尉，袁绍曾经担任中军校尉，阮籍曾担任步兵校尉，世称"阮步兵"就源于此。校尉是非常重要的一级武官职位，直到将军名号泛滥成灾以后，它的重要性才降低。

校尉的下一级是都尉，战国时始置，秦汉沿置，为高级将领之下的中级武官，地位略低于校尉。对应现代军衔大致是中校、少校。随其职务而冠以名号，如护军都尉、驸马都尉、强弩都尉等。都尉除行军时为一级带兵军官外，平时随大将军等属内朝官，且往往加有侍中之类的官号，如侍中驸马都尉。汉景帝时改地方郡尉为都尉，辅佐郡守并掌全郡军事。汉武帝时，又于各要地置关都尉、农都尉、属国都尉，均随其职务冠以名号。中央官职中亦有称都尉者，如水衡都尉。都尉秩比二千石。另外也是匈奴官名，万骑长之属官。《史记·匈奴列传》："诸二十四长，亦各自置千长、百长、什长、裨小王、相封、都尉、当户、且渠之属。"

综合来看，赵军的损失确实不小，这个情况导致赵国统治集团内部产生了分化。

第廿二章　行反间赵括出场　犯大忌临阵换将

当时廉颇发现，秦军的战斗力确实强大，与之硬碰硬，赵国讨不到便宜，于是"坚壁以待秦，秦数挑战，赵兵不出"，这种战术应该是合理的。打持久战，对于赵国是一场消耗战，对于秦国也是巨大的考验。不仅赵孝成王坐不住，秦国前线指挥官王龁也受到来自国内前所未有的压力。持久战，是对敌对双方国君、统帅意志的极大考验，对政治体制、经济实力、军工产业、后勤保障等都提出了更高的要求。赵孝成王刚开始几次派人去责备廉颇，但是廉颇不为所动，依然坚持既定的战略战术。秦国一时也无计可施，一味进攻，可能会遭受巨大的损失。于是，间谍登场了。

秦相范雎拿出千金，派人到赵国行反间计，要么制造舆论，要么买通权贵，只为影响赵王的决策。他们通过各种途径宣扬这样一种观点："秦国最害怕的人只有一个，就是马服君赵奢的儿子赵括。至于廉颇，非常容易对付，他就要投降了。"这一招起作用了。赵王本来就对廉颇损兵折将、坚守不出非常不满，如今听了这个传言，正是想睡觉有人送枕头，就准备用赵括替代廉颇，这个决定在朝堂上下引起了反对。

第一个反对赵括拜将的是蔺相如。

蔺相如是一个非常富有人格魅力的杰出人士，大智、大勇、大仁、大义，极具战略眼光和包容心态，他与廉颇留下了将相和、负荆请罪、刎颈之交等著名典故。刎颈之交就是可以托付生死的交情，蔺相如懂廉颇的想法、战略战术。而且，蔺相如也曾带兵攻打过齐国，不是居于庙堂之上、不知兵的纯文官。因此，他懂得廉颇这样久经沙场的老将，面对秦军一定是迫不得已才避其锋芒、寻机破敌。他不仅懂廉颇，也懂赵括。于是，他对赵孝成王说："大王只是凭着虚名就任用赵括，其实赵括只会死记硬背他父亲留下的兵法，根本不懂得随机应变。他对军事的理解如同胶柱鼓瑟。"柱，是琴瑟上调弦的短木，如果用胶水粘住，柱就不能移动，不能调整音阶，最终也就弹不出曲调了。所以胶柱鼓瑟指拘泥、固执、不知变通。可是，赵孝成王不听。

第二个反对赵括拜将的是赵括的父亲赵奢。

虽然赵奢此时已死，但是他生前曾经评论过赵括。赵括确实是个有才之人，思路也非常敏捷，从小就喜欢研究军事理论，谈起军事来认为天下没有人能比得过自己。他曾经与父亲赵奢争论战略战术的问题，赵奢也说不过他。但赵奢却不认为他的儿子真有本领。赵括母亲问为什么，赵奢说："战争，是生死攸关的大事情，而赵括却把它看得非常容易，如果赵国不任用他带兵还好，一旦让他带兵，一定吃败仗。"《孙子兵法》早就说过，"兵者，国之大事，死生之地，存亡之道，不可不察也"。商人做错了决定顶多生意赔钱，可是将军一旦错了就要流血、死人，不流自己的血，就要流别人的血。对于这样的大事，怎么能不慎重

第廿二章　行反间赵括出场　犯大忌临阵换将

呢？赵括缺少对战争的恐惧，缺少对生命的敬畏，让他带兵打仗必将迎来悲惨的结局。

第三个反对赵括拜将的是赵括的母亲。

在赵括将要出发的时候，赵括母亲上书给赵孝成王说："不能任用赵括为将军。"赵王问："为什么？"赵母回答道："他父亲曾是我们赵国的将军，那时他每天亲自端饭端汤、恭敬对待的，有几十个人；他像朋友一样平等对待的，有上百人。当时大王和宗室贵族赏赐的财物，他都拿出来分给手下的军官和士兵。每当他接受了军事任务，就不再过问家里的私事，一心扑在战略战术的研讨上。可是今天赵括刚当了将军，就傲慢地接受部下的参拜，那些军官谁都不敢仰起脸看他。您所赏赐的金玉布帛，他都拿回家里藏起来，不分给任何下属，并且时刻关注房屋和土地的买卖，一旦发现良田美宅，就买下来。您认为他这种表现，和他的父亲比起来，到底怎么样呢？虽为父子，可父子异心，不具有可比性。请您不要让他做将军。"赵孝成王说："老人家不要说了，我已经决定了。"赵母无奈，就说："您既然非要任命他做将军，假如他日后不称职，打了败仗，我可以不受牵连吗？"赵王答应了。一般情况下，父母都是望子成龙、望女成凤的，一般人看到儿子得到这样大展拳脚的机会，应该跟着高兴才对，赵母却这样说。如果不是深知儿子的斤两，赵母又怎么会阻拦呢？

笔者没有找到赵胜、赵豹、赵禹等人反对赵括拜将的记录。

赵括有"将二代"的身份、深厚的军事理论素养和杰出的口才，在当时贵族社交圈和军事论坛里一定是个风云人物。这一点古人跟现代人是一样的，纸上谈兵时，都是"战略家""战术家""外交家"和"古今第一的将军"。但在战场上，赢家只有一个。《战国策·赵策》中，曾经记载了一次田单和赵奢关于用兵多少的讨论,田单佩服赵奢的兵法,但是对于赵奢动用士兵过多的做法不赞同,于是赵奢有理有据地讲出自己的想法,田单非常佩服。可见赵奢并非不善言辞,可是连他都说不过赵括,那赵括得多能说?

赵括母亲的反对意见中非常重要的一条,就是赵奢亲民,善待下属,不爱财,与人分享。每个人处世风格不一,不能因此就指责赵括做得不对。但是历史上大多数名将都与赵奢相仿。吴起亲自给士兵吸吮脓血;汉武帝的大将军窦婴把皇帝赏赐的钱财都放在廊下,谁需要谁就拿;飞将军李广带兵出去,遇到水源,士兵不喝完水他就不喝。虽然也有霍去病那样不体恤士卒的将领,士兵挨饿,而他的食物多到放坏了,即使这样也打了胜仗,可他还是被汉武帝给骄纵坏了,如果不是死得早,如此骄傲的将军还不一定如何收场。真正的名将,还是要像吴起、赵奢、窦婴、李广这样,他们能够"得人死力",为了他们,下属可以奋不顾身。《战国策·齐策》中有一句话,"将军有死之心,而士卒无生之气",将军有必死之心,士兵才有舍命之意。赵奢为何接受任命之后就不再过问家中私事?因为一个将军如果不能在战场上取胜,就没有存在的价值了,可能命都不保,还过问什么私事?从他接受命令的那一刻起,研究打胜仗的战略战术才是首要命题。因此,虽然不能因为赵括买房买地、爱财如命、不知分享,就推断他一定会打败仗。但是这样贪生好利,也很难打胜仗。

可是这些事情我们能看到,赵胜他们却当局者迷,未必看得到。就像蔺相如对赵孝成王说的那样,"王以名使括"。赵孝成王不是在任用一个将军,而是任用在一个有着名将之子光环的人,这不仅是赵王一个人的错,也是赵国王室贵族的错。恐怕他们都没有清醒的认知,没有提出

第廿二章　行反间赵括出场　犯大忌临阵换将

反对，也就不足为奇了。

赵国临阵换将，犯了兵家大忌，秦国也临阵换将，却是正确的选择。

《史记·白起王翦列传》记载："秦闻马服子将，乃阴使武安君白起为上将军，而王龁为尉裨将，令军中有敢泄武安君将者斩。"大意是，秦国听说马服君之子赵括成为赵军新任大将军，就暗中换了武安君白起做上将军，王龁为尉裨将，并且发布命令，军中谁敢泄露白起为上将军的消息，杀无赦。尉裨将，相当于都尉副将。上文说过，当时的"尉"一般为校尉和都尉，位次低于将军。统兵作战时，主帅被称为将或将军。为了区别地位高低、责任主次，有正副之分。

家有千口，主事一人，前线战事应该由军事一把手做最后的决策。而"令军中有敢泄武安君将者斩"，这条军令突显了秦军的纪律性、专业性。兵者，诡道也，单纯从战争的角度看，这才是正确的做法。

在这里还需要批评一下赵国的谍报工作。白起，外号"人屠"，秦军视之为战神，当时在秦国是仅次于秦昭王的副统帅，一度攻占楚国都城，打得韩国毫无招架之力，是秦军的灵魂人物。如此重大的战争，号称战神的人怎么可能不参与？他的动向，应该重点监测，但对于他的行踪，赵国却一无所知。总之，这个错误非常致命。不知道在这个时候，赵国的谍报人员究竟干什么去了。虽然秦国有严密的信息封锁，但是白起这样一个大名人的行踪，想要打听还是有可能的，只看间谍的能力，只看舍不舍得花钱。而秦国对赵国的决策好像知道得一清二楚。

秦国是"知己知彼，百战不殆"，而赵国顶多是"知己不知彼"，甚至是"不知己不知彼"，这还怎么打胜仗？

长平之战

◎赵孝成王的三大战略失误

具体失误	错在哪里	应该如何做
伐谋失误	·只找宗族商量 ·只听符合自己心愿的建议 ·没有从最坏的可能性出发去思考	·把宗族、重臣、将领集中起来讨论 ·听取正反两方面的意见,融入决策
伐交失误	·不了解秦王的心态与意志 ·争取盟友的力度太小 ·主动和谈等同示弱	·人都想以小博大、两全其美,但有时是战是和只能选一个
择将失误	·不了解廉颇 ·不了解赵括 ·不了解敌方 ·不了解白起	·想打速决战不能算错 ·用人如赌博是大错特错

第廿三章　言徒壮纸上谈兵　筑壁垒攻守兼备

赵括走马上任后，很快就犯下了第一个错误。

《史记·廉颇蔺相如列传》记载："赵括既代廉颇，悉更约束，易置军吏。"赵括一取代廉颇的位置，就立刻改变了廉颇所有的规定，撤换调动了军中的大批军官。这在战时是非常要命的。

前面分析过，赵括接受任命就比较仓促，他到赵军大本营的时间也不长，还没有熟悉战场情况。但是可能他认为自己熟读兵书，一到前线就急急忙忙更改廉颇的规定。要知道，廉颇是沙场老将，他成名时，赵括怕不是还在撒尿和泥玩呢。虽然在公元前 262 年，赵军有些失利，可是调整战略战术之后，赵军也没有多大的损失，秦军也没有大的进展，就说明廉颇这种战法是有可取之处的。可是赵括如今把廉颇所有的决策一概否定，这就好比公司来了一个新的高管，立马大换血，不理性，没必要，纯属胡搞。

当时廉颇应该不在军中，而是回到邯郸了。因为有一句话"廉颇之免长平归也,失势之时,故客尽去",他得回邯郸述职,这样也好,省得给赵括陪葬。即便他当时还在军中,恐怕说什么赵括也不会听,甚至你说往东对,我偏往西走,没别的,就为了显示我当权、我正确、我厉害。

反观秦军,白起挂帅,王龁成为二把手,好像他并没有表示不满,也没有被打发回咸阳。他的一些正确策略不但没有被废弃,反而得到了加强。王龁主持军队工作时,也设计了三道防线:从后方往前线看,依次是沁河防线、空仓岭防线、丹河防线;从前线往后方看,是丹河防线、空仓岭防线、沁河防线。白起挂帅后,不但没有变更部署,还充分利用了王龁的工作成果。在随后的围歼战中,秦军充分发挥了王龁建立的防线、壁垒的作用,给赵军以致命打击。当然,白起也做了一些调整与新的部署,以便开展新的战术行动。

赵括又犯下了第二个错误。

《史记·白起王翦列传》记载:"赵括至,则出兵击秦军。秦军详(佯)败而走,张二奇兵以劫之。"《史记·廉颇蔺相如列传》记载:"秦将白起闻之,纵奇兵,详败走。而绝其粮道,分断其军为二,士卒离心。"

在赵括发动大军,意图与秦军决战之前,双方是不是也发生过一些小规模的接触战,不得而知。但是当白起听说赵括更改了廉颇的战法以后,马上就开始布置口袋阵,并且找到了切断赵军后路的办法,于是诈败,让赵括军团看到"秦军的软弱",让赵括自己相信"秦军不怕廉颇,就怕赵括"这个秦国一手打造的伪命题。于是赵括带领赵军主力开始追击后退的秦军,进入秦军的埋伏圈。

在此,我们用一些战例来说说壁垒的功效。

第廿三章　言徒壮纸上谈兵　筑壁垒攻守兼备

在冷兵器时代，深沟高垒是非常重要的；不像热兵器时代，战壕、暗堡才更有利于防守。建安十六年（公元 211 年），曹操攻打马超，由于受到马超骑兵的持续突击，而且当地都是沙子，营垒无法建成。于是谋士娄圭出主意说："今天寒，可起沙为城，以水灌之，可一夜而成。"利用寒冷的天气，在木板之间注入沙子再浇水，很快就建造起了壁垒，这可真是绝妙。壁垒可以有效预防敌人骑兵的冲击，同时也有利于士兵藏身，可以发挥弓弩的效用，当出现有利战机时，还可以主动出击，可谓攻守兼备。

赵括之父赵奢也曾利用壁垒。在长平之战前几年，秦昭王三十七年、赵惠文王二十九年，即公元前 270 年，秦将胡阳（也叫胡伤）途经韩上党，进攻韩国的阏与。阏与此时属韩，后归赵。韩国向赵国求救。当时，廉颇、乐乘都认为很难救援，只有赵奢认为可救。"将勇者胜"，赵奢带兵从邯郸出发，向目的地走了三十里就安营扎寨，作出一副只想保卫邯郸的假象，并且发布命令，谁敢劝说进兵，必杀。《史记·廉颇蔺相如列传》记载，赵奢"坚壁，留二十八日不行，复益增垒"，是说赵奢在邯郸以西三十里的地方修建坚固的军事工事，停留了二十八天都没有动身的迹象，只是增加和加固工事。当时有秦国奸细混入赵营，赵奢巧妙应对，让其回去通报。秦将胡阳大喜，认为赵奢军团驻扎了二十八天都没有前进一步，只顾加固工事，阏与已是秦国的囊中之物。可就在胡阳麻痹大意的时候，赵奢军团突然开拔，急行军，只用了两天一夜就抵达离阏与五十里的目的地，马上"军垒成"。正确的战略战术，加上赵奢军团的勇敢和智慧，阏与之战赵国大胜。从中也可见建造壁垒的重要性。

长平之战前期，廉颇也充分利用了壁垒。廉颇下手比较快，选取长

长平之战

平作为布防之地，抢占了先机，接连设置了三道防线，建立了广阔的战略纵深地带，然而秦军锐气正盛，攻破了赵军的第一道防线和作为突出部的"西垒壁"。以当时的情况看，虽然赵军非常骁勇，但如果真和秦军一对一地野战，也很难取胜。但如果依托有利地形，依托深沟高垒，打防守反击战，就有取胜的可能。当时，廉颇固守第二道丹河防线，依托坚固壁垒，令秦军一筹莫展。这对赵国而言是一场巨大的消耗战，可对秦国而言也同样是消耗战。虽然秦国经济实力强大，可毕竟远离本土，后勤补给的压力更大，当时秦国是需要速战速决的，而赵军的后勤补给线较短，阵线离韩国上党郡和赵国上党郡都比较近。另外，赵军在韩国上党郡有很好的群众基础，从百姓不愿为秦国人而愿为赵国人就可以看出来。两相比较，赵国更适合打持久战和人民战争。可是，赵国决策层不希望付出巨大的代价，而希望用最小的本钱、最快的速度赚取超额的利润。可哪有那么多好事？

长平之战时，白起也善于利用壁垒。《史记·白起王翦列传》记载："赵军逐胜，追造秦壁。壁坚拒不得入。"这里提到秦军的壁垒非常坚固，应该是王龁主持工作时修建的。赵军"乘胜"猛追，一直追到了秦军的工事前。我没有实地调查过，只能推断，应该是秦军主动放弃了第一道防线，让赵括"获得胜利"，诱使他带领主力追击到秦军第二道防线，这时可就不能后退了。秦军依托坚固的壁垒，使用弓弩，让赵括无法继续前进。

最后我们来看看，赵括是怎样利用壁垒的。《史记·白起王翦列传》记载："而秦出轻兵击之。赵战不利，因筑壁坚守，以待救至。"这是说，赵括军团追击到秦国壁垒前，无法继续推进，秦派出轻兵击之。这种轻兵是什么兵？有人译为小股部队，是"重兵"的反义词，我认为

第廿三章　言徒壮纸上谈兵　筑壁垒攻守兼备

不正确。这时的赵括带着大部队杀来，秦军怎么可能靠小股部队打败他呢？这与赵军的战斗力不匹配。有人译为轻骑兵或轻装部队，这个靠谱，而且应该不仅是骑兵，还包括步兵、车兵。轻骑兵一般是指轻捷的骑兵，轻，指轻捷、便捷，像西汉时有轻车校尉、轻车都尉、轻车将军、轻骑校尉、轻骑、轻骑兵等。这个兵种没有过多辎重和非战斗人员，可以轻装上阵，迅速投入战斗。此时，赵军已经来到秦国坚壁之前，坚壁的作用是防守反击。赵括军团攻不破秦军坚壁，秦军就派出轻骑部队出来攻击赵军，这是在秦军大本营前战斗，根本不需要辎重。因此，这个轻兵，不一定只是轻骑兵，可能还包含步兵和车兵。赵军是重兵集团，秦军不可能只用小股部队就把他们打得固守待援。总之情况就是这样，赵括军团向前攻击，秦军壁垒坚固异常，攻不破，秦军又派出轻兵攻击，赵军形势不利，于是"筑壁坚守，以待救至"。这时，赵括的三板斧全都砍完了，他也没有什么过人的招数，只得赶忙修筑壁垒坚守，等待援兵。可是，他的援兵永远过不来了。

第廿四章　秦大军铁壁合围　四十万插翅难逃

就在赵括在秦军坚壁前碰壁的时候，白起已经派出了两路奇兵，一路两万五千人，一路五千人。《长平之战——中国古代最大战役之研究》对这两支部队的战术穿插线有非常清晰的考证和描述。丹河支流小东仓河，与丹河垂直，"小东仓河以南有七佛山、大粮山等重要驻防区和屯粮区；河北有金门镇、韩王山、长平等重要驻防区。赵括到前线后，三军当驻韩王山西麓一带。"由于此时赵军主力已经越过丹河向秦军进攻，丹河以东的防务自然出现了问题，于是书中说："这就是以两万五千人向东北溯秦川水河床直插仙公山，然后折东南即于赵军百里石长城防线背后，以断赵军粮道和援兵；另以五千骑兵强行突破已经放松了戒备的泫氏、金门镇战略要点，然后向东北直插小东仓河河床一线，直至故关，与包抄百里石长城后路的部队会师，从而将赵军一断为二，既能让此线以北的赵军失去大粮山的军粮和辎重补给，又使此线以南的赵军失去与主将的联系。"

第廿四章 秦大军铁壁合围 四十万插翅难逃

该书还做了很多考证,请大家看原书吧。之所以抄录上面这段,是因为单看原文,累死都未必能搞清秦国两支奇兵的战术穿插线。《史记·白起王翦列传》原文是这样写的:"赵军逐胜,追造秦壁。壁坚拒不得入,而秦奇兵二万五千人绝赵军后,又一军五千骑绝赵壁间,赵军分而为二,粮道绝。"虽然该书的考证也未必百分百是"历史的真实",但应该所差不多,我个人相信靳、谢二位先生的学术功力。

只看《史记》原文也能理解白起的战略意图:引诱赵括带领主力赵军越过丹河,进攻秦军,直至落入自己预设好的口袋阵;然后派出两路奇兵切断赵军的粮道,同时切断已经进入秦军伏击阵地的赵军主力与赵军大本营之间的联系,让赵括军团进退两难,失去粮食和援军。

这围歼计划体现了高超的战术素养,也是非常歹毒的。

那么,面对这么凶险的局面,赵括有没有逃生的机会?

如果说刚开始赵括还有一线生机,等到秦昭王举全国之兵来加固和扩大包围圈时,赵括就死定了。

其实有一个问题直到现在我都没有搞清楚,就是秦军以三万人遮绝粮道和赵军大本营的援兵,以秦军的战斗力是完全可以实现的。但如果赵括一看情势不妙,早早抽身,往丹河东岸赵军的大本营撤退,里外夹击,是不是还有一线生机?

这个时候,白起可能有不让赵括后撤的办法。这个问题既然我们能想到,白起一定也能想到,他是当事人,考虑问题一定比我们更加细致和周详。他派出三万人,表明他认为这三万人能达成战略目标,他肯定也有办法不让赵括后撤。只是单看史料,白起为何如此自信、如此排兵布阵,不得而知。当然也有人根据白起三万秦兵就让出击的赵军与大本营联系中断,认为赵军整体兵力不是四十万。关于赵军兵力的问题,下

长平之战

文再说。可如果以此否定《史记》的记载，也是站不住脚的。白起派出去的三万秦军一定是精锐中的精锐，这毋庸置疑；秦军的战斗力超强，这也毋庸置疑。《孙子兵法·军争篇》有一句话："故其疾如风，其徐如林，侵掠如火，不动如山，难知如阴，动如雷霆。"军队行动迅速时就像狂风骤起，行动舒缓时就像林木森然不乱，攻击敌人时像火势一样凶猛，实施防御时像山岳一样稳固，隐蔽埋伏时悄无声息，冲锋陷阵时迅雷不及掩耳。根据历史记载，结合兵马俑军阵呈现出的状态，秦军应该能达到这种状态。靳先生的观点是，白起这三万人只是先头部队。关于后续部队的增援，可能没有记载，这是一方面，另一方面应该是赵括自己的原因。

赵括为什么不想后退？我推测有一个理由就是，刚开始赵括一路"胜利"，雄赳赳气昂昂地跨过丹河"追击"秦军，他是想与秦军决战的。如今到了秦军坚壁前，进攻受挫，他依然没有改变计划，如果此时迅速后撤，就把此前的"胜利成果"丢了。他在追击的同时，可能也给赵王送去战报，告诉他"秦军一触即溃，如今他正在全力"追击残敌"。像这类的信息是赵王热切盼望的。而赵括之所以能当上大将军，一定在赵孝成王面前打过包票，他应该表示过自己有能力、有信心速战速决，以迅雷不及掩耳之势"击溃"秦军。此时后撤，就没有办法向赵王交代。又或者，他判断不出情况到底有多危急，还想等等看。这一犹豫，就等来了秦昭王的致命一击。

《史记·白起王翦列传》记载："秦王闻赵食道绝，王自之河内（据《史记辞典》注解，春秋战国时称今山西、陕西间黄河以东，山西、河南间黄河以北和自孟津以后作东北流向的黄河以西地区为河内。因古黄河曲折环绕该地），赐民爵各一级（秦国爵位是硬通货，这次秦昭王下了血本），发年十五

第廿四章　秦大军铁壁合围　四十万插翅难逃

以上悉诣（全都送达）长平，遮绝赵救及粮食。"意思是，秦昭王一听说赵军的运输线被秦军截断，就亲临河内，下令赐给百姓中有资格获得爵位者每人一级爵位，征调十五岁以上的男子，全都集结到长平，以便阻绝赵国本土对长平的一切救援和粮草供应。这是秦昭王举全国之兵，都投入了长平战场，从而建立一个更大的包围圈，彻底切断赵国本土与长平的联系。这时，赵括军团被秦军里三层外三层彻底围死，那时还没有空中支援，只能望洋兴叹。

长平之战，决战开始了。

《史记·白起王翦列传》记载："至九月，赵卒不得食四十六日，皆内阴相杀食。来攻秦垒，欲出。为四队，四五复之，不能出。其将军赵括出锐卒自搏战，秦军射杀赵括。括军败，卒四十万人降武安君。武安君计曰：'前秦已拔上党，上党民不乐为秦而归赵。赵卒反覆，非尽杀之，恐为乱。'乃挟诈而尽坑杀之，遗其小者二百四十人归赵。前后斩首虏四十五万人。赵人大震。"

这段话大意是说，到了秦昭王四十七年，赵孝成王六年，即公元前260年九月，赵国的军营断粮四十六天，士兵们已经到了暗中自相残杀、吃人肉的地步。赵军实在无法等下去了，于是开始攻击秦军，想要突围。赵括把赵军分成四个梯队，轮番向外突击了四五次，都被打了回去。最后赵括带着精锐士兵亲自出战，结果被秦军射死了。主帅阵亡，赵军再也坚持不下去了，四十万人（这个数字下文会分析）投降了武安君白起。这时白起与人商议说："两年多以前，秦国已经夺取了上党郡的一部分，但是上党的军民人等不愿意归降，都跑到了赵国。而赵国人也是反复无常，如果不把降兵全部杀掉，日后恐怕会出大乱子。"于是"挟诈"，具体用了什么样的诈术不知，但肯定是设计了圈套，把投降的

长平之战

赵军全都坑杀了，只留下二百四十个年纪还小的士兵，回到赵国报信。这次战役，前后斩首和俘虏总计四十五万人，赵国举国震惊。不仅是赵国，当时所有人都为之震惊。即便过了两千多年，我们在研究这场战役时，依然能感觉到那种发自内心深处的不寒而栗。白起之残忍固然令人痛恨，赵括的错误同样触目惊心。同时也可以看到，如果决策者犯了战略性错误，对于整个团队都将是灭顶之灾，谁也别想置身事外。

第廿五章　杀降卒白起暴虐　气数尽名将凋零

我们把镜头对准决战时刻，来看几个细节。

首先看赵军突围的方向。"来攻秦垒，欲出"，这时的秦国壁垒应该不是赵括军团跨过丹河时向西突击受阻的壁垒，而应该是赵军向丹河东岸突围时遇到的壁垒。秦军应该是在完成合围之后，马上修建壁垒，挡住了赵军突围的出路。如果这个推论是正确的，秦军的速度和执行力多么强悍啊。如果赵括能早点意识到大事不妙，早点撤退，拿出现在突围的劲头，虽然必定也有损失，但不见得会全军覆没。可是赵括一犹豫，就错过了最佳时机，铁桶合围已成，赵军插翅难飞。

然后看赵军的战斗力，也算得上强悍了。当时赵军已经断粮四十六天，内部开始人吃人，即使这样也没有哗变，而且依然能够组织起强有力的冲锋，虽败犹荣。赵军坚忍不拔，当得起秦军的对手，燕赵多慷慨悲歌之士，名不虚传。他们死于赵国决策集团和统帅的无能，但作为军人，他们实现了价值。

赵括死在冲锋的路上。于是有人据此翻案，认为他如何如何英勇，不该因纸上谈兵受到恶评。这就是典型的为翻案而翻案，缺少对人对事的全面评估。如果作为一个士兵、一个偏将，赵括如此死法，确实可以称得上英雄。但他不是，他是统帅，掌控着全体将士的生死。他不是一个人，他不属于他自己。他是团队的领袖，作为统帅，只有打赢，只有保全了自己士兵的生命，才是英雄。如果他牺牲自己保全团队，那也称得上英雄，但他死了，又让几十万将士陪葬，算什么英雄？

简评一下白起。白起是秦国的英雄，是中国历史上的军事家、战略家、战术家，这都没有问题，可是他不能算是中国人的英雄。没有别的原因，就是杀降。战场上杀敌是迫不得已，然而杀降，是他永远洗刷不掉的污点。后来项羽坑杀秦卒，极有可能就是为了报复此次秦军杀降。同样，项羽是楚国人的英雄，是中国历史上的军事家、战术家，这都没有问题，可是他也不能算是中国人的英雄。赵奢、廉颇、蔺相如等人，才能算是中国人的英雄。

坑杀赵军却又释放二百四十名小兵，并不是白起良心发现，有可能是为了让他们回去宣扬秦军的"武威"。这一战让天下震动，六国人心中"暴秦"的观念更加根深蒂固，秦国赢了战争，失了民心。天下人都怕秦国，没有爱秦国的，这为秦"二世而亡"种下了一颗种子，它在天下人的心里生根发芽，永远铲除不掉。白起因为这一战，名声达到了顶峰，但捧得高跌得重，他的人生悲剧，从杀降这一刻起已经拉开了序幕。

白起杀降有没有秦昭王的授意，此前探讨过这个问题。如此大事，正常来说应该向秦昭王汇报，但是在史料中又找不到任何痕迹。如果是白起自作主张，那么他触犯了忌讳。战场杀敌，将军有专断之权，但是

第廿五章 杀降卒白起暴虐 气数尽名将凋零

杀降属于政治问题，不是单纯的军事问题。如果白起自行其是，不与秦昭王商量，这就已经算是触犯忌讳了。在国家用人之际没有问题，一旦狡兔死，走狗就该烹了。

秦军的强弓硬弩和战斗力名不虚传。因为秦国在手工业上推行标准化，对军工产业极度重视，以物勒工名制度保证产品质量。从长平之战可以看出，这些记载是基本真实的。当赵军进入埋伏圈来到秦国坚壁之前，就再也前进不了。固守壁垒最强有力的工具就是弓弩。当赵括率领军队轮番冲击的时候，秦军一定箭如飞蝗，赵括也因此而死。说明秦军有良好的弓弩设备和充足的武器供应，尤其箭矢的供应一定是足额足量的。秦军装备战力问题详见本系列丛书《秦史之谜》。

接下来，我们开始复盘长平之战。

简单探讨几个千百年来争论不休的问题。比如，为什么非得派赵括去？说赵括纸上谈兵是不是冤枉了他？秦赵两国到底动用了多少兵力？到底有多少赵军被坑杀？赵军的战斗力究竟如何？秦国损失了多少兵力？廉颇的战法究竟对不对？从长平之战看，秦赵的经济实力孰高孰低，促使赵孝成王换将的最根本原因是什么，长平之战后秦国继续发动邯郸之战究竟对不对，这些问题需要一个个梳理。

先来看长平之战时赵国的名将。

◎长平之战前后赵国主帅的备选名单

人名	成名事迹	此前工作	来自哪国	赵王顾虑	名气来源	当时情况	可选择性
赵奢	阏与之战	国税局干部	赵国	—	打出来的	已去世	×
蔺相如	完璧归赵	外交官、政治家	赵国	—	拼出来的	病重	×

长平之战

续表

人名	成名事迹	此前工作	来自哪国	赵王顾虑	名气来源	当时情况	可选择性
乐毅	五国联军伐齐	军事世家	燕国	忠诚度	打出来的	可能已去世	×
田单	火牛阵破燕之战	市场监督局科长	齐国	忠诚度	打出来的	不在核心圈	√
乐乘	伐燕之战	职业军人	燕国	能力和忠诚度	打出来的	非一线将军	×
李牧	围歼匈奴	职业军人	赵国	可能在防御匈奴	打出来的	可能年轻，不在黄金期	×
廉颇	伐齐之战	职业军人	赵国	打不出速决战	打出来的	前线指挥官	√
赵括	名将之子	可能有参谋经历	赵国	经验不足	继承来的	不详	√

战国时代，名将最多的就是秦、赵两国。战国四大名将，秦国占两个名额，白起、王翦，赵国占两个名额，廉颇、李牧。接下来，我们以长平之战爆发的时间为界，梳理一下赵国的名将状况。看看除了赵括还有哪些人可能或者可以成为统帅。

第一个人选是赵括的父亲赵奢。前文提过，赵奢本来是征收田赋的官吏，平原君家偷税漏税，他严惩了几个管家，并有理有节地劝说平原君。平原君颇有气度，又被赵奢讲的"无赵则无平原君，有赵则有平原君"这番道理折服，就把他推荐给赵惠文王，令治国赋，职位类似国家税务局局长，依然成绩显著。其实这些都是副业，赵奢真正厉害的是军事才能，后来出任将军。阏与之战是他的成名之战，击败了秦国胡阳兵团，声名大噪，被封为马服君，从此与廉颇、蔺相如同列。可惜在长平

第廿五章　杀降卒白起暴虐　气数尽名将凋零

之战前,赵奢已经病逝,如果他还在,绝不会让赵括当大将军;如果他还在,赵王选择廉颇的替代者,也非他莫属。不过,这只是假设。

第二个人选是蔺相如。蔺相如因为完璧归赵,得封上大夫,又因为在渑池会时对抗秦昭王,不辱国体,被封为上卿,位在廉颇之上。这让廉颇心里不服,多次找碴,可是蔺相如以大局为重,数次忍让,"秦王我尚且不怕,岂能怕廉将军?",廉颇被他的伟大人格所感动,两人结为刎颈之交,将相和堪称赵国抗击秦国最为坚固的长城。其实,蔺相如不是单纯的文官,《史记·赵世家》记载:"(赵惠文王)二十八年(公元前271年),蔺相如伐齐,至平邑(今河南南乐东北)。"长平之战时他已病重,还是劝谏赵王不要任用赵括,长平惨败之后不久病逝。如果当时蔺相如不是病重,由他顶替廉颇也是不错的选择。一般来讲,优秀的政治家都是天然的军事家,而优秀的军事家不一定是天然的政治家,比如白起、项羽、韩信。蔺相如则不然,他的实战经验不一定丰富,但天生具有领导力,能够把能打的人团结起来,并且用好。像明末袁崇焕也是标准的书生,可他有领导力,下面武将也都服他。可惜,赵国的气数已尽,相如领军也只是假设。

第三个人选是乐毅,战国名将,灵寿(今河北灵寿西北)人,魏文侯时名将乐羊的后裔,其实算是赵国人。在赵武灵王时发生了沙丘之乱,公子章与赵惠文王争夺王位,于是他离赵赴魏。燕昭王求贤,他又奉魏昭王之命奔赴燕国,与燕昭王一见如故,被任命为亚卿。公元前284年,秦、韩、赵、魏、燕五国合纵伐齐,乐毅担任联军的上将军,大败齐军,进而攻破齐都临淄,连下七十余城。以功受封昌国君。可是燕昭王去世、燕惠王登基后,齐国田单的反间计就派上了用场,燕王以骑劫代替乐毅,于是乐毅回到赵国,被赵封于观津(今河北武邑东南),号望

长平之战

诸君,最后在赵国逝世。生卒年不详,具体死亡时间也不得而知,他到赵国的时间应该是在燕惠王元年或稍后,大约在公元前 278 年,这个时间距离公元前 260 年大约有十八年,他很可能已经不在人世。乐毅、赵奢、廉颇、蔺相如应该是同一个时代的人,年龄应该也相差不多。只是廉颇的身体极好,高龄依然能征善战。乐毅是当时公认的军事家,如果有幸由他来顶替廉颇,肯定不会差。如果战事发生在公元前 260 年,他还有战斗力。只是像长平之战这样倾全国之力进行的决战,能否交给乐毅这样一个一度为他国效力的人,还是未知数。以赵孝成王的气度,很难很难。

第四个人选是田单,战国时齐国名将,临淄人。齐湣王时为临淄市掾,类似于市场监督管理局科长,这也是副业,他真正的专业是军事。公元前 284 年,燕、秦、韩、赵、魏五国共击齐,燕将乐毅率军长驱直入,齐湣王被杀。他固守即墨,被拥立为将军。至齐襄王五年(公元前 279 年),燕惠王上台,他施展反间计,使得乐毅被骑劫替代。他趁机施展火牛阵,收复齐国沦陷的七十余城,迎接齐襄王回都城临淄。后被齐襄王任命为相国,封安平君。赵孝成王二年、齐王建元年(公元前 264 年),田单入赵,任赵相。他的生卒年也不详,在公元前 262 年长平之战爆发时,他应该还在赵国。前文提到,他曾经问魏安僖王为什么不联合赵国抗击秦国,这是因为秦国答应以后归还本属于魏国、当时属于韩国的垣雍,于是魏国按兵不动。田单也是公认的军事家,还是赵国的相国,如果由他顶替廉颇,也是不错的人选。不过他也和乐毅一样,在这样的大战中,作为齐国人是很难被赵王信任的。当时所有国家都没有秦国那种用人的魄力,能把别国专家用得那么彻底,那么好。

第五个人选是乐乘,战国末年赵国的将领。原为燕国人,是燕国名

第廿五章　杀降卒白起暴虐　气数尽名将凋零

将乐毅的族人。后为赵国所俘虏，于是留在赵国。与廉颇合作，屡次击败燕军，封武襄君。赵悼襄王继位，让乐乘代替廉颇为将，被廉颇攻击，亡走，廉颇也逃亡入魏。如果用乐乘代替廉颇，赵军也未必会全军覆没，从名气上看，他确实不如廉颇、赵奢、蔺相如，可是论实战能力，依然胜过赵括。

第六个人选是李牧，战国四大名将之一，长期驻守在赵国北部边境抵御匈奴，是运动战专家、举世公认的军事家，曾经一战消灭匈奴十余万骑（这个问题回头再探讨）。赵王迁三年（公元前 233 年），李牧大败秦军于肥（今河北晋州西），以功封武安君，后因赵王中秦国反间计被斩。我们不清楚李牧在长平之战时的能力如何，他成名于战国末期，事业黄金期在公元前 262 年到公元前 228 年，大约三十四年，假如李牧在公元前 262 年是三十岁，那么他去世时六十四岁，在当时是绝对的高龄。因此我推断：在长平之战时，李牧很可能才二十多岁，职务应该是都尉、校尉一级，是冉冉升起的军界新星，但还无法独担大任；或者赵国北部边防非他不能胜任，无法抽调到长平前线去。廉颇与白起同时代，李牧与王翦同时代，这里所说的同时代都是指黄金时代，而长平之战爆发时可能还没到李牧的黄金时代。

如果不另选人，那么最好的人选也许仍是老将廉颇。廉颇，生卒年不详，有一种说法是公元前 327 年至公元前 243 年，如果照这个时间来计算，他活了大约八十四岁，公元前 262 年时大约六十五岁。他也许自认为年富力强，但在别人眼里，廉颇老矣。在决定用赵括替代他时，赵国内部一定有一股非常强大的声音在指责廉颇太老，战法太保守，应该换个少壮派统帅，才能带来惊喜。结果惊喜没有来，惊吓来了。通过上面这一系列名单，可以看出，赵军的统帅非廉颇莫属，而且，廉颇具有

长平之战

丰富的野战经验，在赵军中威望无匹，忠诚度也没有问题，授予其倾国之兵也没有什么不放心的，可惜天不从人愿。

名将如云，可是赵王却还是选了最后也是最糟的人选：赵括。如果他不是名将之子，一定不会成为大将军人选。一个名不副实的人突然承担大任，最后害了赵国，害了赵军，也害了他自己。不是说赵括一定不行，而是这个任命有极大问题。实践不行，可以锻炼；理论素养好，可以担任参谋长或者都尉、校尉、裨将，再经过持续的锻炼，也许能成为第二个廉颇、李牧。但让他以旅长的才能担任军长，以参谋长的才能担任军事主官，容易出大问题。在长治八义镇八义村有一块"八义士谏赵处"石碑，《潞安府志·卷四》记载："八谏山在（长治）县西南六十里，下有八谏水，长平之役赵军中有八谏而死者故名。"因为劝谏赵括而死了八个义士，可能是民间传说，表达对赵括误国的反感。但如果是真的，那他这个统帅当得不及格，怎么能因为别人劝谏就杀人呢？就算这八个人不是赵括所杀，而是自杀，那赵括也不是一个合格的统帅。不善于说服教育、做思想工作，又怎么让军队言听计从、心服口服呢？因此，《史记》对于赵括的记载应该不会有太大错误。纸上谈兵不可怕，作为军事发烧友发表个人意见，或在军事论坛里发言，都没有问题，但要是让纸上谈兵的人做了统帅，这才是最可怕的。赵国的气数如此，真是无力回天啊！

总之，赵国处于四战之地，民风彪悍，名将辈出。可是在长平之战时，能够统兵的名将要么已经去世（赵奢），要么当时病重（蔺相如），要么忠诚度不可知（乐毅、田单、乐乘），要么还年轻、没资历（李牧），真正的统帅人选其实只有廉颇一个。

第廿六章　进退难骑虎难下　心一横铤而走险

在长平之战刚开始直至相持阶段，赵孝成王面前有五条路。

第一条路，舍弃韩国上党郡。这块地不要了，就当是做了一个美梦，现在梦醒了，面对现实，打不过秦国就果断撤兵。韩国上党郡只是一个诱惑，不是一个机会。很明显，赵孝成王不可能选这条路。正像他所说的，"出动百万大军，一年都未必能占领一座城池"，何况是十七座城池。古往今来，人为财死，鸟为食亡。而且，上文分析过韩国上党郡对于赵国的战略意义，第一条路不通。

第二条路，向秦国求和。韩国上党郡，赵国一定要先拿在手里，但是可以与秦国进行利益置换，谈出一个双方都可以接受的协议来。前文分析过，赵国派出郑朱领队的高规格代表团去秦国议和，可是策略不对，和秦国的立场根本不对等，反而被秦国利用。况且秦国不是真心和谈的，而是铁了心要打。第二条路不通。

第三条路，实行合纵策略。赵国一家抗秦有困难，那就联合多个国家去群殴秦国。前文也分析了，在秦国的威逼利诱之下，其他国家都不想、不敢、不愿出头。其他国家的国君都看出来了，秦、赵这次可不是普通的领土争端，而是一次死磕，是生死之战，无论站在哪一边，过后都可能遭受另一方的疯狂报复。韩桓惠王被打怕了，魏安僖王被归还垣雍的提议诱惑，楚考烈王刚刚登基而且与范雎关系很好，齐王建先答应帮忙后拒绝借粮，燕武成王内忧外患自顾不暇，因此，谁都靠不住。第三条路不通。

第四条路，继续让廉颇在长平坚守。有些历史的旁观者总希望战争打得血肉横飞、酣畅淋漓，这才过瘾，可这是拍电影、看电影的心态。真正战争有时惊心动魄，有时也可能枯燥乏味。就像《孙子兵法》上说的"静如处子，动如脱兔"，如果一直"动如脱兔"，不是被乱枪打死，就是筋疲力尽、吐血而亡。所以性情急躁的人很难成为名将，还没有成为名将就死掉了。靳生禾先生认为，假以时日，长平战场的天平就会倾向赵国一边。可是，赵孝成王坚持不下去了，廉颇的打法突破了他忍耐的极限。第四条路，是赵孝成王认为走不通了。

第五条路，临阵换将，拼死一搏。大家一筹莫展的时候，想起了大约十年前发生阏与之战，那是一场让人拍案叫绝的经典战例，虽然当时的抗秦英雄赵奢已死，可是老子英雄儿好汉，赵奢的独门绝技肯定会教给儿子。其子赵括的名气不亚于赵奢，军事理论水平高，经常出去做军事讲座，很有人气。如果让他上阵，他再来当一次抗秦英雄，这不就是子承父业吗？赵孝成王选了这条路，只可惜判断错了。

赵孝成王临阵换将有十大理由：

第一，赵孝成王对廉颇战法的极度不满。"赵王数以为让"这六个字足以说明赵王极度不满。不管前线战况、秦军战力，多次派使者去责

第廿六章　进退难骑虎难下　心一横铤而走险

备廉颇，一味催促。

第二，军事门外汉赵孝成王对于前线统帅的掣肘。这时的赵王，是政治实习生、军事门外汉，依靠血缘才能掌握最高权力，不是专业的政治家，他从来没有打过这样大的仗。如果是他的父亲赵惠文王来指挥全局，一定不是这个样子。反观秦国，君臣、将帅同心同德，合作无间，有条不紊，显示出极强的纪律性和专业性。

第三，赵国粮草不足、后勤吃紧、兵员匮乏。这个问题之后细说。

第四，寻求外援失败。上文分析过，六国出于种种原因都不肯伸出援手，让赵孝成王越来越心焦。

第五，赵孝成王希望找到速战速决的办法。越是持久战越艰苦，越是对最高决策人的意志、判断提出严峻的考验。

第六，赵国农业生产和秦国相比明显产能落后。读过本系列丛书的《秦史之谜》就会知道，秦国对于农业的政策导向、精力投入和关注程度，是其他六国无法相比的。战国时的农业就相当于现代的重工业、制造业，是重中之重，而其他六国都没有秦国这样的战略眼光。因为发展商业、第三产业、金融业等是赚钱最快的，包括赵国在内，六国的重商主义氛围极其浓厚。当时邯郸是大都市，商业繁荣，但这样的经济体制势必无法支撑长期而艰苦的战争。

第七，秦国实施反间计。物必先腐也，而后虫入之；人必先疑也，然后谗入之。这是颠扑不破的真理。相比之下，秦孝公对商鞅的那种绝对信任，世上又有几个人能做到呢？反间计得逞，一定是因为施计方吃准了目标方的心理，对症下药。

第八，赵国舆论对赵括的吹嘘。他们一定被秦国的间谍收买了，不遗余力地宣传廉颇的不好、赵括的"伟大"。也会有一些"爱国贼"，不明就里，不懂军事，不知实际情况就跟着煽风点火，最后促使赵王下决心换人，落入秦国的圈套。

第九，赵括本人言过其实。赵括一定是给了赵王一些承诺，这个一会儿再说。

第十，向秦国求和的努力失败。前文多次提及，和谈不可能，吐出韩上党更不可能，只能打。打就要换一种打法，谁能换打法？赵括。

先为赵括说几句公道话。

赵括虽然败了，但没有投降，而是战斗到最后一刻。从这个角度来说，他不是懦夫。至于没有实战经验，也可能是冤枉他了。他也许能胜任参谋长、旅长、师长甚至军长，但就是不能胜任统帅。统帅是最后做决定的人，没有丰富的战争经验是很难的，一旦做错了决定，莽撞拼命，便会一败涂地。

赵括犯的是冒险主义错误，但他绝对不是投降主义者，因为他至死也没有投降。

为了当上这个统帅，赵括可能答应过赵王一些事。他应该是向赵王夸下了海口，只有夸下海口，才能取得替代廉颇的机会。他需要一场胜利，让自己摆脱名将之子的包袱，争取让时人提到自己时，不说"赵奢之子"，而在提到父亲赵奢时，说出"赵括之父"。继承父亲的荣耀，青出于蓝而胜于蓝，这才是他的人生目标。

而且他这个目标，也是赵孝成王的目标，赵王太需要一个能够理解自己的军事统帅了，太需要军事统帅用最小的代价换取最大的胜利了。一本万利乃至无本万利，快速赚钱，马上成功，这是所有老板的理想。我们不要把赵孝成王这种人想得多高端，他骨子里就是商人，用商人的思路去分析他，会理解得更深刻。就是又要得到韩国上党郡，又要别花

第廿六章 进退难骑虎难下 心一横铤而走险

钱、别费力。

赵括应该是说出了赵王最爱听的话，说出了赵王最为渴望的愿景：拿下上党郡十七座城池，击败秦军，尽快结束战争，不像廉颇那样打持久战、耗费军粮。如果能做到，那可是天上掉馅饼。可最后的结果是，天上不仅不会掉馅饼，还会掉陷阱。最后，赵括确实达到了两个目标：第一，战争很快结束了；第二，军粮也不用供应了。因为上党郡丢了，除此之外，赵国可能又损失了一些土地，赵军败了，人都死了。

赵括一定指出过廉颇战法有一二三四多少个失误，赵孝成王听得心花怒放，如遇知音，这两个人的认知水平在一个层次，一定相谈甚欢，相见恨晚。赵括也很可能会说，如果由他担任最高统帅，他有甲乙丙丁多少种办法打败秦军。他一定向赵王许诺过，他要彻底改变廉颇的战法，速战速决，用运动战、以迂回包抄的方法一口吃掉秦军，迅速结束战斗，稳稳当当地接收韩国上党郡。

这类话，都是赵孝成王最爱听的、最迫切需要听到的，所以他任命赵括时才会如此坚决。蔺相如反对，不听；赵括母亲反对，不听。也正是基于这种心态和背景，赵括到了前线之后，才会如此快速地变更廉颇的战法，想要与秦军主力决战；又在秦军"能而示之不能，用而示之不用"的诱敌策略下轻易上当、主动出击。赵括在秦军壁垒前久攻不克，又遭秦军进攻，不得不建造壁垒固守时，应该意识到情况不妙，但他还是不肯轻易后撤。那时，秦昭王的大包围圈尚未形成，如果当时就下定决心突围，向丹河东岸猛冲，秦军应该很难以三万之众抵挡几十万赵军，可赵括还是不想撤退。没有别的原因，在赵王面前夸下海口，如果中途撤兵，不但寸功未立，连廉颇的战果都保不住，面子上下不来，关键是无法向赵王交代。于是他心存侥幸，想要再等一下、再努力一下，可就在他犹豫的时候，秦昭王迅速调来大军，完成了十面埋伏。这时，赵括悔之晚矣，已成瓮中之鳖。

虽然这也是推论，但应该在一定程度上符合当时的情况。

第廿七章　赌国运精锐齐出　比战法殊途同归

回到长平之战，这场大战秦、赵双方投入了多少兵力？

赵国方面，应该最少有四十五万。

学术界有一种观点认为，秦国用三万精锐就隔绝了赵军的粮道，切断了赵军大本营与出击军队的联系，那么赵军的兵力应该没有四十五万那么多。但如果没有新的无可争议的考古资料出现，还不能轻易下这样的判断。前文分析了，赵军刚开始也许有机会突围。但赵括判断，如果出击受挫再退回去，不但寸功未立，而且还有损失，寻找秦军主力速战速决的计划落空，所以想再等等看。就这一犹豫，从秦国国内调集的重兵集结到长平，组成了更大的包围圈。此时不仅粮道断绝，就连赵国本土的一切救援通道也都被切断了。另外，秦军派出的三万人应该是精锐中的精锐，战斗力极强，而且可能还只是先遣部队，后续增援没有记载。因为《史记》偏重于战略，所以说赵军总的损失在四十五万人应该是靠谱的。

秦军预计最少也有四十五万人，最多一百万人。

关于秦国出兵多少，《史记》中没有明确记载，我们只能推断。在秦昭王大规模征兵之前，白起和王龁兵团的兵力也应该达到了四十五万人，就是说，秦赵兵力至少应该是 1∶1；或者秦国作为进攻方兵力略多，还有一种说法是至少五十五万人。靳生禾先生认为，等到秦昭王完成大规模征兵时，秦国兵力应该接近一百万人。

前文说过，赵国对秦国的情况好像一无所知，就连名将白起的动向都不能准确掌握，更别提了解秦昭王的心思，以至于贸然派出和谈代表。而秦国对赵国的情况却好像知道得一清二楚，赵王对廉颇的责难，赵王急于打速决战，赵括的高谈阔论……所以实施反间计才会成功。而且赵国好像有很多人在为秦国服务，秦国为了获取情报又不惜成本，因此，掌握赵国的兵力多少和兵力部署，似乎也不太难。如果确认赵国出兵四十五万人，那么秦国出兵至少也有四十五万人。他们既然对韩上党志在必得，不会蠢到用以少击多去逞英雄吧？

秦国决定实施反间计时，就准备把赵括这个菜鸟"运作"成赵军总指挥，从而一口吞下赵军，很多战略战术在那时应该就确定了，不能临时抱佛脚。就连我们这种菜鸟都能想到的问题，白起会想不到吗？他可是战国历史上唯一一个常胜将军，心思之缜密，应该超出我们十倍百倍才对。这场歼灭战，早就已经纳入了秦军的战略计划，施展反间计、佯败诱敌、困赵军于坚壁前、出动轻兵攻击、逼赵军筑垒坚守，然后以一路奇兵断其粮道、一路奇兵断其大本营与赵括兵团的联系，这应该是环环相扣的。

《孙子兵法·谋攻篇》说："故用兵之法，十则围之，五则攻之，倍则分之，敌则能战之，少则能逃之，不若则能避之。"大意是说，用兵

第廿七章　赌国运精锐齐出　比战法殊途同归

的原则,有十倍于敌的兵力就包围敌人,有五倍于敌的兵力就进攻敌人,有一倍于敌人的兵力就要设法分散敌人、各个击破,兵力与敌人相当就要设法击败敌人,兵力比敌人少就要退却,实力不如敌人就要避免决战。

我们这些外行都知道的军事原则,白起又怎么会不知道?想包围敌人、进攻敌人、分散敌人、击败敌人,即便达不到 10∶1、5∶1、2∶1 的兵力压制,至少也应该确保 1∶1 的兵力对比,不可能再少了。秦国这支三万人的奇兵,前文已经分析过,有可能是先遣部队,选择精锐,出其不意攻其不备,打赵军一个措手不及。也许这支部队只要坚守三天就算完成任务,后续部队就会开到,这是可能的。秦军的纪律是铁打的,这三万人也许是死士,如果再配备精良武器,完全可以切断赵军的交通线。笔者认为这三万秦军的战斗力强悍,有六个原因:第一,这是"秦军严选",精锐中的精锐;第二,他们接受的一定是死命令,哪怕战至最后一人都不能退缩;第三,秦国实行军功授爵制度,这些人可能有相当一部分渴望建功立业,风险越大,奖赏越大;第四,秦国军队内部实行严格的株连制度,军人和其家庭一损俱损一荣俱荣;第五,秦军不止具有职业军人的素质,有些还是天生的好战分子,而且战术素养极高;第六,武器优良,秦国的强弓硬弩天下闻名,有目共睹。因此,三万先遣队完全可以担负先期阻击的任务。而就在赵括犹豫的时候,秦军的增援部队也已经到达,再想突围就不可能了,只有等待己方的救援。秦军的大部队对赵军形成了铁桶合围之势。

白起军包围赵括军之前,秦昭王一定也是枕戈待旦,并且在做前期准备。一得到准确消息,立刻发出征召令,让大军在长平迅速集结。如果说前期出动了四十五万大军,后期再征调的五十万人不一定全是战

长平之战

士,这样大规模的战争也需要强大的后勤保障。整体出兵接近一百万人,最终形成 2∶1 的兵力对比,以当时秦国的实力,是完全有可能的。

我们用李牧抗击匈奴的战法对比和评析一下廉颇抗秦的战法。

◎通过战国四位名将的四场大会战,评估廉颇在长平之战中的战法

人物	李牧	王翦	田单	廉颇
具体会战	围歼匈奴之战	秦灭楚之战	火牛阵破燕之战	长平之战
主要长处	运动战+歼灭战	运动战+阵地战	奇兵+反间计+政治战	持久战+阵地战
总兵力	战车一千三百乘,骑兵一万三千人,勇士五万人,射手十万人	六十万秦军	极少兵力	约四十五万赵军
持续时间	数年	一至两年	至少五年	约两年
承受损失	大量金钱、粮草、后勤和各种小损失	大量金钱、粮草、后勤	此前齐国失七十城,只有莒和即墨坚守	大量金钱、粮草、后勤,攻防战期间也有兵力损失
战果	一战消灭匈奴十余万骑,匈奴十多年不敢犯边	击杀项燕,俘虏楚王负刍,灭楚国	燕昭王去世后,骑劫取代乐毅,大败;田单尽复失地七十城	未等到最终结果,被临阵换将
结论	任何将军都希望速战速决,但如果等到最佳战机就贸然出击,就是军事冒险主义。实际上,大多数大会战都是"持久战基础上的速决战"。将上述这几个名将的大会战横向对比可知,不能轻易就认为廉颇在长平之战前期的战术是错误的。			

对于廉颇的战法,很多人颇有微词,其实在当时就引起了很大争议,否则赵王也不会多次责备廉颇。有些人以翻案为乐,为了给赵括开

第廿七章　赌国运精锐齐出　比战法殊途同归

脱,就刻意贬低廉颇。廉颇的战法坚持了两年,很多人却认为不对,还是要采用赵括这种大兵团运动战的方式才对,只是秦军太狡猾,这才失败。而且赵括也不是纸上谈兵,实在是敌人太强大了。如果这样分析历史问题,就太不专业、太偏颇了。廉颇的战法究竟对不对,没等最终结果出来,他就被撤换了。所以,我们也只能找一个类似的来推测,用李牧的案例来作对比。

李牧长期率军镇守在赵国北部边境,防备匈奴,他大部分时间的策略是:军市上得到的税金收入都由将军幕府和军部掌控;做好后勤工作,几乎每天都杀几头牛,好吃好喝地供养士兵;但是军事训练也不能少,勤于练习骑射;多造烽火台,多派间谍和暗探出去,确保匈奴一出动就有消息传递过来。李牧不让士兵出击,把人马物资保护起来,坚守壁垒工事。"有敢捕虏者斩",谁要是主动出击,就杀谁的头。这是不是显得李牧非常胆小、不够英勇?这样坚守了几年,赵军虽然没有战功,也没有什么损失。然而问题来了。

《史记·廉颇蔺相如列传》记载:"然匈奴以李牧为怯,虽赵边兵亦以为吾将怯。赵王让李牧,李牧如故。赵王怒,召之,使他人代将。"看这个遭遇,是不是与廉颇非常相似?详细分析一下这里边的信息:第一,匈奴认为李牧胆小怯战;第二,赵国边防部队的士兵也认为李将军是胆小鬼;第三,赵王开始责备李牧;第四,李牧多次遭到批评,依然我行我素;第五,赵王发怒,把李牧召回邯郸,让其他将领替代李牧。其他四条,廉颇与李牧的遭遇一模一样。除了第一条,秦军并不认为廉颇胆小,廉颇让他们无计可施,不得已才施行反间计。

李牧时的赵王是谁?《史记》原文只记录为"赵王",但是记述李牧前期事迹之后,说赵悼襄王元年(公元前 244 年),廉颇被排挤投奔魏国，而后赵国派李牧攻打燕国，夺取了燕国的武遂、方城。如果廉颇在，一般不会调动李牧做这类工作。那么干涉李牧工作的赵王，就只能是赵惠文王和赵孝成王。前文分析过，赵惠文王还是比较善于用人的，而且他在位时，李牧还没有成长起来，那就只能是赵惠文王和赵悼襄王之间的赵孝成王。看来这个赵孝成王记吃不记打，干涉将领工作不是一次两次了。

新的将领一上任，就改变了战法，只要匈奴人来就主动出击，可是不但没有斩获，伤亡、损失还很大，弄得边境军民无法正常生产和工作。当时守卫边疆的策略也是成立"生产建设兵团"，平时耕作放牧，发展生产，尽量自给自足，战时才拿起武器来。赵孝成王一看新的将领不成，又去请李牧出山，李牧一再以生病推脱。赵孝成王知道错了，反复请他出山。李牧说："王必用臣，臣如前，乃敢奉令。"就是说，你如果非得用我，那我还用以前的战法，说定了才敢接受任命。赵王答应了。于是李牧重新回到边疆，依然用以前的老办法，赵军没有什么损失，匈奴人还是认为李牧胆小。等到一切都准备好了，士兵训练好了，战马后勤准备好了，士气高昂，人人都想一战，李牧集中战车一千三百辆，骑兵一万三千人，勇士五万人，优秀射手十万人，以诱敌之计，先让匈奴大举进攻。然后李牧布置了灵活多变的阵形，集中绝对优势兵力，以左右翼包抄的方式对匈奴进行围歼，消灭了十多万骑。此后十余年，匈奴不敢犯边。要么不打，打就打疼它，让它多少年都不敢轻举妄动。

用李牧的情况，对比廉颇赵括的情况，可以有几个假设。

假设替代李牧的人，也像赵括一样，最后自己被杀，全军覆没，那么李牧回来之后还能否取得如此辉煌的战果，可能就是未知数。但是新

第廿七章　赌国运精锐齐出　比战法殊途同归

任将领的失败，证明了李牧的正确。那么为什么赵括的失败，就不能证明廉颇战法的正确呢？最起码证明廉颇的战法行之有效也好啊。

假设赵括不是全军覆没，而是像替代李牧的将军一样，虽然有损失，但没有遭受灭顶之灾。那么廉颇是否还会被重新任命为长平前线的统帅，并且继续用旧战法与敌人周旋，等到最佳战机出现，给秦军以致命一击？

假设廉颇也能实行类似李牧的屯田政策，缓解巨大的后勤压力，是不是赵孝成王就不至于如此草率地用赵括替代他了？

只可惜，历史是不能假设的。

我们再来比较一下廉颇和李牧战法的不同之处，可以看出，廉颇的风格重在勇和稳，李牧的风格重在智和巧。

秦军与匈奴有同有异，相同的地方就是都非常彪悍善战，不同的地方是匈奴相对更擅长运动战和游击战，骑射水平高，而阵地战与攻坚战相对薄弱。但是秦军不一样，阵地战、攻坚战和运动战综合水平比较高，骑射也相当有水平。当时，廉颇面对的秦军，堪称久经战阵、训练有素的战争机器，可以说是当时世界上最精锐的军队，而不仅是中国地区。廉颇稳扎稳打，依托营垒先守后攻，这种应对策略是不错的。

匈奴一般是小股袭扰，以抢劫为最终目的，可是秦军的目标不仅是要地，还要命，战略目标非常清晰，而且一上来就出动重兵集团，让廉颇无法从容应对。他能在极短的时间内建立起三道防线，已经是老成持重、反应快速了。因此，他的战法与李牧的战法同中有异。敌人不同，情况不同，应对方案自然也不同。其实，廉颇又何尝不想与秦军速战速决？查阅《史记·廉颇蔺相如列传》和《史记·赵世家》可知，在赵惠文王十六年（公元前283年）也就是廉颇进入历史的这一年，廉颇带兵伐

长平之战

齐，大破齐军，因功被封为上卿。不算以前的战争经验，就从这一年算起，到公元前262年长平之战时，军龄已经超过二十年，而且一直在以将军的身份带兵南征北讨。他应该更懂得战争，更知道怎么排兵布阵。与廉颇相比，赵括的经验不是来自战场，而是来自书本。

如果赵括这次不是自己身死、全军覆没，他真正见识到战场的残酷，可能日后会成为一个优秀的将军或者优秀的军事理论家，可惜他的错误犯得太大了，这样的错误一辈子只能犯一次，最后几十万赵军给他陪葬，他自己留下了千古笑柄，也让廉颇一直跟着受过。

王翦与李牧这两个当时的绝世高手曾有过一次对决，李牧被冤杀后，王翦才能破赵。相比之下，长平之战还有一个遗憾就是，当时顶级的两位将军，白起与廉颇，实际没有真正对决，没有分出胜负。

至此，简单总结一下。

通过比较李牧抵抗匈奴和廉颇抗击秦军的案例，不难看出，廉颇的战法虽然有可商榷之处，但一定是当时廉颇认为最佳的战法。其实，李牧有很长一段时间一直在不断示弱，以便训练军队、积蓄力量，寻找最佳战机，只不过李牧最后成功了，所以他的战法没有遭受质疑。虽然赵军之败不是败在廉颇手里，可是很多人为了给赵括翻案，就把很多过错都安到廉颇头上，这是不公平的。研究历史、评析历史人物，不能这样不负责任，这就很难有客观的认知了。匈奴骑兵来去如风，李牧如果不能打一次大仗，争取一次消灭，最后一定得不偿失。后来汉武帝为了寻找匈奴主力决战，也基本上把国家掏空了。而廉颇面对更加强大的秦军，他必须先守住基本盘，建立根据地，才有可能赢。如果急于和秦军主力决战，说实话，虽然赵军实力不弱，可是想一对一胜过秦军也是极其难的。如果想要集中兵力达到2∶1或3∶1的优势，这又超出了赵国

第廿七章　赌国运精锐齐出　比战法殊途同归

国力承受的范围，更不可能。廉颇的策略本身没有大错。

通过王翦伐楚的战法反观廉颇的战法。《史记·白起王翦列传》记载，在秦国统一六国战争的后期，燕国已经保不住京津冀了，于是燕王喜往东北逃跑。这时，秦国少年将领李信，也就是西汉李广的祖先，带着几千士兵就敢深入敌后，击破燕军，逼死太子丹，"始皇以为贤勇"。等到准备攻击楚国时，秦始皇属意李信，问他，攻击楚国如果由他带兵，需要多少人。李信说："不过用二十万人。"又问王翦，王翦说："非六十万人不可。"秦始皇就认为王翦老了，于是让李信担任伐楚的前线总指挥，结果一败涂地。这其中还有一个问题，就是李信之败，除了楚国的进攻，还有后院起火，昌平君起兵反秦。但不管原因如何，结局都是秦军大败，被楚军一连追了三天三夜，攻破了两处壁垒，杀死了七个都尉。秦始皇认识到错误，亲自到王翦老家去请他出山，王翦依然坚持用六十万人，而且掌兵以后又是坚守不出，"王翦至，坚壁而守之，不肯战。荆兵数出挑战，终不出"。王翦好吃好喝地供养士兵，让他们尽情休养身体，坚守很久才抓住战机，一举灭掉了楚国。王翦握有六十万大军还要坚守，难道是怯战吗？难道他不懂兵法？一般来说，只有外行才想速战速决，一夜暴富。而且，虽然细节不同，但李牧、王翦、廉颇在掌握的战场绝对主动权之前，用的都是类似的战法，那为什么肯定李牧、王翦，却非得责难廉颇呢？当时，秦军新来，锐气正盛。我们不能只从赵国视角、弱者视角看问题，如果从秦国的视角来看这个问题，会认为是赵国欺人太甚，秦国死了无数的将士才切断了韩国本土与韩国上党郡的联系，韩国也已经发布公告，决定把韩上党割让给秦国，谁知郡守冯亭与赵国私下交易。这就好比秦国辛辛苦苦做饭做菜，最后却被端到了赵国人的饭桌上。当时秦军一定群情激奋，一向骄傲的秦人很少

长平之战

会遇到此类情况,极有可能跃跃欲试,想要教训一下赵军。如果廉颇刚一接战就与志在复仇的秦军硬碰硬,即便两军实力相当,也有可能不敌。再通过王翦的案例来看,他初到楚地,楚军数次挑战,他却选择坚壁不战、避其锋芒、击其惰归的策略,这是完全正确的。再想想三国夷陵之战,陆逊也是用这种战术打败了刘备。因此,不能轻易指责廉颇的战法是错的。从王翦、李牧等类似案例来看,廉颇的策略是老成持重的稳妥选择。

第廿八章　太惨烈满国戴孝　知暴行天下震惊

从李牧的战绩和长平之战秦军的损失，我们看一看赵军的战斗力。李牧与秦国对阵，主要有这几次。

战国末年，赵国名将凋零，朝政腐败，李牧真正成了国家柱石，此时赵国四处起火，李牧成了救火队长，最频繁的纵火者就是秦国人。

秦王政十四年、赵王迁三年，即公元前 233 年，秦军攻占赵国赤丽、宜安（今河北藁城，藁，gǎo）两地，深入赵国后方，对赵国首都邯郸形成包围的态势。赵王迁从北部边疆调李牧回军抗秦，李牧率领边防精锐，双方在肥展开激战，秦军大败，秦主将桓齮（yǐ）不敢回秦，畏罪逃亡。一说桓齮即樊於期（wū jī），这次战斗一定是秦国惨败，否则主将不会沦落到后来那个地步，如果说这两个人是一个人，那也比较合理，他战败逃亡燕国，成为秦国军界极大的丑闻，于是秦王嬴政杀其父母宗族，并悬赏千金进行追捕。后来，荆轲用他的人头和督亢（地跨今河北涿州、固安、高碑店等地）地图才能打动秦王。经过这次战役，李牧被封为

长平之战

武安君。

秦王政十五年、赵王迁四年,即公元前 232 年,秦国又派大军攻赵,进至番吾(河北灵寿西南),李牧率军抗击,经过激战,击败秦军,但是赵军也消耗很大,仅能退守邯郸自保。

秦王政十八年、赵王迁七年,即公元前 229 年,秦将王翦出兵井陉,杨端和率领河内的兵力进攻邯郸,李牧和司马尚率军抵抗,秦军战况不利。秦国不得已,再次采用金元外交,买通赵王迁的宠臣郭开,诬陷李牧、司马尚谋反。于是赵王用赵葱、颜聚替代两人,李牧不接受命令,被杀。紧接着第二年,即公元前 228 年,王翦攻破赵军,杀赵葱,打跑颜聚,攻入邯郸,俘虏赵王迁,赵国实际上就灭亡了。《战国策·赵策四·秦使王翦攻赵》中说,颜最(即颜聚)也一同被俘。

长平之战给秦军造成了哪些损失呢?

长平之战后,白起准备趁机攻打邯郸,但是这时秦国又中了赵国的反间计,秦昭王决定罢兵,谁知没过多久他又决定发动邯郸之战。此时白起可能是在与秦昭王和范雎怄气,不同意发兵,他说,"今秦虽破长平军,而秦卒死者过半,国内空"。这话有夸大伤亡的嫌疑,但是秦国因长平之战遭受巨大损失也是事实。如果赵国伤亡四十五万人,那么秦国伤亡二十万人是有可能的。白起认为此战令秦军损失惨重,这就说明,赵军的战斗力是非常强的。

赵军的战斗力不容置疑,如果说长平之战赵军不行,是因为"兵熊熊一个,将熊熊一窝"。

《荀子·议兵》有句名言:"故齐之技击,不可以遇魏氏之武卒;魏氏之武卒,不可以遇秦之锐士;秦之锐士,不可以当桓文之节制;桓文之节制,不可以敌汤武之仁义。"齐国技击、魏国武卒、秦国锐士是同

第廿八章　太惨烈满国戴孝　知暴行天下震惊

时代，而齐桓公、晋文公的节制之师（*有教养的军队*）和商汤、周武的仁义之师，前后差了几百上千年，荀子只是为了强调仁义之师无敌。《汉书·刑法志》说："齐愍（湣）以技击强，魏惠以武卒奋，秦昭以锐士胜。"齐湣王的技击兵、魏惠王的武卒、秦昭王的锐士，都称得上战国的精锐之师，只是不知秦之锐士与赵之骑兵相比又如何。赵武灵王时代的赵军和廉颇领导的赵军，都处于巅峰状态，当时的赵军南征北讨，战斗力强大。即便到了赵国快灭亡的时候，在李牧、司马尚的领导下，赵军的战斗力依然非常强大。王翦、杨端和、桓齮都是秦国一流的将领，此时也正值秦国国力的鼎盛期，可是衰退期的赵军在李牧的带领下，硬是能打败全盛期的秦军，而同样的军队在赵葱、颜聚的手里就要打败仗。所以，是将领无能，不是军人不行。同样的道理，长平之战时的赵军，在廉颇领导时，战斗力没有问题，即便当时被重重包围，在赵括这样的将领领导下，依然能拼死一搏，体现了军人的尊严。

　　主要史料对于赵军此战的死亡人数均有记载，先看一下史料对于赵国被坑杀人数的记载。

　　《史记·秦本纪》记载："（*秦昭王*）四十七年（公元前 260 年），秦攻韩上党，上党降赵，秦因攻赵，赵发兵击秦，相距。秦使武安君白起击，大破赵于长平，四十余万尽杀之。"四十余万尽"杀之"，不是"阬（kēng，*本义为坑*）之"或"坑之"。

　　《史记·赵世家》记载："廉颇免而赵括代将。秦人围赵括，赵括以军降，卒四十余万皆坑之。王悔不听赵豹之计，故有长平之祸焉。"阬，本义为坑。四十余万皆"坑之"。

　　《史记·白起王翦列传》记载："乃挟诈而尽坑杀之，遗其小者二百四十人归赵，前后斩首虏四十五万人。"

长平之战

《史记·白起王翦列传》记载:"我固当死。长平之战,赵卒降者数十万人,我诈而尽坑之,是足以死。"

《史记·廉颇蔺相如列传》记载:"括军败,数十万之众遂降秦,秦悉坑之。赵前后所亡凡四十五万。"总数比较具体,是四十五万,被坑杀人数是约数,数十万之众。

《资治通鉴·周纪五》记载:"赵括自出锐卒搏战,秦人射杀之。赵师大败,卒四十万人皆降……乃挟诈而尽坑杀之,遗其小者二百四十人归赵。前后斩首虏四十五万人。赵人大震。"

《史记·韩世家》记载:"(韩桓惠王)十四年,秦拔赵上党,杀马服子卒四十余万于长平。"赵上党这个表述不太准确,应该是韩上党。马服子就是赵括,他是马服君赵奢之子。这里说秦军杀赵括和赵卒四十余万于长平。

《史记·田敬仲完世家》记载:"齐王弗听(指不借给赵国粮食)。秦破赵于长平四十余万,遂围邯郸。"

《史记·春申君列传》记载:"春申君为楚相四年,秦破赵之长平军四十余万。"

梳理一下史料中提供的这些信息。

◎根据主要史籍梳理长平之战中赵军的死亡数字

出处	投降人数	死亡方式	死亡总数
《史记·秦本纪》	—	杀之	四十万
《史记·赵世家》	—	坑之	四十余万
《史记·白起王翦列传》	—	挟诈坑之	仅留二百四十人
《史记·白起王翦列传》	数十万人	诈而坑之	—

第廿八章　太惨烈满国戴孝　知暴行天下震惊

续表

出处	投降人数	死亡方式	死亡总数
《史记·廉颇蔺相如列传》	数十万之众	悉坑之	四十五万
《资治通鉴》	四十万人	挟诈坑之	四十五万
《史记·韩世家》	—	杀之	四十余万
《史记·田敬仲完世家》	—	破赵	四十余万
《史记·春申君列传》	—	破赵	四十余万

近代考古发现，长平之战被坑杀赵军的情况也有一些令人不解之处。

我看过《长平之战遗址永录1号尸骨坑发掘简报》，这是对长平之战尸骨坑的第一次正规考古发掘记录，这份简报的结论是："根据骨骼排列和创伤观察，死者绝大部分为被杀后乱葬的，未发现大量被活埋的证据，这种现象有别于史书关于四十万降卒被阬杀的载述。"这次考古所发掘的尸骨中，只有一例可能是"双手被缚、活埋而死"，简报中说"有14具头部有钝器、刃器、石块等造成的创伤痕迹，其中至少7具个体的创伤是致命的"，就是说这些人在被掩埋之前，可能已经受到致命创伤而死去了。不过这个尸骨坑仅有百余具尸骨，不一定能反映全貌。

如果赵军真是被坑杀了四十多万人，那么即便一个尸骨坑埋一万人，都需要四十个，那得需要多大一片土地才能完成掩埋工作？照目前考古发掘的成果看，还不能证明赵军确实被坑杀了四十万人之多，除非找到至少一个超大型的尸骨坑。而从长平之战结束之后到目前，历代的史书似乎都没有记载长平古战场发掘到大型的尸骨坑。难道时代久远，遗骸全部腐烂了？或者杀降在长平，但掩埋尸骨不在长平？或者这个数字本身确实是被夸大了,是当时赵国为了宣扬秦军的残暴和血腥,编造的数据吗?如果没有非常确凿的考古证明,不能轻易推翻赵军死亡四十五万人的结论,但也不能轻易相信这四十余万人全都是被坑杀的。

那么死亡的四十五万人,都是赵军吗?

前文分析了,赵军的战斗力是非常强的,即便到了昏庸的赵王迁执政时,赵军也没有完全丧失战斗力,在李牧的带领下让秦军的一流将帅都铩羽而归。虽然长平之战战败时,赵军已经没有多少谈判条件了,但是当时投降一定是有条件的。否则在冷兵器时代,几十万人即便赤手空拳,或者捡起树枝去搏斗,即便自己死了,也可能杀死敌军。乖乖等着被杀,不符合赵军的一贯表现。有一个解释就是白起"挟诈坑之",不知道用了什么诈术,使得这些人投降后被坑杀了。目前为止,找不到更直接的证据,都是推论。

关于赵军有多少人投降,《史记·白起王翦列传》记载为"数十万人",《史记·廉颇蔺相如列传》记载为"数十万之众",都是约数,《资治通鉴》的数字比较精确,是四十万人,虽然这个数字也不一定是"历史的真实",但司马光的学术水平值得信任,他集中了当时的一流史学家编撰《资治通鉴》,既然他也认定赵军四十万人投降,应该有依据。关于赵军一共死了多少人,大多数记载都是"四十余万"。《史记·白起王翦列传》说只留下二百四十个年纪还小的士兵,其他都被坑杀。《资治通鉴》记述得更明确,一共死了四十五万人。司马迁、司马光都是学术大家,他们不可能相信道听途说的信息,一定有比较可靠的佐证。可是这里面又有太多谜团解释不清,实在让人头疼,不过就像曹雪芹《红楼梦》原著没有结尾一样,激发一代代人去破解这个悬案,只要别把主要精力都放在这上面,适当研究也是有益的。

第廿八章　太惨烈满国戴孝　知暴行天下震惊

通过对细节进行研究和推断，我们不难根据一些蛛丝马迹，做出相对准确的战场还原。长平之战一共持续了三年左右，一定包含了大大小小无数次战斗，在这些战斗中不可能零伤亡。

在赵国接收韩上党之后，秦昭王大怒，就派出部队进攻韩上党，自然会与赵国的先遣军发生武装冲突，这些战斗中的死亡人数没有统计。

王龁兵团与廉颇兵团在长平对阵的前期，双方对一些战略要地、交通要道进行了激烈的争夺，互有伤亡，赵国这边能够确认的是死了一个裨将和至少六七个校尉与都尉，而战斗中牺牲的赵军士兵没有统计。

在双方长达二十个月的对峙期，一定发生过激烈的争斗，只是这些战斗是常规性的，《史记》没有记载，同样，赵军阵亡士兵也没有统计。

当赵括中了白起诱敌之计，向丹河西岸大举进攻时，为了让"战败"更逼真，也是要经过激烈战斗的，赵括也不傻，不会轻易上当，这时赵国阵亡的士兵也没有统计。

赵括兵团进攻秦军坚固壁垒时，赵括锐气正盛，想一鼓作气彻底击败秦军，攻击应该是比较凶猛的，可这已经是秦军后退的底线了，不可能再有丝毫退让，反击也一定相当激烈。这个时段，赵军阵亡的士兵也没有统计。

当赵括攻坚受阻时，白起又派轻兵出壁垒攻击赵军，赵军不得已也筑垒坚守。这一阶段的攻防战，赵军阵亡士兵同样没有统计。

引诱赵括离开大本营之后，秦国奇兵就出动了，切断赵军粮道，切断赵括军团与赵军大本营之间的交通线。此时大本营的赵军不可能坐视，一定会拼死恢复粮道，并且要拼命救援赵括兵团。也有人说赵括的做法导致他与军队中廉颇的班底矛盾很深，但这都是猜想。赵括兵团被

长平之战

围可是生死攸关的，事关所有赵军的命运，不能把私人恩怨凌驾到共同利益之上，而且没有证据，不能轻易否定两支赵军为打破秦军封锁付出的努力。这时阵亡的赵军同样没有统计。

在赵括军团被包围的四十六天里，虽然绝粮断炊，可是求生的欲望让他们不会坐以待毙。尤其是在最后突围时，分成四队，轮番向外冲击了四五次，困兽犹斗，完全是在拼命。赵军会被大量杀伤，秦军也未必好到哪里去，一群抱着必死信念的人，还在做有组织的冲锋，这个阵亡数字也是相当大的。这时阵亡的赵军，也没有统计。

在秦国组织了更大包围圈的时候，从赵国上党郡和赵国本土，也会派出赵军进行救援，只是已经无法打破秦军的铜墙铁壁。这些在史籍中都找不到相关记录，但不能因此认为赵国没有努力救援，这时阵亡的赵军，没有统计。

由于《史记》对长平之战的记载是战略层面的，不是长平之战的战场报告，这样一场大战役一定包含无数次大大小小的接触战，详情已经无法统计，但是我们经过上面的推断，应该还是能还原一部分历史事实的。当然，还可以翻阅一些关于战国人口史的记载，推断秦、赵是否能动员如此多的兵力，等等，但是当时没有现代这么精准的人口统计方法，一切也都是推断，不是绝对的。这个工作我就不做了。

因此我个人的观点是：

长平之战，赵军整体伤亡四十五万人，如果没有找到足以推翻它的证据，那么这个数字还是可以相信的。

赵军有四十万人投降，并且被坑杀，这个数字和记载，还需要持续的研究和考证。没有考古发掘证明的话，这个数字应该存疑。

我推测，赵军在长平之战的历次战斗中大约伤亡二十五万人，最后

第廿八章　太惨烈满国戴孝　知暴行天下震惊

有大约二十万人投降了。这样的情况，比较符合多次战斗造成的伤亡，也符合赵军的战斗力水平。只是这些人的尸骨哪里去了，依然要继续寻找。

如果赵军损失四十五万人，秦军的损失也应该至少在十五到二十万人，赵、秦的损失比在3∶1或2∶1，都是伤筋动骨的巨大损失。

这里没有进行严谨的学术考证，只是一家之言，这个问题到此为止。

第廿九章　缺军粮战事吃紧　看定力棋胜一招

长平之战时，秦、赵的军粮到底供应了多少？

廉颇战法最大的弊端，就是对军粮和后勤供应提出了极高要求，赵王认为撑不住了，这才是替换廉颇的最根本理由。而秦国，也在这方面遇到了极大的困难，为了打破困局施展反间计。关于使用军粮的数量，史无明载，不过他山之石，可以攻玉，要利用别的资料曲线救国。

那么可以曲线救国的资料在哪里呢？在《睡虎地秦墓竹简》里。

《睡虎地秦墓竹简·秦律十八种·仓律》记载："隶臣妾其从事公，隶臣月禾二石，隶妾一石半；其不从事，勿稟。小城旦、隶臣作者，月禾一石半石；未能作者，月禾一石。"大意是，隶臣妾为官府服役，隶臣每月发粮二石，隶妾一石半。如不服役，不得发。小城旦或隶臣（应为小隶臣）劳作的，每月发粮一石半；不能劳作的，每月发粮一石。

《睡虎地秦墓竹简》的"传食律"和"司空律"中还有其他记载，不过那些是用容积即斗、升计算的，我们现在不好换算，而用重量比较

第廿九章　缺军粮战事吃紧　看定力棋胜一招

容易理解，用秦制换算成今制也比较明确。因此，我们就选择"仓律"中的这条记载，以"隶臣月禾二石"的标准来衡量秦、赵大概需要的军粮。隶臣（成年男子）每月发粮 2 石，隶妾（成年女子）每月 1.5 石，未成年的参加劳作的小城旦、小隶臣，每月 1.5 石。隶臣隶妾的性质属于国家刑徒，给他们发口粮，肯定会存在克扣的情况，又因为他们一般都是从事重体力工作，发的粮应该只能保证吃饱，不可能吃好。

假定秦、赵士兵的饭量都大致相同，选取一个基数，假定秦、赵一个军人每月的军粮，也是隶臣（成年男子）标准，即每月 2 石，每年 24 石。1 石，秦制合 120 斤，相当于今制 60 斤，即 30 公斤，那么一个军人每年 24 石军粮，合今制 720 公斤，即今制 0.72 吨。如果按照赵国出动四十五万大军来计算，每年的军粮需要 32.4 万吨，三年下来 97.2 万吨，《睡虎地秦墓竹简·秦律十八种·司空》中记载 1 石粮食的价格为 30 钱，这些粮食折算成金钱，足以掏空赵国政府的财政收入。如果按照秦国也出动四十五万大军来计算，一年也需要 32.4 万吨，三年 97.2 万吨，即便秦国再有钱，打持久战也很难承受。而且军人的粮食配给一定比隶臣的配给量大，那么实际需要的粮食一定会超过上面的数字。而且在运输的过程中，运输人员同样需要消耗粮食，这都是没有办法统计的了。粮食问题一直是中国的头等大事，也就是近几十年才没有发生过饿死人的情况，在此之前，吃饱饭一直都是大多数中国人的理想。在战国时代，没有任何机械动力、化学肥料，亩产量之低可以想象。

当时，长平前线对峙的秦、赵两国大军，共同的话题就是缺粮。空仓岭，山名。属太岳山脉。位于山西省沁水县樊庄乡境内。北接老马岭，南连吴山。最高处海拔 1217 米。战国时期秦赵长平之战时，秦将白起曾伪装置粮于此，故名。山岭纵横南北，蜿蜒起伏，夕阳晚晖宜

长平之战

人,有"天晚日不落,黄昏当天明"之述。关于大粮山,靳生禾先生在《长平之战——中国古代最大战役之研究》中的说法是:"大粮山,一作米山,世代相传,为当年廉颇囤积粮草之所,因以得名。迄今山上犹有营防岭、廉颇屯、廉颇庙等名胜……主峰七佛山……海拔 1220 米……是山在高平中部群山中为最高,向东北可以看到故关,向西南可以看到空仓岭,与其北 10 余千米的韩王山,一南一北,居高临下,构成赵军几十里防线上的两只眼睛,可使整个战场敌我态势如指诸掌,可自如调度河东之我,瞭望河西之敌。如此形势,从军事地理视角看,是极其优越的,特别是在冷兵器作战和没有现代通信手段的古代战争中,则显得倍加重要。山下左有小东仓河河谷,右有东仓河河谷,平行向东北延伸,直指邯郸方向,可与后方保持密切联系,可保障辎重粮草补给。廉颇设幕于斯不仅是完全可能的,而且唯有设幕于斯。"照此看来,廉颇不愧为战国四大名将之一。他能在极短的时间内建立三条防线,并且把第二条防线,也就是丹河东的防线,作为主阵地,即作为"纵深主体防线"来经营,依托大粮山,设立将军幕府,搭建瞭望台,安置辎重粮草,疏通与邯郸之间的输血管道,真可谓进可攻退可守,稳扎稳打,下盘牢靠。非沙场老将不能有这样独到专业的战略眼光。有一个相同点,不论是白起在空仓岭,还是廉颇在大粮山,都留下了"伪装置粮""以沙代粮"的传说,这不是空穴来风。缺粮,是双方统帅都非常头疼的问题。

赵国补给线短,农业和经济整体实力比不上秦国,赵国曾向齐国借粮,就是前线缺粮的明证。秦国农业发达,经济实力强劲,然而补给线过长。秦国运兵和运粮,选择的应该是"河东道"路线,靳生禾先生做了详细的考证,在此不赘述,有兴趣的读者可参考其作品。在本系列丛

第廿九章　缺军粮战事吃紧　看定力棋胜一招

书《秦史之谜》中，笔者曾详细阐述了秦国对农业生产的重视，为了鼓励拓荒，发布了"秦国农业二十条发展纲要"——《垦草令》，以政策导向鼓励农业生产。为了管理好农业和粮食，设置了相关管理部门，田啬夫、仓啬夫等就是管理农业和粮食的技术官僚。为了农业发展，每亩种子的使用量都给出了相关的参考数据。十头母牛中有六头不生小牛，负责人就要受到惩罚。这些政策大纲中包含的管理细节太多了。虽然经过秦始皇焚书、项羽焚烧秦官殿，六国史书基本失传。可是通过各种现存史料也可以知道，其他六国应该都没有采取类似秦国这样的农业政策。秦国另外一个改变社会的政策就是军功授爵制，与鼓励农业的政策合称"农战政策"，一直在推行。因此秦国的农业生产、粮食产量、整体经济规模，都是赵国无法相比的。可是秦国的运输线比较长，一场三年的战争打下来，国民也是叫苦连天。对于赵国更是如此，粮食储备、农业生产、整体经济规模与秦国不在一个层次。而且，不仅需要军粮，武器、军装、军马、草料等也是急需的物资，制式武器中最缺的就是弓弩和箭，坚守壁垒离不开弓弩，箭的消耗量是极大的。军需生产同时涉及多种行业，包括农业、能源业、采矿业、冶炼业、制造业、军工产业、手工业、运输业等，可以说一场战争能把一个国家所有的行业都调动起来。

　　因此，从经济角度看，秦国实力强，可是消耗大；赵国实力弱，消耗相对较少。打持久战的话，赵国的优势要大于秦国，秦国打速决战的要求更迫切。廉颇的战法让秦国无计可施，只有施展反间计，换一个军事菜鸟来，才可能打速决战。赵国当时确实经济枯竭，可是赵孝成王这个政治菜鸟不理解廉颇的战法，认为他畏秦避战，是"恐秦症"的表现，把以逸待劳、后发制敌的明智策略视为不敢接战，于是，用赵括替

173

长平之战

代廉颇也是必然。

长平之战时,赵国的压力真到无法忍耐的程度了吗?

很多人为了给赵括翻案,一再宣扬这个观点,说廉颇打持久战不对,给赵国徒增压力,不能速战速决就是对国力的削弱,这样会拖垮赵国的经济。其实,有一个问题不知道大家注意没有,如果说长平之战已经让赵国快要崩溃了,那么约九个月之后,秦国又发动了邯郸之战,这次又持续了至少两年,为什么这个时候赵国就坚持住了,而且最后还打赢了?更艰苦的邯郸之战为什么没有让赵国崩溃?邯郸之战时,整个邯郸被团团围住,到了山穷水尽的程度,可是为什么赵孝成王这时没有喊苦,反而坚持下来了?主要就是,这个时候他没有任何选择,只能背水一战,置之死地而后生。只能说,长平之战时赵王没有估算到最坏的结果,在长平决战,还是外线作战,破坏力相对小。而到了围困邯郸时,就是内线作战,对国家造成的损失更大。

其实,长平之战时,赵国是很艰苦,但远远没有到崩溃的地步,而且赵国苦,秦国难道就不苦吗?越是这个时候,越能体现最高领导者的定力。越是在艰苦时刻,越考验人的意志力、判断力和战略上的清醒程度。必须说,赵孝成王不是一个天赋很高的政治人物,资质平庸,因为血缘关系才获得了赵国领导人的地位,并不代表能力、威望也符合要求。因此,用"赵国经济崩溃论"指责廉颇并为赵括开脱罪责,是不公平的。

第卅章 大战略持续推进 秦君主意志如山

◎秦国的国家大战略和相关制度

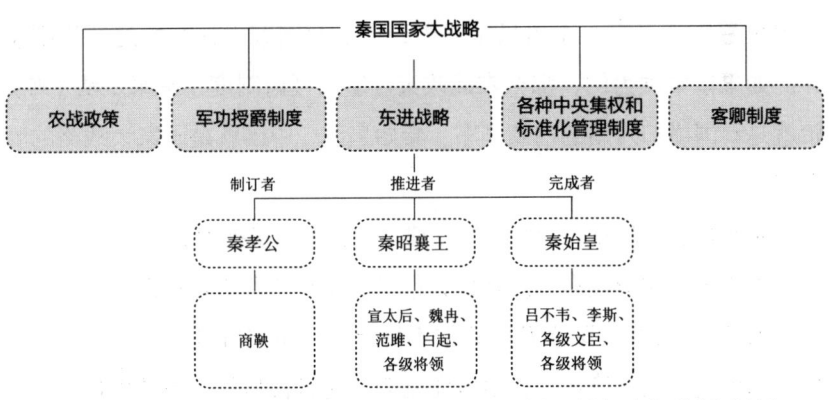

秦国的一切都服务于国家大战略,执行和推进大约一百四十年;个别制度在后世执行、完善,持续了两千多年

  这个时候有必要从战略的角度分析一下秦、赵胜败的必然性。天下事有果必有因,有因才有果,虽然不免马后炮,但如果马后炮分析到位了,以后就可以做战略预判。关于秦国的得失成败,在本系列丛书《秦

史之谜》分册做过详尽分析，在此不赘述。需要强调的一点是，近代西方战略家把"国家大战略"视为一个国家最高等级的战略，有一派观点是，大战略就是协调和指导一个国家或者是某个地域所有国家的力量，使其达到战争的国家目的。在这种战略思维下，国家的成败不仅仅在于出现圣明的君主或有杰出才能的谋士，也不仅仅在于运用军事力量，还要运用经济、外交、文化等非武力的因素，从而规范国家最基本的、总体的行动方向。当然，中国古人的战略思维早已经炉火纯青，《孙子兵法》中的伐谋、伐交、伐兵、攻城，就是一种复合型的战略思维，伐谋、伐交是运用软实力，伐兵、攻城是运用硬实力。孙武一再强调要注重软实力，不要轻易使用硬实力，都是一种国家大战略的体现。纵观中国历史，齐桓公、晋文公的称霸，吴越争霸中越国的胜利，战国时代秦国的崛起，都是国家大战略的成功。在国家大战略的指导下，决策者绝不仅仅着眼于军事，军事只是刀刃，而是从国家内核开始进行规则设计。如果以秦国为例，那么农战政策、军功授爵制度、秦军、法（刑）治就是秦国横扫六国的四驾马车，秦始皇统一中国就是国家大战略的胜利。

不单国家大战略，秦国在制度建设上也有很多探索。

如果一个国家没有制度建设，很可能就会"遇明君则强，遇常君则弱，遇昏君则亡"。国家发展非常不稳定，一切都看君主的贤明与否。如果军事制度缺乏稳定性，很可能就会"遇名将则强，遇常将则弱，遇庸将则败"，军队的实力非常不稳定，一切都要看将军的水平高低。如果有一种机制，能够批量生产明君、名将，又能够限制他们犯错，这才是根本的解决之道。看一下秦国，秦献公、秦孝公、秦惠文王、秦武王、秦昭王、秦孝文王、秦庄襄王到秦始皇，将近一百六十多年，这些

第卅章　大战略持续推进　秦君主意志如山

秦国君主都不算是昏君,秦始皇算是暴君但不是昏君,秦国其实某种程度上找到了那个"批量生产"明君的办法,虽然不完善。而且秦国名将辈出,有樗里疾、甘茂、白起、王龁、王陵、蒙骜(ào)、蒙恬、王翦、王贲(bēn)、李信、章邯等。秦国的军事制度和军事战略,可以批量生产名将。另外,能够在秦国一展拳脚的客卿也特别多,很多人在别的国家不受重视,到了秦国就获得发展机会,如百里奚、蹇叔、商鞅、张仪、范雎、吕不韦、李斯等,这些都是改变秦国历史和中国历史的大人物,这在《秦史之谜》中都有详细论述。也就是说,秦国是一个一直在研究制度建设的国家,着力于政治、军事、客卿、农业发展和标准化等制度建设,从国家大战略角度进行制度设计。这种制度建设导致不太容易出现明君断层、名将断层、人才断层。一句话,后继有人,人才辈出。

商鞅的军事思想在秦国得到了贯彻。

商鞅有一个非常重要且相当超前的军事思想,就叫"战法必本于政胜"。战法,就是作战的方法、取胜的原则,战争获得胜利,必须以政治上的胜利为根本,放在二十一世纪,都不会有多少人能够深刻理解它。据说有记者问英国将军蒙哥马利,盟军有如此先进的军事技术,为什么打德军这么难。蒙哥马利说,我们打仗是国家让我们打仗,而德国人打仗是因为他们愿意打仗。商鞅建立的体制,促使秦国人"勇于公斗,怯于私斗",他们愿意打仗,因为打仗不但可以获得荣誉,还能获得实实在在的利益,得到爵位和建功立业的机会。因此,秦军的战胜不是在战场上,而是在秦国朝堂上、在秦国的社会导向上、在军功授爵的制度里。正是秦国的政治制度设计,才让秦军有了战无不胜的不竭动力。六国的士兵也很勇敢,可是他们是为国家打仗,战斗力自然打了折

长平之战

扣,秦军不仅是为国家打,也是为了自己打,为了家人打,为了子孙后代打。爵位代表社会荣誉和经济利益,能给自己免罪,能让直系亲属提升社会地位,还可以传于子孙。当然,还有严格的军法在起监督作用。总之,若论根本,秦国的政治制度设计才是秦军在战场上不断胜利的法宝。

秦国的国家战略具有稳定性和持久性。

从公元前 361 年,秦孝公继位开始,秦国强化了东进战略,目标是成就帝王之业,一直到秦始皇,这个目标都没有动摇过。秦孝公认为"秦僻在雍州,不与中国诸侯之会盟,夷翟遇之",感觉伤了自尊。秦国身处偏僻的雍州,其他六国搞"中原文化俱乐部",把秦国排除在外,视之为夷狄。是可忍,孰不可忍。于是,秦孝公发布求贤令,谁能让秦国变得强大,尊官、裂土、赐爵。于是,商鞅提的千年大计、百年大计他都不感兴趣,他需要亲眼见到秦国强盛。于是,秦国才能制定那么苛刻的变法政策;于是,秦惠文王只消灭了商鞅的肉身,其思想却传承下来,商鞅的政策继续推进;于是,从公元前 359 年正式开始变法,到了公元前 260 年长平之战结束时,秦国正好是"商鞅改革一百周年"。到了秦昭王后期,东进战略又有了新的外沿,就是远交近攻战略,不再发动徒劳无功的战争,而是对挨着秦国的国家下手,得一寸是一寸,得一尺是一尺,楚、韩、魏遭到了前所未有的打击,稍远一点的赵国在长平之战中也遭到了毁灭性的打击。

说一说宣太后对于秦国的作用。她是楚国人,秦昭王之母,芈姓,号"芈八子"。秦武王病逝时没有儿子,于是异母弟弟登基,是为秦昭王。刚开始,昭王年幼,宣太后主政,地位类似慈禧太后,但不同的是,她能安定大局,举贤任能。而秦昭王性格也坚强,没有被吓成光绪

第卅章 大战略持续推进 秦君主意志如山

帝。宣太后任命自己同母异父的弟弟魏冉为相国，姐弟俩把持秦国朝政。她执政期间，在开疆拓土上的最大功绩是吞并义渠。义渠，古民族名，西戎之一，分布在今甘肃庆阳及泾（jīng）川一带，春秋时代自称为王，常与秦国交战。周赧王四十五年、秦昭王三十七年，即公元前270年，秦国吞并义渠。《史记·匈奴列传》记载："秦昭王时，义渠戎王与宣太后乱，有二子。宣太后诈而杀义渠戎王于甘泉，遂起兵伐残义渠。于是秦有陇西、北地、上郡，筑长城以拒胡。"宣太后具有现代女性精神和女权主义倾向，观念比较开放，在男女关系上也比较放得开，不太受清规戒律的左右，与义渠的戎王私通，还生了两个儿子。即便这样，政治利益依然高于个人情感，她使诈在甘泉杀死了自己的情夫，然后起兵大破义渠，从此秦国便占据了陇西（原为义渠的土地，今甘肃境内，秦昭王二十七年即公元前280年设陇西郡，因在陇山之西而得名）和北地（原义渠土地，秦时设郡，治所在今甘肃庆阳）以及上郡（治所在肤施，今陕西榆林东南）的大片土地，并在边境上筑起长城以防御胡人。拓展义渠的土地，解决了秦国北方的忧患，不但不影响东进战略，而且拔除了义渠这个钉子，更有利于执行东进战略。秦昭王四十二年，女政治家宣太后去世。

宣太后的弟弟魏冉对于秦国的作用也不小，他又称魏冄（rǎn），楚国人，是秦昭王的舅舅、宣太后的同母异父弟，在秦惠文王、秦武王时任职用事。秦武王死，他拥立昭王，得任将军，护卫咸阳。秦昭王二年（公元前305年），秦武王弟公子壮谋权争位，魏冉平定叛乱，杀公子壮及大臣、贵族多人，从此威震秦国。秦昭王七年，任相。秦昭王十五年，受封于穰（今河南邓州），后益封陶（今山东定陶西北，据说这里也是范蠡最后的隐居之地，他经商成为巨富，世称陶朱公），号曰"穰（ráng）侯"。他前后四次任秦相，一次为赵相。曾亲自率军三次伐魏，拔魏河内大小六

长平之战

十余城,迫魏献河东四百里,一度进围大梁,并败赵、魏联军于华阳(今河南新郑北)。又遣军攻齐,取刚(今山东宁阳东北)、寿(今山东东平西南)等地以扩大他自己在陶的封地。他举荐白起为大将,权倾一时,党羽众多,私家富于王室。魏冉终因专权跋扈,于秦昭王四十一年(公元前266年)被罢相。次年,宣太后去世,魏冉被遣赴封邑,后死于陶。

我们再来看看范雎对于秦国的作用。

秦昭王在位约五十六年,宣太后在秦昭王四十二年时去世,魏冉也彻底失势。但这并不代表,宣太后当了四十二年的家,在范雎入秦之后有很大改变。以秦昭王的个性,之所以能够长期忍受母亲和舅舅专权,是因为宣太后和魏冉没有改变秦国既定的百年战略,符合历代秦王成就帝王之业的大方向,因此母子、舅甥不算有根本的政治矛盾。约在秦昭王三十六年(公元前271年),秦国使者王稽出使魏国,经郑安平推荐,死里逃生的范雎化名为张禄,被王稽带回秦国。约在秦昭王三十七年(公元前270年),范雎以"远交近攻"的战略、中央集权的学说打动了秦昭王。其实,范雎阐述自己的施政纲领也是冒着生命危险的。此时宣太后、魏冉掌权,而他主张拿魏冉开刀,这是当时秦国最有权势的人物之一。他的主要观点就是,秦如果越过韩、魏,远攻齐国,得利不大。范雎对秦昭王说,这个策略不能扩大秦的土地,少出师不足以伤齐,多出师则有害于秦。不如远交齐、楚,近攻三晋。这样,"得寸则王之寸,得尺亦王之尺也"。比如上文提到的陶、刚、寿等地,都在山东,得到的土地成了魏冉的私人领地,对于秦国并没有好处。这些地方之于秦国是"飞地",中间隔着魏国,而且动用国家的军队,最后是为魏冉夺取私人财产,这是魏冉的极大失误,给人以明显的攻击把柄。虽然他的功劳很大,可是缺点也非常明显。而且,魏冉的势力过于强大,党羽过

第卅章 大战略持续推进 秦君主意志如山

多,专横跋扈,对于秦王不是好事,因此范雎建议"强干弱枝",增强中央政府的权力,打击权贵的力量。也可以从侧面证明,秦昭王虽然生活在宣太后的阴影下,但还是有实权的,否则根本保护不了范雎,就像光绪帝,自身都难保,又怎么能保护得了"戊戌六君子"?从国家战略和加强中央集权的角度看,范雎的策略是对的,因此秦昭王接受了。秦昭王收回魏冉的相印,拜范雎为相,赐给他的食邑在应(《史记辞典》认为在今河南宝丰西南,《史记注释》认为在今河南鲁山东),因此范雎又称"应侯"。在他担任相国期间,远交近攻、各个击破的策略得以推行,长平之战就是在这种大背景下发生的。

总而言之,长平之战发生前,为了成就帝王之业,秦国一以贯之的国家大战略、东进战略,已经由数位君王推行了将近一百年,远交近攻战略也已经上升为国家意志。此前,楚国都城郢都被白起攻占,魏、韩都被秦国的疯狂组合拳打得晕头转向,秦、赵早晚会发生一次大战,对于秦国是预料之中的事,只不过什么时间、什么地点、因何而起,当时不知道罢了。这也是韩国上党郡成为火药桶,并且导致战争不断升级的原因,赵国是小富即安,以获得韩上党为最高目标;而秦国则是要击溃赵国主力,为东进战略和帝王事业扫清障碍。两国决策者的战略段位根本就不在一个层次。秦国的战略目标清晰,战略定力坚强,战术手段多样,坚决要打。

第卅一章　目标乱四处出击　细分析成败在手

赵国当时的战略方向有什么问题呢?

这得从赵武灵王开始说。他无疑也是一代雄主，是最有可能把赵国带入全新境界的君主。而且，他已经把秦国当成了最大的对手，曾亲自化妆成赵国使者去面见秦昭王，考察秦国的山川地貌和社会发展状况，以便为赵国制定战略规划提供第一手素材。然而，他缺少秦孝公的政治魄力。秦孝公能够接受苛刻的社会改革，能够从政治内核开始彻底改造秦国，而赵武灵王只进行胡服骑射的军事改革，虽然可以强大一时，但是无法建立一种像秦国那样持续运转、确保明君、猛将、人才层出不穷的体制与机制。这就好比一个人有两条腿、两只手、一个躯干、一个大脑，秦国是从上到下，每一个细胞都做了改变，左腿是经济制度改革，右腿是政治制度改革，左手是人才制度改革，右手是军事制度改革，大脑是顶层机构设计，输出国家大战略，右拳攥紧，挥出去就是一记重拳。改革不彻底的问题，不仅赵国，其他五国也是如此，他们都选择了

第卅一章 目标乱四处出击 细分析成败在手

某一个领域改革,没有实现全面深度改革。比如赵国进行了军事制度改革,右手的力量非常大,可是比例不协调,一个真正的拳手四肢一定非常匀称,大脑反应机敏,如果只有右手异常强大,双腿和左手不够强壮,就很难打好持久战。而且,赵武灵王缺少秦孝公的冷静、理性和克制,他显得更加热情、感性和自我,本来他年富力强,身体也没有毛病,完全可以好好做赵王,可非得在儿子赵惠文王还未成年时就传位给他,又非得同情长子公子章,最后闹得兄弟相残,自己身死,权臣当政,把赵国非常好的局面又搅乱了。他为什么这样搞,让人弄不明白。反正和秦孝公相比,确实有极大的差距,赵武灵王是一个英雄,是一个直率的人,但算不上是一个合格的君主。

赵国缺少的,正是国家大战略。

仔细研究《史记·赵世家》就会发现,赵国缺少一个明确的国家战略,军事扩张具有盲目性、随意性,没有主攻的方向。当然,这和它所处的地理位置有关系,它位于四战之地。可是如果国家战略清晰,总能确定一个主攻方向。在赵惠文王当政的三十三年间,赵国向东南西北四个方向用兵,这在《史记·赵世家》上有清晰的记载,我就不一一列举了。总之,北边的燕国、东面的齐国、西南方向的秦、韩、魏,都是赵国打击的目标。赵国要么联合秦国打齐国,要么与秦国交恶,要么联合韩国打齐国,要么单独与齐国作战,长平之战后与燕国的斗争也非常激烈。可能我们不在局中,无法理解赵王的苦恼,就像经营公司一样,有太多的不可预知的因素。可是如果战略清晰、主攻方向确定,一定好过像这样四处用兵。比如柿子捡软的捏,不在东、南、西方向用兵,只往北攻击燕国,或者只攻击齐国,或者交好韩、魏,恢复三晋的友情,或是只攻击秦国。如何打好根基?如何生存下来?如何确定发展方向、争

长平之战

霸策略？如何伐交伐谋？可以说历届赵王都没有回答好这些问题。

长平之战前，赵孝成王还走了一步很明显的臭棋。

这步棋就是派郑朱去秦国求和。人常说，不打无准备之仗，对于国家来说，求和要极其慎重，一定要有充足的把握才可以去，否则不但求和不成，还会丧失外交主动权，影响全国的士气。这种损失是无形的，可也非常要命。初战小挫，都是正常的，虽然初战胜利可以提振士气，但即便没有打赢，也不是决定性、战略性的失利，而是战术性的失败，不该立刻沉不住气。可是赵孝成王就慌了。求和也可以，虞卿的建议是可行的，可是他又不听，一意孤行，没有充分论证就派出了高级代表团出使秦国。赵国统治集团如此左右摇摆，向其他国家传递了非常不好的信号。想让其他人选择站你这边，你自己必须坚定。如果韩、魏、齐、楚在秦、赵之间做出选择，明眼人都知道，秦国战胜的机会大，可要是给这些国家一个充足的理由，也不是没有可能形成合纵抗秦的局面。可赵国自己是战是和犹豫不定，又怎么能让盟友死心塌地和赵国站在同一阵营与秦国为敌呢？谁也不会轻易得罪秦国。这是赵国历来国家战略不明确造成的恶果，也是赵孝文王缺乏外交艺术造成的。

在此梳理一下长平之战中秦赵两国关键元素的对比。

◎长平之战中秦、赵关键元素的对比

竞争层面	细分	秦国	赵国
伐谋	国君	秦昭王	赵孝成王
	谋臣	范雎 其他参谋人员	平原君赵胜
			平阳君赵豹
			赵禹
			客卿虞卿

第卅一章　目标乱四处出击　细分析成败在手

续表

竞争层面	细分	秦国	赵国
伐交	国君	秦昭王	赵孝成王
	会谈代表	范睢	郑朱
	韩国站位	韩桓惠王（被打怕）	赵国陷入外交孤立
	魏国站位	魏安僖王（受诱惑）	
	楚国站位	楚考烈王（与秦好）	
	燕国站位	燕武成王（没态度）	
	齐国站位	齐王田建（不借粮）	
伐兵	前期统帅	王龁	廉颇
	后期统帅	白起	赵括
	对将领支持力度	全力支持	多次遥控
战略	国家大战略	东进、远交近攻、成就帝业	战略目标模糊
	战略坚定性	坚决要打	是战是和犹豫不决
军粮和后勤	经济实力	强	弱
	粮仓	成都平原、关中平原	不详
	补给线	补给线长	补给线短
军人	—	秦之锐士	赵之骑兵
兵力对比	—	四十五万到一百万人	四十五万人
政治体制	—	中央集权制度	非强力集权制度
军事体制	—	军功授爵制度	不详

续表

竞争层面	细分	秦国	赵国
动员体制	—	全民皆兵	全民皆兵
社会体制	—	农战政策	不详
谍报系统	—	强大到左右赵王决策	没有作用

上面表格比较的各种因素，前文已经分析得很详尽了，如有未尽事宜，后文再补充。

第卅二章　秦白起一鼓作气　中反间将相失和

击败赵军主力后，白起军调转了进攻方向。

《史记·白起王翦列传》记载："四十八年十月，秦复定上党郡。秦分军为二：王龁攻皮牢（今山西翼城东），拔之；司马梗定太原（郡名，政治中心在晋阳，今太原西南）。"这里有些问题需要辨析。秦昭王四十八年十月，一般都认为是公元前259年十月，这个十月其实还是公元前260年十年，因为当时秦国以十月初一为岁首。公元前260年九月（秦昭王四十七年九月），"赵卒不得食四十六日"，在坑杀赵军主力后，紧接着就是"秦昭王四十八年十月"的事情。也不排除击溃赵军主力后，赵军的残余力量在继续抵抗。"秦复定上党郡"，不知是全部攻下原属于韩国的韩上党，还是包括赵上党，似乎应该是韩上党，这个问题，有兴趣的朋友可以继续探讨。然后秦军分兵两路，一路夺取皮牢，一路攻下太原，深入山西境内。

而后，白起应该还想趁热打铁，继续用兵，借长平之战一战之威，

长平之战

再为秦国开疆拓土。可是出来混早晚要还的,赵国也开始使用反间计。

白起兵团如果继续进攻下去,那么韩、赵两国都将受到致命威胁,《史记·白起王翦列传》记载,"韩、赵恐,使苏代厚币说秦相应侯",意思是说,韩、赵害怕了,派遣苏代带巨额资金去秦国游说应侯范雎。

关于苏代,《战国策》上没有提这个间谍的名字,《史记·白起王翦列传》中提到苏代游说范雎,应该是错的。苏代在历史舞台上活动的时间为公元前4世纪末叶,司马迁弄错了时间,也颠倒了苏代和苏秦的长幼,一说苏代比苏秦年长,而司马迁错把苏秦当成了兄长。苏秦早在公元前284年就去世了。实际上,此次游说应侯的人,既不可能是苏秦,也不可能是苏代。这个工作是不好做的,必须熟悉诸侯国彼此的关系,还要精通人际心理学,真正成名的辩士不多,太史公"请出"苏代也就情有可原了。

韩、赵代表问范雎:"武安君白起不是消灭赵括了吗?"范雎答:"是的。"又问:"秦军是不是马上就要包围邯郸?"范雎答:"是的。"韩、赵代表说:"赵国一旦灭亡,秦国就可以称帝了,那么,武安君必然成为秦国地位尊崇的三公之一。他为秦国攻城略地,占有了七十多座城池,他向南平定了鄢、郢、汉中,向北消灭了赵括的军队,就是古代周公(周文王四子、周武王之弟)、召公、吕望(即姜子牙,这三个人都是西周的开国功臣)的功劳,恐怕也不会比他更多了。假如赵国灭亡,秦国称帝,武安君成了三公,你甘愿屈居在他之下吗?如果这些真变成了现实,恐怕您不想屈居在他之下也不可能了吧?当初秦国攻打韩国,包围了邢丘,控制了上党,可是上党的军民人等都去投奔赵国,说明普天下的百姓早就不乐意成为秦国的臣民。如果灭亡了赵国,赵国北部的地盘会落入燕国之手,东部的地盘会落入齐国之手,南部的地盘会落入魏国

第卅二章 秦白起一鼓作气 中反间将相失和

之手,这样一来秦国得其地未得其民,根本得不到任何实际利益。倒不如允许赵国割地求和,也省得灭亡了赵国,再给武安君增加功劳。"

关于三公,周代三公有两种说法,一说为司马、司徒、司空,一说为太师、太傅、太保,秦和西汉以丞相(或大司徒)、太尉(或大司马)、御史大夫(或大司空)为三公。三公的地位最为尊崇。韩、赵代表说,如果武安君继续用兵攻灭了赵国,那么地位就和周公、召公、吕望相提并论了。周公、吕望大家都比较熟悉,介绍一下召公。召公奭(shì),姬姓,名奭。因食邑在召(今陕西岐山西南),故称召公、召伯,也称为邵公,辅佐周武王灭商,被封于燕,是燕国的始祖。虽然范雎是个有眼光的战略家,可也是睚眦必报(像被人瞪了一眼那样极小的仇恨也一定要报复)、心胸狭隘的政客,说客提到他和白起谁更有成就感、更有价值的话题,打动了他。他说服了秦昭王。于是韩国割让了垣雍,赵国也割让了六座城池,都与秦国讲和了。

赵郝作为和谈代表与秦国讲和。《史记·赵世家》中有一句话,前因后果交代得不清晰,是说:"王还,不听秦,秦围邯郸。"应该是赵孝成王回到邯郸,不答应秦国的割地要求,于是秦军包围了邯郸。至于是否割让六座城池,还要再从《史记·平原君虞卿列传》中找答案。为了与秦国和谈,赵孝成王派赵郝去秦国,和谈的结果是赵国割让六座城池,双方罢兵。赵王就把这个事情和虞卿说,虞卿问:"您认为秦国这次退兵,是因为自己疲惫、无力再战而回去的呢?还是出于爱护您才回去的呢?"赵王说:"秦国怎么会爱护我?秦国攻打我们已经用尽了全力,是不能再战了才撤回去的。"虞卿说:"好。既然秦国用尽了力气来争夺他想要的东西,结果没有得到,疲惫不堪地退兵了。大王您现在却要把秦国用尽了力气都得不到的东西,白白地送给秦国,这不是帮着秦

长平之战

国来打自己吗?这样下去,如果明年秦国再来攻打您,您恐怕就没救了。"是啊,他用尽了力气得不到的东西,你白白地送给他,不是鼓励他还来侵略你吗?赵王就把虞卿的话告诉了赵郝,赵郝也没有什么主意,只是说,如果虞卿判断得准确,秦国没有力量进攻我们,那当然好;可如果他判断得不准确,明年秦国再来攻打我们,就不是六座城池能够满足的了。赵王问赵郝,你能保证我割让六座城池,秦国明年就不来攻打赵国吗?赵郝说这个他可保证不了。他认为,以前韩、赵、魏与秦国的关系都是好的,可是最近秦国只打赵国,说明赵国恭敬服从的程度比不上韩、魏,他只能保证让赵国侍候秦国,像韩、魏侍候秦国一样,如果明年秦国又打赵国了,只能说是赵国对秦国的殷勤程度又比不上韩、魏了。要是出现这个情况,他可不负责。这个和谈代表,说白了,只管送礼,不管送礼之后的结果,实在没有什么用。

虞卿坚决反对割让六座城池。后来,楼缓来到了赵国。楼缓是战国时秦国的大臣,本来是赵国的贵族,在赵武灵王推行胡服骑射改革时,群臣大多数不赞成,只有他是积极支持者。周赧王九年(公元前306年)离开赵国去了秦国,在周赧王十八年、秦昭王十年(公元前297年),被任命为秦国相国,在位两年后免职。不知他这些年发生了什么样的心理变化,反正一直在为秦国谋取利益。到了公元前259年左右,他已经在战国政坛上活跃了半个世纪,这次来到赵国,就是为了劝说赵孝成王接受割让六城给秦国的条件。但是虞卿坚决反对,他给赵王提出的解决方案是:第一,拒绝割让六城给秦国;第二,把六座城池给齐国,齐、秦是死对头,自然会答应与赵国联合,共同抗击秦国;第三,不向秦国屈辱求和,向其他诸侯显示赵国是有所作为的;第四,放出齐、赵联合的消息,如果秦国此时来讲和,那就接受;第五,如果齐、赵联合,秦、赵讲和，韩、魏也会重视赵国；第六，这样一来，赵国与韩、魏、齐的关系都好起来了，一次结交三个国家；第七，这种局面形成后，就改变了秦强赵弱的外交态势。赵王听了虞卿的话，派他去联合齐国，可虞卿还没有回到赵国，秦国派来讲和的使者就到了赵国。楼缓听说后就悄悄地溜了。于是赵孝成王把一座城赏给了虞卿。这就是虞卿拒绝割让六城的建议。

◎虞卿反对割让六城的外交思路

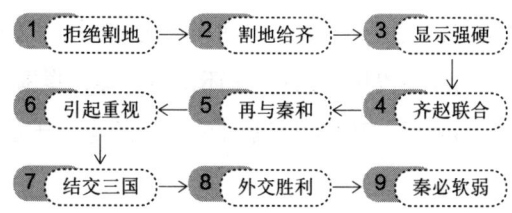

《史记·白起王翦列传》记载："正月，皆罢兵。武安君闻之，由是与应侯有隙。"这个正月，按照上下文推断，其实才应该是秦昭王四十八年正月，也就是到了公元前259年。也就是说秦昭王四十八年的各个月份是这样的：（秦昭王四十七年）九月、（秦昭王四十八年）十月（第1个月）、十一月（第2个月）、十二月（第3个月）、正月（第4个月）、二月（第5个月）、三月（第6个月）、四月（第7个月）、五月（第8个月）、六月（第9个月）、七月（第10个月）、八月（第11个月）、九月（第12个月）、（秦昭王四十九年）十月。我们现在过"十一"，秦国过"秦国的元旦"。也就是说，长平之战从公元前262年年初持续到公元前260年年末或公元前259年年初，基本持续了三个整年。至此，长平之战才算真正结束。赵国的反间计成功了，而白起在听说这个事情之后，就与范雎有了矛盾。这件事也给白起的悲惨命运埋下了伏笔。

关于虞卿反对割让六城的问题，在这里需要再辨析一下，对理解后文应有帮助。

《史记·平原君虞卿列传》说："秦既解邯郸围，而赵王入朝，使赵郝约事于赵，割六县而媾。"有人把这个里的"邯郸围"理解成长平之战后发生的"邯郸之战"，认为这句话是说，邯郸之战时邯郸被围困，现在解除了。这个解释可能不对。照这种说法，赵孝成王去朝见了秦昭王，然后回来谈割让六城的问题。可是我们知道，虽然邯郸之战非常艰苦，但是最后赵国完胜，不应该再和秦国谈割让六城之事。《史记·赵世家》还有一句没头没尾的话："王还，不听秦，秦围邯郸。"似乎是说赵孝成王朝见回来后，又不履行割让六城的约定，于是秦围邯郸，爆发了邯郸之战。

当然，我还是相信《史记·白起王翦列传》的记载，在韩、赵的间谍游说范雎成功之后，范雎对秦昭王说，秦国士兵非常疲惫，应该允许韩、赵讲和，秦昭王同意了。于是出现这条记载："王听之，割韩垣雍、赵六城以和。正月，皆罢兵。武安君闻之，由是与应侯有隙。"这应该是说，长平之战秦国消灭赵国主力后，白起继续用兵，先打皮牢、太原，进而要继续向邯郸进兵，灭赵。结果，韩、赵的间谍出手，达成了停战协议。韩国应该割让了垣雍，但是赵国的六城，应该是在虞卿的反对下拒绝交割。于是，这件事又成了随后秦国发动邯郸之战的诱因之一。

由于历史记述如此，很多漏洞无法弥补，以上只是个人理解。笔者认为，《史记·白起王翦列传》的记载应该更符合历史的真相。至此，长平之战才算正式落下帷幕。

第卅三章　攻邯郸孤注一掷　政见异君臣反目

王陵进攻邯郸，秦国发动"邯郸之战"。

《史记·白起王翦列传》记载："其九月，秦复发兵，使五大夫（二十等爵第九级）王陵攻赵邯郸。是时，武安君病，不任行。"这个九月应该是公元前 259 年的九月，也就是秦昭王四十八年九月，也是秦昭王四十八年年末最后一个月，过了十月初一就是秦昭王四十九年。如果说秦昭王四十七九月，赵括兵败，秦昭王四十八年正月，韩、赵割地求和（即便这六座城池没有割让，割地求和也是韩、赵、魏、楚的常态），如今秦昭王四十八年九月再起刀兵，那么实际上就休战了九个月。所以，苏洵在《六国论》里重点批判六国"弊在赂秦"的软弱，依靠割地求和，就好比抱着柴火去救火，不但浇不灭火，反而更助长了火势。"今日割五城，明日割十城，然后得一夕安寝。起视四境，而秦兵又至矣。然则诸侯之地有限，暴秦之欲无厌，奉之弥繁，侵之愈急。故不战而强弱胜负已判矣。"靠割让土地获得"和平"，只能睡一晚的好觉，早上起来，秦

长平之战

兵又来了。但是六国的土地有限，而秦国的欲望无限，割地割得越勤，他们越能看出来你好欺负，侵略得就越勤。不用发动战争，强弱胜负已分。赵国刚刚损失了四十五万大军，如果再割让六座城池，只能换取九个月的"和平"，这是所有弱国共同的悲哀。虽然这次可能没有割让城池，不过以割让城池来换取一时平安，成了后来六国的常态。当时，武安君白起正在生病，没有担当领军的任务，攻击邯郸的秦军总指挥是五大夫王陵。

《史记·白起王翦列传》记载："四十九年正月，陵攻邯郸，少利，秦益发兵佐陵。陵兵亡五校。"从秦昭王四十八年九月，秦国发动邯郸之战，到秦昭王四十九年正月，应该是持续了大约五个月。为了让大家有一个清晰的认识，梳理一下时间问题：（秦昭王四十八年）八月、九月（王陵向邯郸方向发兵）、（秦昭王四十九年）十月、十一月、十二月、正月（王陵进攻不顺利）、一月、二月、三月、四月、五月、六月、七月、八月、九月、（秦昭王五十年）十月、十一月（白起自杀）、十二月、正月、一月、二月……邯郸之战结束的一个标志是郑安平降赵，不知具体月份，年份是确定的，也就是秦昭王五十年，那么邯郸之战也应该持续了大概两年，或者二十个月左右。

这里有几个时间点，我们进行对比，作出一个更完整的推断。

《史记·白起王翦列传》："其九月，秦复发兵，使五大夫王陵攻赵邯郸。是时武安君病，不任行。"

王陵担任邯郸之战的主将。在长平之战后，秦、赵、韩休兵了九个月左右，秦昭王又准备发起邯郸之战，于是在秦昭王四十八年九月，秦国起兵。可能此前王龁一直在长平前线，现在也需要休息，而武安君白起正在生病，无法担任前线指挥，于是主将选择了王陵。

第卅三章 攻邯郸孤注一掷 政见异君臣反目

◎一家之言的邯郸之战大事记

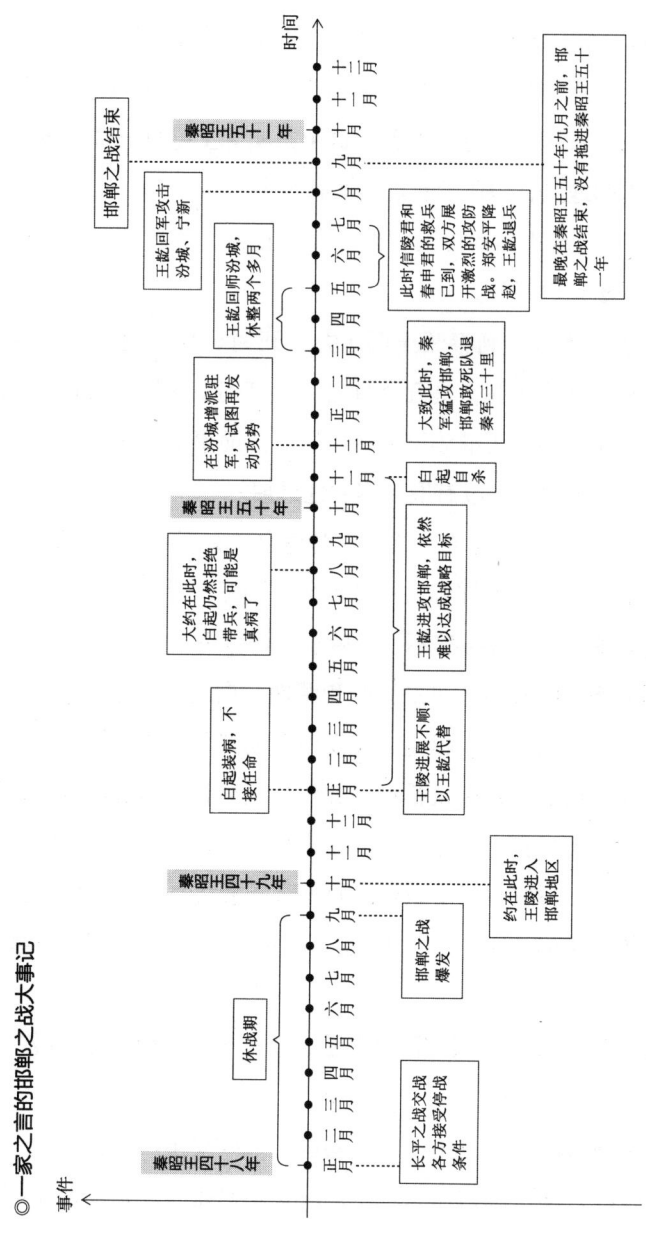

《史记·秦本纪》:"其十月,五大夫陵攻赵邯郸。"

王陵打到了邯郸地区,是在秦昭王四十九年十月,实际上就是过了一个月,因为秦国以十月为岁首。这个月实际上是打一些外围战。或者他打到了邯郸地区,但还没有攻到邯郸城下。

《史记·白起王翦列传》:"四十九年正月,陵攻邯郸,少利。秦益发兵佐陵。陵兵亡五校。"

王陵进兵不顺。到秦昭王四十九年正月,也就是又过了四个月左右,如果从起兵开始算,是五个月之后,打到了邯郸的核心,然而进展得不顺利,于是秦昭王继续给王陵增兵,然而事与愿违,王陵还是损失了"五个校"的兵力,没有取得实质性进展。

《史记·白起王翦列传》:"武安君病愈,秦王欲使武安君代陵将。"但是白起推辞了,认为邯郸之战打不赢。秦王一看自己说白起不听,又让范雎去请他,他始终推辞不去。后来干脆称病。

白起辞帅。经过五个月的休养和调理,白起的病好了。于是,秦昭王就想让白起替代王陵,但是白起反对发动邯郸之战,于是秦昭王又派范雎去劝说,白起还是坚决推辞。此时白起应该非常怨恨范雎,如果长平之战之后立刻按照他的意见和部署进攻邯郸,那才是最佳时机。可是范雎为了抢功,说服秦昭王退兵,如今范雎来劝说,当然不行。

《史记·秦本纪》:"四十九年正月,益发卒佐陵。陵战不善,免,王龁代将。"

王龁代替王陵。秦昭王没有办法,就把王陵免职,让王龁担任前线指挥官。

这应该是邯郸之战前五个月,秦国的大致安排。

"陵兵亡五校"。这里的"校",应该不是指校尉,而是指部队编制

第卅三章　攻邯郸孤注一掷　政见异君臣反目

单位。《汉书·卫青传》颜师古注解道:"校者,营垒之称,故谓军之一部为一校。"校,即营垒(或称壁垒),即部。王陵被消灭的"五校",即五个营垒,五部之部队。校尉,仅次于将军,也是中高级武官,校尉之职务,根据一校一部的编制而来。此前,廉颇与王龁对峙,也应该不仅仅是伤亡了都尉、校尉,而是包括其所属部队。只是不知道一校的部队具体人数是多少,如果按照现在的编制来计算,可能是五个团之类。

关于邯郸之战的时间节点,起兵时间比较确定,是秦昭王四十八年九月。白起自杀的时间也比较确定,是秦昭王五十年十一月。《史记·秦本纪》记载为十二月,在此选择《史记·白起王翦列传》中的说法,即十一月,两者相距约十四个月。还有白起被免职的时间,免职后三个月自杀,是十一月向前推三个月,不用《史记·秦本纪》的说法。《战国策》提到围困邯郸十七个月,《战国策·中山策》中白起评论邯郸之战形势时,提到了"平原君妻妾入伍"之事。如果这些记载是准确的,那么李同率领敢死队冲击秦军应该是在白起自杀之前。本书标记的时间只是为了方便读者理解,根据一些时间节点做的推测,特此说明。

白起为什么反对发动邯郸之战?

王陵进展不顺,白起也病愈了,秦昭王就想让白起代替王陵担任前线指挥官。白起推辞说:"邯郸是不容易攻克的。而且其他各国救援的部队马上就要过来了,这些国家历来对秦国不满。如今秦国虽然在长平消灭了赵国军队,可是自己也死伤过半,国内空虚。现在跋山涉水去攻打赵国的都城,如果赵国的军队从里往外打,诸侯救援的部队从外往里进攻,秦军是一定会被打败的。还是不打了吧!"秦昭王一看白起不听,就派范雎去请他,白起始终推辞不去,后来就又说自己病了。长平之战消灭赵括兵团之后,白起分兵两路深入山西境内,那时应该是准备

长平之战

向邯郸进攻的,那是一个绝佳的时机。赵国人心浮动,兵力不足,秦军气势如虹,一举攻下邯郸也不是不可能的。然而,秦国中了赵国的反间计,决定罢兵,经过九个月休整,赵国一定做好了相关部署,此时进攻邯郸,确实不是好时机。所以白起说"今秦虽破长平军,而秦卒死者过半,国内空",虽然可能有夸大之词,但秦国损失巨大是肯定的。当然,白起此时也心怀怨气,既埋怨秦昭王听信范雎之言,也怨恨范雎抢功,前线将士浴血奋战抵不过谋臣的一句话,他心里不服。而且从军事家的视角来看邯郸之战,白起应该有自己的专业判断,他应该最清楚秦军的状态,可以说他的推辞,有意气用事的成分存在,但更是基于理性和专业的判断。可惜,秦昭王不听。

《战国策》对于白起反对的理由有详细记载。

《战国策·中山策·昭王既息民缮(shàn,修补、整治)兵》中有关于白起反对出兵邯郸最详细的记载,而且有对此前长平之战胜利的分析,可见白起军事家的称号可不是纸上谈兵得来的,此文显示出一个实战派对于局势清醒而理性的认知。《史记·白起王翦列传》中白起反对出兵邯郸的理由与此文相比过于简略。这是理解白起的重要切入点,因此全文翻译如下。

秦昭王使百姓得到休息,也修缮了武器,整顿了军队,他准备再一次攻打赵国。白起说:"不能打。"秦昭王说:"此前咱们国家国库空虚,粮食不足,您那时不考虑百姓的承受能力,要求增加军粮去消灭赵国。现在我已经使百姓获得了休息,训练好了士兵,积蓄了足够的军粮,三军将士的工资待遇翻了一倍,您却说不能攻打,这是什么道理呢?"这就是君臣对于局势判断的不同之处,刚打完长平之战,虽然秦军死伤过半,粮食匮乏,但是挟一战之威,可能一举消灭已经成为惊弓

第卅三章　攻邯郸孤注一掷　政见异君臣反目

之鸟的赵国，因此那时白起主张打。但是由于韩、赵间谍说动了范雎，使得秦国中途罢兵，这让白起对范雎非常不满。秦昭王四十八年正月，正式罢兵，同年九月，重新派王陵攻打邯郸。为什么选择九月出兵？很可能是因为这时秋收已经完成，是国家腰包最充实的时候。因此，秦昭王说，这个时节，百姓获得了休息，士兵也得到训练，军粮非常充足，而白起恰恰认为这个时候不宜兴兵。

白起说："长平之战，秦军大胜，赵军大败，秦人高兴，赵人畏惧，秦兵战死者获得厚葬，受伤者得到精心照料，有功者都得到酒食宴请，生还者互相庆祝，这些事情消耗了大量财物。而赵国战死的将士得不到收殓，受伤的得不到治疗，他们痛哭流涕，相互哀怜，现在赵国反而是上下齐心协力，同仇敌忾（kài），努力耕田，增加财富。如今大王发兵，虽然比此前多出一倍，但我预料赵国的守备，坚固程度将是此前的十倍。赵国自长平之战以来，君臣都忧愁恐惧，很早上朝，很晚退朝，言辞谦卑，带着丰厚的礼物向各国派遣使者，与燕国、魏国相亲，与齐国、楚国友好。他们处心积虑防备秦国。目前赵国国内财力充实，外交又成功。所以在这个时候不可以攻打赵国。"如果赵孝成王早有这个见识，做好伐交工作，虽然艰苦，但是全力支持廉颇的工作，也不至于遭受长平之战那么惨痛的失败。

秦昭王说："我已经决定派兵伐赵了。"于是派五大夫王陵攻打赵国，然而王陵战事不利，被消灭了五个作战单位的兵马。秦王让白起接替王陵指挥军队，白起以身体不好为由推辞。秦王于是派范雎去见白起，责备他说："楚国土地方圆五千里，战士一百万，从前您率领几万军队攻入楚国，攻下了楚国的鄢和郢，烧了楚国的宗庙，往东一直打到竟陵（今湖北潜江西北），楚国震惊，把国都迁到东部的陈（今河南淮

长平之战

阳），不敢向西抵抗（时间为秦昭王二十九年、楚顷襄王二十一年，即公元前278年）。另一次。韩、魏组成联军抗秦，这两国动员了大批军队，而您率领的军队不及他们的一半，在伊阙大战（秦昭王十四年，即公元前293年）中却把他们打得大败，血流成河，鲜血都能漂起盾牌，杀敌二十四万人，韩、魏至今还自称是秦国在东方的藩国。这是您的汗马功劳，天下人没有不知道的。如今，赵国士兵死于长平之战的十有七八，国力虚弱，所以大王才派出大量的军队，人数比赵军多出好几倍，希望由您担任前线总指挥，这样一定能够消灭赵国。过去您以少击众，都用兵如神、战无不胜，何况现在是以众击寡、以强击弱呢？"

◎ 白起对伊阙之战、鄢郢之战、长平之战、邯郸之战的战胜反思与预计战败分析

秦国统帅	白起				王陵、王龁
战役名称	伊阙之战	鄢郢之战	长平之战		邯郸之战
公元纪年	前293	前279—前278	前262—前260		前259—前257
年号纪年	秦昭王十四年 魏昭王三年 韩僖王三年	秦昭王二十八年 至二十九年 楚顷襄王二十年 至二十一年	秦昭王四十五年 至四十七年 赵孝成王四年 至六年		秦昭王四十八年 至五十年 赵孝成王七年 至九年
发生地	伊阙	鄢、郢	长平		邯郸
敌对方	秦　韩、魏	秦　楚	赵	秦	秦　赵
兵力对比	秦：韩魏=1：2	楚军数倍于秦	四十五万	兵力与赵相当或更多	不详　全民皆兵
结果	• 大破韩魏联军 • 杀韩魏二十四万 • 俘魏将公孙喜	• 攻破楚国首都 • 向东向南拓展 • 秦国建立南郡	• 赵军大败 • 击破赵四十万 • 韩上党归秦		秦国无法取胜

第卅三章　攻邯郸孤注一掷　政见异君臣反目

续表

		秦国方面： ● 官军和谐 ● 上下一心 ● 士气高昂 ● 断绝退路 ● 取粮于敌 ● 乘虚而入	秦国方面： ● 伐谋胜利 ● 伐交胜利 ● 伐兵胜利 ● 君臣一心 ● 上下同欲 ● 战术得当	秦国方面： ● 长平惨胜 ● 兵力受损 ● 财粮匮乏 ● 长途奔袭 ● 赵有外援 ● 易被夹击
反思和分析	● 韩魏不和 ● 各怀心思 ● 巧用疑兵 ● 出手果决 ● 各个击破	楚国方面： ● 楚王自大 ● 贤臣被斥 ● 小人当政 ● 百姓离心 ● 城墙残破 ● 战具不备 ● 内无良臣 ● 兵无战心	赵国方面： ● 战和不定 ● 赵王失误 ● 战略不明 ● 外交失败 ● 反间成功 ● 临阵换帅 ● 赵括轻敌 ● 战术失当	赵国方面： ● 上下同心 ● 抓紧生产 ● 增加财富 ● 结交外援 ● 巩固城防 ● 全民皆兵 ● 一心防秦 ● 哀兵必胜
结果	秦国胜	秦国胜	秦国胜	秦国必败
通过这些分析可以看出，白起称得上战略家、军事家、战术家，具有非常专业的战略判断，他取得胜利不是靠运气，而是靠实力				

白起回道："当时楚顷襄王自恃强大不理政务，群臣因为争功互相嫉妒，阿谀奉承的人获得重用，贤能之士遭到排挤疏远，百姓离心离德，城墙和护城河不加修理维护，内无良臣，外无守备。所以我才能乘虚而入，率领军队攻陷楚国，占领许多城邑。所以我才会拆除桥梁，焚毁船只，表示我们秦军只能勇往直前，绝不后退，使我们的士兵专心作战。我命令秦军夺取田间的粮食，以补充军粮。这个时候，秦国的士兵以军队为家，以将帅为父母。不用约束，士兵自会互相亲近；不必商量，大家彼此信任。全军上下一心，宁可赴死，一往无前。由于楚军是在本土作战，他们只顾自己的家，无心恋战，人心涣散，兵无斗志，因

长平之战

此我才能建立战功。再说伊阙之战。韩国只靠自己，力单势孤，因此一心想着利用魏国，而魏国也不傻，强调韩国是精锐之师，应该当前锋。两国军队都想趋利避害，不能同心协力，因此我才得到机会布置疑兵与韩国对阵，另派精锐部队出其不意地冲向魏军。魏军一败，韩军不攻自破，我才能趁机追亡逐北。因为这个缘故，我才得以建功立业。之所以立下这些战功，都是由于计谋正确，地形有利，进军符合战场形势，哪里有什么神兵呢？再看长平之战的情况。秦军本已在长平大破赵军，不趁着赵国恐惧万分、全国震动的时机灭掉它，却因为赵国表示畏惧秦国、服从秦国，就放弃了灭掉赵国的最佳时机，让赵国得以抓紧时间修复战争的创伤，抓紧生产，增加积蓄，抚养遗孤，扩充兵力，修缮制造兵器铠甲，疏浚护城河，增高城墙以巩固城防。如今赵国国君谦恭有礼，礼贤下士，群臣推心置腹，士兵甘愿效死。像平原君赵胜等国家重臣，都把自己的妻妾编入了军队的后勤组织，让她们给士兵缝补衣服。臣民一心，上下同力，这就好比是越王勾践遭受会稽山之耻后卧薪尝胆、复兴越国那样。现在如果攻打赵国，赵国必定固守不战；如果秦军主动向赵军挑战，他们也必定不肯出战；如果我们包围邯郸，一定不能攻克；攻打其他城邑，也未必攻得下来；想在郊外抢夺军需物资，赵国早已坚壁清野以待，也会一无所获。不仅如此，秦国劳师远征，如果一无所获，不能速战速决，天下诸侯必然生出异心，必然会帮助赵国抗击秦国。我只看到了攻赵之害，没有看到攻赵之利，再加上我正生病，所以不能奉命出征。"这是一篇精彩的战局分析报告，明晰、透彻、有理有据、一针见血，白起对秦楚鄢郢之战、秦与韩魏伊阙之战胜利原因的分析，非常客观和冷静，他并没有被"战神"称号冲昏头脑。他也没有那么神，他的优点就在于谋划精确，能够抓住天时地利人和等要素，正

第卅三章　攻邯郸孤注一掷　政见异君臣反目

确分析敌情，因地制宜、因时制宜，制定出正确的战略战术。一个已经被捧到神坛的人还能如此清醒，这才是真的"神"。而且他对秦赵长平之战后赵国的态势了解得非常清楚，如果长平之战后马上发动邯郸战役，他应该是支持的。可是如今这个时候，赵军一定会坚守不战，加上赵国众志成城，诸侯伺机救援，里应外合，秦军根本没有胜算，就是说，没有战机可言。如果只是攻城战而不是打歼灭战、运动战，这违背了白起的用兵思想。最后邯郸之战的结局也恰恰印证了白起的正确。

范雎非常惭愧地离开白起的府邸，把白起的话汇报给了秦昭王。秦王说："没有白起，我就不能灭赵了吗？"他现在就开始意气用事了，可没有白起，他还真就灭不了赵国。于是秦王增加了兵力，又派出王龁代替王陵攻打赵国。秦军包围邯郸八九个月，死伤极大，依然攻不下邯郸。赵孝成王派出轻骑锐卒偷袭秦军的后路，秦军屡次失利。白起说："之前不采纳我的建议，现在情况怎么样了？"秦王听后大怒，亲自去见他，强迫他带兵，说："您现在虽然病了，但为了寡人，您也应该去指挥军队，就是病卧在床，也应该抱病带军。如果您能建立战功，完成寡人的愿望，那寡人将会重赏您。您如果不肯奉命出战，那寡人就会怨恨您。"白起叩头至地，回道："臣下虽然知道，只要我出战，哪怕没有战功，也可以免于获罪。如果不奉命出战，即便没有罪责，却免不了一死。然而，我还是希望大王能够采纳我的愚见，放弃攻打赵国，给百姓以休养生息的机会，以应付局势的变化。对恐慌畏惧者加以安抚，对骄傲无礼者加以征伐，对无道之国加以诛灭，以此来号令诸侯，天下可定。何必非要把赵国定为首战的目标呢？这就是您接受一个臣子的建议却可以获得天下的办法。大王如果不考虑我的意见，一定要消灭了赵国才心情愉快，以至于降罪。请您自己考虑一下，是压服一个臣子更有威严,还是战胜天下的诸侯更有威严呢?我听说,贤明的君主会爱惜他的国家,忠诚的大臣会爱惜他的名誉。被击破的国家不能复原,死去的人也不能复活。即便这样,我还是宁愿伏法受重罚而死,也不愿做一个打了败仗、辱没名声的将领,希望大王明察。"秦王马上转身走了,没有回答。

三次拒绝秦昭王,这在秦国这样的集权国家里是不可想象的,白起这时已有迈上死路的预感,可是他也非常有个性,宁可死,也不愿违心接受任命,打一场无把握之仗。他非常珍惜自己的名誉,这时已经没有其他什么更让他挂心的了。曾经在长平之战时英明无比的秦昭王,此时战略不明、意气用事。虽然我此前说过,白起是伟大的军事家,是秦国人的英雄,但不算是中国人的英雄,可是,他坚持自己的正确主张,在明知道会死的情况下也不违心背弃原则,非常值得欣赏,我做不到,我们大多数人都做不到。白起之死,死得悲壮。

《史记·白起王翦列传》没有像《战国策·中山策·昭王既息民缮兵》那样详细记载白起三次推辞的理由,写得相对简略。王陵战绩不佳,由王龁替代成为前线总指挥,包围邯郸八九个月,攻不下来。楚国的春申君和魏公子信陵君带数十万援兵进攻秦军,秦军伤亡很大。白起说:"秦王当初不听我的意见,现在情况怎么样?"秦昭王大怒,硬是催促白起到前线接手司令官职务,白起推说病重,没有动身。范雎再次去请,白起还是不动身。《史记》没有记载秦昭王与白起的那次会见。只是说秦王盛怒之下,削去了白起武安君的封号,把他一撸到底,削爵为民,并且发配到阴密(古县名,故治在今甘肃灵台西南,此前有密国,秦时设置为县)。可能白起在和秦昭王怄气,也可能他这时不是装病,是真病了,还在咸阳。又过了三个月,这时各国的军队进逼得非常厉害,秦

第卅三章　攻邯郸孤注一掷　政见异君臣反目

军连连失利，天天都有使者送回告急文书。迁怒是人性之恶，君王尤其如此。前线失利，秦昭王不反思自己决策的失误和一意孤行，反而怨恨白起的不配合，于是派人催促白起立刻动身，不准再住在咸阳。白起只好出发了，当他出了咸阳西门，走到离城十里的杜邮（又名杜邮亭，在今咸阳东北）时，秦昭王与范雎及群臣商量说："白起对这次流放耿耿于怀，他还有一肚子对朝廷不满的话。"于是派使者送给白起一把剑，叫他自杀。白起接过剑来，恨恨地说："老天爷，我究竟犯了什么过错？你要让我落到这步田地。"他思考了很久，可能在梳理一生的功过，最后说："我确实该死。长平之战，赵国几十万人投降，我却使诈把他们活埋了，哪怕只有这一条，我也早就该死了。"说罢横剑自杀。因为他是无罪被杀，所以秦国人都很同情他，有许多人祭祀他。虽然没有找到直接的证据，可是白起的无罪被杀，应在军方产生极大的消极影响。邯郸久攻不下，除了赵国的拼死抵抗，楚、魏的联合救援，恐怕也与秦军的消极不无关系。再次申明，这个说法没有证据。白起在军中的地位独一无二，是秦军的战神、常胜将军，可是如今这样不明不白就死了。再加上他的正确建议没有获得认可，秦军在没有战机的情况下，一味攻打赵国重兵防守的都城，屯兵于坚城之下，进不得进，退不让退，还得分兵防备他国的救援，这样的仗打得艰苦却没有意义。可是秦昭王已经和白起杠上了，坚决不退兵，虽然白起没有到前线，但是他的观点和态度会传递到前线的，秦昭王与白起的矛盾持续了很久，也会对前线将士产生影响。白起的一举一动牵动秦军的心，白起不同意发动邯郸之战，肯定也会在军中产生消极影响。秦昭王四十八年九月发动邯郸之战，秦昭王五十年十一月白起自杀，按照秦国的纪年方式，大约有十五个月。

第卅四章　平原君散尽家财　信陵君窃符救赵

白起论战时,提到了平原君在邯郸保卫战中的表现。

平原君本是一个公子哥儿,与赵孝成王一样不知道人间疾苦。可是长平一战,四十五万人灰飞烟灭,让他们受到了极大的震动,他们理解了战争的残酷、战略的价值、战术的重要,同时也理解了人间的苦难。《战国策·秦策三·秦攻邯郸》记载:"秦攻邯郸,十七月不下。"看来,这次秦国也是拼了,一连攻打了十七个月。赵国这回却非常坚定,知道求和也不可能了,只有硬扛,而向魏、楚寻求的救兵还都没有来。《史记·平原君虞卿列传》记载:"秦急围邯郸,邯郸急,且降,平原君甚患之。"这次包围,不一定是上文提到的围困十七个月之时,应是被围困了一段时间之后。这次在秦国的猛烈攻击之下,邯郸都要失守了,平原君非常着急。这时,邯郸国营招待所管理员的儿子李同对平原君说:"您不担心赵国灭亡吗?"平原君说:"赵国灭亡,我赵胜就得成为俘虏,怎么能不担心呢?"李同道:"现在邯郸的老百姓已经艰难到了

第卅四章　平原君散尽家财　信陵君窃符救赵

拿人骨当柴火烧，互相交换着小孩吃的地步，真可谓山穷水尽啊！可是您的家里光是姬妾就有上百人，您家里的丫鬟仆人都穿着绫罗绸缎，你们有吃不完的山珍海味，可是老百姓却连一件完整的粗布短衣都没有，连糟糠都没得吃。现在士兵们没有武器，只好拿着用刀削成的棍棒作战，可是您的家里各种贵重物品、各种乐器仍和以前一样，样样不缺。如果秦国灭了赵国，您还能拥有这些身外之物吗？如果保全了赵国，您还会缺少这些身外之物吗？现在如果您能把您家里夫人以下的人都编入军队，让他们与别人一样承担相应的劳务，并且拿出全部家产用来犒赏部队，人在危难关头，是最容易被感动的。"平原君这回懂了，立刻照李同的意见办。在平原君无私行为的感召下，赵国人立刻组织起了三千人的敢死队，李同就率领这三千人猛攻秦军，秦军被这种拼死精神震慑住了，被迫后退三十里。正好这时楚、魏的援军也到了，秦军只好撤兵而去，邯郸得到了保全。李同在战斗中牺牲了，他父亲被赵国封为李侯。这时的平原君才有了一个政治家的样子，如果说长平之战时他还犯过一些战略性错误，但是这一战，值得点赞。

　　在长平之战时，虽然廉颇的战法给赵国的后勤带来困难，但是和邯郸保卫战时的艰苦相比，其实不算什么。此时已经到了易子而食、炊骨生火的程度，但是这时能忍受，长平之战时就忍受不了，因为邯郸之战时赵国看到了最坏的结果，长平之战时赵国宗室没有邯郸之战时这种抛家舍业、一心为国的精神，他们不想付出重大的牺牲，只想用最微小的付出来获取最大的利益，他们上了大当。

　　据说，在日本明治维新刚开始时，百姓愚昧，认为棉纺厂的机器会摄人魂魄，不敢报名当工人。明治政府让官员的小老婆、女儿当了第一批纺织女工，一下子就破解了谣言，招工从此畅通无阻。其实任何危机

长平之战

都不可怕,就看你有没有一股子狠劲。平原君贵为相国都带头捐款,把家人编入军队,还有什么难关过不去呢?秦昭王不知道这有多厉害,白起却知道平原君这个行为将把赵国人所有的战斗力、忍耐力都激发出来。

魏安僖王对赵国有一次口惠而实不至的救援。

《战国策·赵策三·秦围赵之邯郸》记载:"秦围赵之邯郸,魏安厘(僖)王使将军晋鄙救赵,畏秦,止于荡阴,不进。"荡阴,有人把"荡"改为"汤"。荡阴在今河南汤阴,是赵、魏两国交界处。《史记·魏公子列传》记载,晋鄙驻军在邺。邺,故治在今河北临漳西南,战国时代魏国设置县制(一说秦置),这也有可能是晋鄙军团又移动了。当时,魏王一定非常矛盾,他看出了秦国的不依不饶,想要救援赵国,于是派大将晋鄙带兵,可是又畏惧秦国,在赵、魏交界处驻守观望。秦昭王派遣使者吓唬魏王,邯郸很快就要被攻下来了,哪个国家要是敢救援赵国,等秦国攻下邯郸之后,首先移兵攻打它。都知道秦国得罪不起,都知道如果放任秦国的侵略,早晚有一天灾难也会降临到魏国身上,都知道弱者应该抱团取暖,可一到兑现承诺的时候,就开始了各自的利益算计,合伙生意不好做,都是因为考虑自己太多了,失的唯恐太多,得的唯恐太少。白起分析伊阙大战时提到,韩、魏联军为何大败,就是因为两国各自算计,让他看出了破绽,对症下药,各个击破。如今,魏、赵又出现了类似情况。魏国没有真正出动军队帮助,派出了一个叫辛垣衍的人潜入邯郸,劝平原君尊秦昭王为帝,以便讲和罢兵。结果被来邯郸旅游的义士鲁仲连挫败了。鲁仲连说过最知名的一段话是:"彼秦者,弃礼义而上首功之国也,权使其士,虏使其民,彼则肆然而为帝,过而遂正于天下,则连有赴东海而死矣,吾不忍为之民也!"大

第卅四章　平原君散尽家财　信陵君窃符救赵

意是，那秦国是个抛弃礼义、以斩首数量计算功劳、以杀人为荣的国家，它用权术和欺诈的手段对待士人，像对待奴隶一样役使自己的国民。秦国如果无所顾忌地称帝，进而使用罪恶的手段，对天下发号施令，我鲁仲连宁可跳进东海自杀，也不肯做秦国的子民！"面壁十年图破壁，难酬蹈海亦英雄"，后一句的典故就源自鲁仲连。鲁仲连的观点不一定都对，但是可以看出，各国士民对秦国畏惧厌恶，而不是心服口服，秦国二世而亡的根源都隐藏在这些细节里。经过鲁先生的一番唇枪舌剑，辛垣衍心服口服，不再提拥立秦昭王为帝。但晋鄙还是没有进兵的迹象。

危难关头，信陵君窃符救赵。

平原君真急了。他娶的是信陵君魏无忌的姐姐，是信陵君的姐夫，既然魏王指望不上，他只有去求信陵君，说："我赵胜之所以和公子你结为亲戚，就是因为你人格高尚，能急人所难嘛。如今邯郸就要被攻破了，可是魏国的救兵却迟迟不到，难道你就是如此急人所难的？纵然公子不把我赵胜放在眼里，任由我当秦国的俘虏，难道你就不可怜你的姐姐吗？"其实，这可真冤枉信陵君了。魏昭王的儿子中，魏安僖王和信陵君是同父异母兄弟，信陵君的能力和人格魅力不知比魏王强多少倍，魏王像防贼一样防备他。而且调兵的虎符牢牢掌握在魏王手里。虎符是古代调兵遣将的凭证。铜铸，虎形，有铭文，一剖为二，右半部留在京师，左半部授予统兵将帅或地方长官，调兵时派使者持右半部前往验合，"符"合了，才能生效，"符合"一词由此而来。于是信陵君迫不得已，让魏王宠姬如姬盗取虎符，再让侯嬴推荐的朱亥随行，杀死了晋鄙，矫诏夺取了魏军的指挥权。最后秦军撤退，信陵君功不可没，可他大大得罪了魏安僖王，于是留在赵国十年没有回老家。后来因为秦国攻

长平之战

◎ 邯郸保卫战的简要战略分析

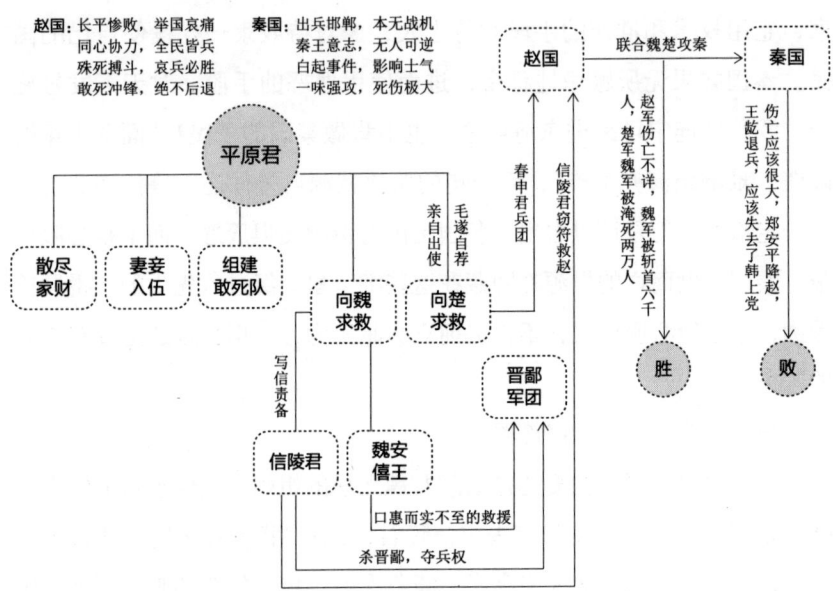

打魏国,魏王多方努力才把信陵君请回了魏国,信陵君人脉极广,他以上将军的身份,领导五国联军在黄河以南大破秦军。然而魏王终究忌惮他的才能,最后信陵君只得以酒色自娱,抑郁而死。这些事情都记录在《史记·魏公子列传》中。

第卅五章　为联楚毛遂自荐　受牵连范雎自杀

平原君的门客毛遂说动了楚王救援赵国。

事情紧急，向楚国求救只有平原君亲自出马了，其他人去分量都不够重。当时，平原君想从自己的三千食客里选取二十人组成代表团，可是真到了用人之际，才发现这些人多是滥竽充数之辈，十九个人选好了，剩下一个就是找不到合适的，于是一个叫毛遂的门客自荐，要加入代表团。当时这个谁都看不好的人，却发挥了重要的作用。到了楚国，平原君与楚考烈王从早上谈到中午，一直没有达成协议。于是毛遂勇敢地走上谈判桌，对楚考烈王说，楚国那么大，却被白起那小子打得满地找牙，一战失去鄢、郢，再战夷陵被烧，三战连楚国的先王都受到了侮辱，这是楚国百世莫赎的耻辱，就连赵国都替楚国感到羞耻，可是楚国人竟然不痛恨秦国。如今联盟抗秦，不是为了赵国，恰恰是为了楚国。一番话说得楚王羞愧难当，也深以为然，于是双方签订正式的合作协议。这些都记载在《史记·平原君虞卿列传》中。为了串联起所有相关

长平之战

事件，在这里简要介绍一下。

春申君也积极地救援赵国。

《史记·春申君列传》记载："春申君为楚相四年，秦破赵之长平军四十余万。五年，围邯郸。邯郸告急于楚，楚使春申君将兵往救之，秦兵亦去，春申君归。"春申君做楚国令尹（相国）的第四年，秦国在长平消灭了赵国四十多万军队。第五年，秦军包围了邯郸。邯郸向楚国告急，楚国派春申君带兵前往救援，楚、魏、赵联手败秦之后，于是春申君也顺利返回国内。这条记载传达了这些信息：第一，楚军这次是真心救援；第二，赵国的拼死抵抗和魏国信陵君的救援应该起了大作用；第三，据《史记·秦本纪》，魏军损失可能大于楚军，被斩首六千人，魏楚共被淹死两万人；第四，这是战国四公子中平原君、信陵君、春申君的一次深度合作，非常愉快。

在这个节骨眼，秦国的郑安平投降了赵国。

郑安平本来是魏国人，在范雎差点被人打死的时候，救助了范雎，并且把范雎推荐给秦国在魏国的使者王稽，可以说，范雎得以死里逃生，并且成为秦国相国，郑安平功不可没。范雎是个快意恩仇的人，"一饭之德必偿，睚眦之怨必报"，哪怕是一饭之恩也必然会报答，哪怕是瞪了一眼这样的小仇怨也要报复。对于郑安平这样的恩人，当然要报答，于是请求秦昭王封赏郑安平，让其担任将军。这次任命极有可能是人情提拔，郑安平是否胜任将军一职还要打个问号。邯郸之战，郑安平也在前线。可能最后秦军败得确实挺惨，或者是郑安平负责殿后，没能成功突围，结果被赵军包围，最后他带着两万人投降了赵国。如此大规模的投降，在秦国的军史上都是不多见的，对于秦国来说也是奇耻大辱。这让范雎面临极大的政治危机，此时秦昭王还是认可范雎的才能，

第卅五章　为联楚毛遂自荐　受牵连范雎自杀

想保他，因此范雎有惊无险过关。郑安平的投降，对于赵国则是极大的荣耀，他被封为武阳君。《史记·赵世家》记载："武阳君郑安平死，收其地。"郑安平在公元前257年投降，到了公元前255年就去世了，实际上他的爵位和封地只享受了两年。郑安平降赵的时间是秦昭王五十年，从秦昭王四十八年九月开始发动邯郸之战，到郑安平降赵结束，邯郸之战应该持续了一到两年。

范雎推荐的另一个人，王稽，因通敌卖国被部下举报。

王稽当时只是一个出使魏国的谒者。谒者，秩比六百石，是秦汉时郎中令（光禄勋）的属官，掌管宾赞受事、给事近署、执戟宿卫、奉诏外使等事务，类似于司仪、保卫、公关、办事员等工作。当时，他出使魏国就应该是做外交公关事务，暗中访查贤能之士。郑安平推荐范雎，言谈未竟，王稽已知其贤，遂与私约，载之入秦都咸阳。范雎当上相国之后，王稽对范雎说："事情有三种不可预知的情况：第一，大王说不准哪天就去世了；第二，您说不准哪天也去世了；第三，我说不准哪天也去世了。事情有三种无可奈何的情况：第一，大王一旦去世了，您觉得有对不住我的地方，也就无可奈何了；第二，您一旦去世了，您觉得有对不住我的地方，也就无可奈何了；第三，我一旦去世了，您觉得有对不住我的地方，也就无可奈何了。"潜台词就是，范雎想要报恩就趁早，别等到"不可预知"和"无可奈何"，那时一切都晚了。于是，范雎去找秦昭王，说："如果不是王稽对秦国的忠诚，我就进不了函谷关，来不了秦国；如果不是大王贤明，我就不能变得如此尊贵。现在我的官做到了相国，爵位到了列侯，可王稽的官位还只是谒者，这不是他推荐我的初衷啊。"于是，"昭王召王稽，拜为河东守，三岁不上计"。秦昭王任命王稽为河东郡守，三年不用汇报施政情况。其实这个任命也是有问题的,郡守可是重要职务,王稽是否能胜任是个问题。按照《战国策·秦策三·秦攻邯郸》的说法,王稽对下属比较苛刻。郡守上马管军,下马管民,有一个叫庄的人劝王稽赏赐军官,以礼相待他们,可是王稽不听。于是"军吏穷,果恶王稽、杜挚以反",军吏们被弄得没有办法,用谋反罪名上告王稽和他的副手杜挚。不知道是否是诬告,但是最后确实治了罪。这件事,又牵连了范雎。

受到郑安平事件和王稽事件的牵连,范雎也于公元前255年去世了。

◎ 范雎之死的辨析

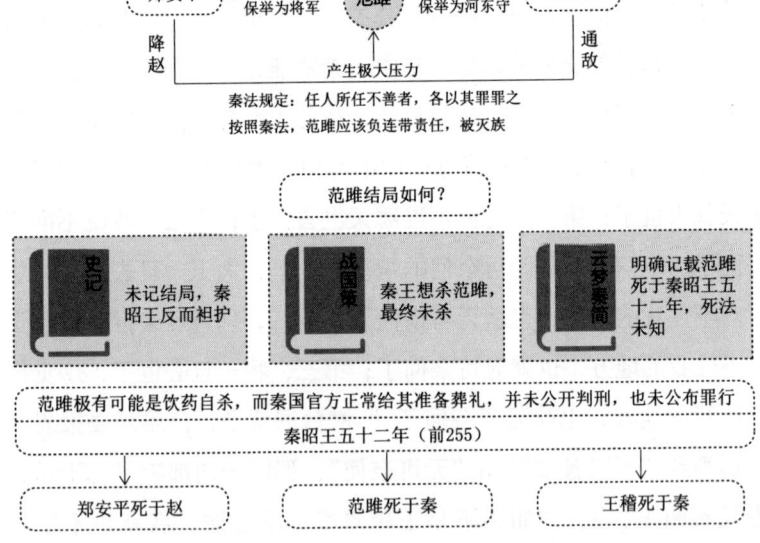

《史记·范雎蔡泽列传》记载:"昭王用应侯谋,纵反间卖赵,赵以其故,令马服子代廉颇将。秦大破赵于长平,遂围邯郸。已而与武安君白起有隙,言而杀之。任郑安平,使击赵。郑安平为赵所围,急,以兵二万人降赵。应侯席稿请罪。秦之法,任人而所任不善者,各以其罪罪

第卅五章　为联楚毛遂自荐　受牵连范雎自杀

之。于是应侯罪当收三族。秦昭王恐伤应侯之意，乃下令国中：'有敢言郑安平事者，以其罪罪之。'而加赐相国应侯食物日益厚，以顺适其意。后二岁，王稽为河东守，与诸侯通，坐法诛。而应侯日益以不怿（yì，高兴）。"下面对这段话进行解读。

秦国实施反间计，使得赵括代替廉颇为将，方案的策划和执行都是由范雎完成的。

白起之死，范雎"言而杀之"。他一定煽风点火，说了白起不少坏话，这才导致白起的死。如果用阴谋论的角度看：第一，白起是魏冉提拔重用的，而范雎恰恰是清除了魏冉之后才得以担任相国，范雎与白起的矛盾应该由来已久。第二，长平之战，范雎为了压制白起，主张罢兵，白起知道后，矛盾开始激化。第三，就是否应该发动邯郸之战的问题，白起与秦昭王较劲，范雎利用二者之间的矛盾添油加醋，导致白起被杀。第四，因为白起在军方的势力强大，地位崇高，"范白之争"让军方更加痛恨范雎。第五，邯郸之战本身就是一次错误的战略决策，白起坚持自己的战略判断和做事原则。可是史书中没有看到范雎反对邯郸之战的记载，可见他只知道顺着秦昭王，不把战士流血当回事，军方人士会把矛头都集中在范雎身上，更加怨恨他。第六，邯郸之战，秦军伤亡一定非常惨重，而这样一场消耗战可能非常不得人心，只是秦国军法严酷，不得不执行，这不同于长平之战。长平之战秦军的伤亡是为了胜利必须付出的牺牲，和邯郸之战中白白流血是完全不一样的。第七，我一直感觉郑安平的部队降敌和王稽手下军吏举报王稽谋反，不是简单孤立的问题，郑安平和王稽谁都知道是范雎的人，偏偏他们先后都出了大问题。

郑安平也许是一个有才能的人，要是做别的工作没准还不错，可是

长平之战

不一定适合担任将军。明显是范雎的缘故,他才能带兵,但恰恰是他投降了。"席藁请罪",指跪在草垫子上请罪。因为按照秦法,"任人而所任不善者,各以其罪罪之"。在秦国,株连制度无所不在,被保荐人有罪时,保荐人也承担相同的罪责。郑安平降敌,肯定要被诛杀三族,而范雎也应该被诛杀三族。秦昭王怕伤了应侯的心,就下令全国:"有敢提郑安平的事,就按郑安平的罪判罚。"同时赏赐给范雎的饮食、物品更加丰富,以此来安慰他。如果这段记载都是真实的,那么秦昭王当时还是要保护范雎的。

《史记》中,范雎之死是这样记载的。王稽事件的出现,让秦昭王彻底失望。这里只是说:"后二岁,王稽为河东守,与诸侯通,坐法诛。而应侯日益以不怿。"后二岁,是指郑安平投降赵国之后两年,王稽与诸侯私下勾结,里通外国,犯法被杀。这里只是说,应侯越来越郁郁寡欢。然后燕国人蔡泽过来游说范雎,范雎推荐蔡泽担任相国,关于他的结局,《史记》没有明确记载。

《战国策》中,范雎之死是这样记载的。《战国策·秦策三·秦攻邯郸》上有另外的说法:"秦王大怒,而欲兼诛范雎。"是说,秦昭王听说王稽事件后,大怒,想要诛杀王稽的推荐人范雎。范雎说:"我是东方魏国一个卑贱的人,因为得罪了魏国,才逃到秦国避难。我一没有诸侯的援助,二不是大王您所亲近的故旧,是大王您把我从'咸漂'的队伍中提拔上来,使我主持秦国大政。关于我的身世、经历和大王对我的破格使用,天下人都知道。我一时识人不清,与罪人王稽走到了一起,祸福相连,但是,如果大王您公开降罪于我,会让天下人议论您用人不当。不如让我饮药自杀吧,并请您恩准以相国之礼安葬我。这样大王既治了我的罪,又不会落下用人不当的名声。"秦昭王说:"有道理。"于

第卅五章 为联楚毛遂自荐 受牵连范雎自杀

是没有杀范雎,并且好好地对待他。

《睡虎地秦墓竹简》中也有范雎之死的记载:"五十二年,王稽、张禄死。"秦昭王五十二年即公元前 255 年,王稽即河东守,张禄即范雎的化名,应该是受到王稽之死的牵连而死。这条记录的可靠程度一定超过《史记》。而范雎之死,很可能是秘密处死,并没有公开审判。在《战国策》中记载的范雎的想法应该有可信度,就是范雎想饮药自杀,不要公开宣判,不要大肆宣扬,并且以相国之礼来安葬,这样能保住他的名声,也能保住秦昭王爱才的名声。

简评一下范雎。他突出的才干和狭隘的心胸都是那么让人深刻,这和他在魏国遭受过打击和不公正待遇密切相关,情有可原,但是吃相难看。其实虽然生活对他前期非常苛刻、残忍,可是后来也给了他丰厚的回报,贵为秦相之时,境界应该更高才是,可是他已经心态失衡了,能够支持他活下去的只有一个目标——出人头地、报私仇。出人头地是为了有更强大的力量去复仇和报恩。当他的心态失衡之后,当他的身心被满腔的私人仇恨充满之后,总是自觉不自觉地被其所左右。快意恩仇是侠客做的事情,不是政治家应该做的。因此范雎的做事原则非常霸道、凌厉、不留余地,可以想见,他在秦国的人际关系一定非常紧张。然而他知道自己应该为谁服务,只要秦昭王信任自己,其他人都不值一提。这样做事不能说错,可是危机重重。他对郑安平、王稽的破格提拔和使用,确实报了私人的恩,但是"德不配位,必有余殃",他们三个人可能都有自身的局限性,范雎缺少相国之量,郑安平缺少将军之勇,王稽缺少郡守之能,如果三个人都调整一下,找到更适合自己的岗位,可能有美满的结局也说不定。最后三个人在两三年间相继犯了重大的政治错误,也在同一年相继去世,名声都受到损害,真是非常可惜。

第卅六章　燕王喜飞蛾扑火　大赵国存亡之秋

赵国打响了"对燕自卫反击战"。

燕王喜的阴谋，综合《史记·赵世家》和《战国策·燕策三·燕王喜使栗腹以百金为赵孝成王寿》中的记载，是这样的。赵孝成王十五年、燕王喜四年，即公元前 251 年，燕王喜派相国栗腹带着百金（《史记》记为五百金）到赵国去向赵孝成王祝寿，饮酒三日。栗腹回到燕国后向燕王汇报说："赵国的壮年人都战死于长平之役，那些孤儿们还没有长大，您可以趁着这个机会去讨伐赵国。"燕王喜于是召见乐毅之子昌国君乐间。昌国君本来是乐毅的封号，当乐毅跑到赵国以后，燕国又把他的儿子封为昌国君。燕王喜问："现在攻打赵国，你认为怎么样？"乐间说："赵国四通八达，强敌环伺，因此赵国人善于作战，所以不能轻易进攻。"燕王问："我用二比一的兵力攻打它，可以吗？"乐间回答道："不可以。"燕王问："动用五比一的兵力，如何？"乐间回答道："也不可以。"燕王喜大怒。但燕王身边的大臣都认为赵国可以攻打。

第卅六章　燕王喜飞蛾扑火　大赵国存亡之秋

果然，如乐间所说，燕国发动大军却被赵国狂扁。《战国策·燕策三·燕王喜使栗腹以百金为赵孝成王寿》中说，燕王喜发兵六十万，栗腹带领四十万大军攻打赵国的鄗（hào，今河北柏乡北），卿秦（《战国策》称之为庆秦）带领二十万攻打赵国的代郡。代郡下辖三十六个县，在今河北蔚县一带。廉颇以八万对栗腹的四十万，乐乘以五万对卿秦的二十万，燕军大败，栗腹被杀，卿秦被俘。事实证明，乐间的判断是正确的，虽然赵军和秦军对阵受了窝囊气，可是打燕军还是绰绰有余，燕军二打一不行，三打一不行，四打一、五打一也不行。赵军的战斗力还是强大的。乐间一气之下投奔了赵国。

六国的短视，从燕王喜身上就可以看得一清二楚。它们还在互相削弱，最后被秦国一个个收拾掉。赵孝成王十六年，廉颇包围燕国。赵孝成王十七年，武襄君乐乘包围燕国。这是对赵孝成王十五年燕军侵略的报复。至此，长平之战、邯郸之战才算真正完结。

公元前262年，长平之战爆发，公元前259年，邯郸之战爆发，公元前251年，赵国对燕自卫反击战爆发，公元前250年、公元前249年，赵国对燕国发动大规模报复，大战一波接一波。秦国接连两场大战，很伤元气；赵国十来年没有得到有效休整，也是疲惫不堪，国力一天天削弱。对燕国进行报复，确有必要，但是应该点到即止，不应该得理不饶人。毕竟赵国的主要敌人是秦国，不是燕国。可是从赵孝成王十五年开始四次攻打燕国，这就是用力过猛、主次不分了。攻打燕国并没有获取更大的利益，却失去了休养生息的机会。赵孝成王十八年，赵国将领延陵均跟随相国信平君廉颇，帮助魏军攻打燕国，此时赵、魏应该联手对付秦国，可是不知道为何如此决策。与此同时，秦国将领蒙骜攻占赵国榆次三十七座城池，赵国的损失不可估量。在赵孝成王二十年

长平之战

时,秦王嬴政登基,至此,赵孝成王当政期间,秦国的君主变更了四位:秦昭王、秦孝文王、秦庄襄王、秦王嬴政,不论谁当政,都有坚定的战略目标。等到秦王嬴政上台之后,六国就时日无多了,而它们还在互相消耗、猜忌、攻击,二十六年之后,秦王扫六合,虎视何雄哉!

长平之战,到此其实就讲完了。这里面有讲不完的细节,有无数个思考角度。这是中国古代史上最大的一次歼灭战、运动战,不论是从秦国的角度还是从赵国的角度,都有太多值得探究的地方。从事历史、战史、战略学、管理学研究的人,都能这个案例中找到自己需要的答案。围绕着长平之战、邯郸之战,还有一些人物和事件,需要再做一点交代,关键是,还有赵括大将军的成败,需要做个总结。

平原君赵胜,赵武灵王之子,赵惠文王之弟,赵孝成王之叔,战国四公子之一。赵孝成王元年(公元前265年)为赵国相国。司马迁评价他是乱世中一个风度翩翩的贵族子弟,然而"不识大体""利令智昏",这才"贪冯亭邪说",使得赵国四十多万士兵被消灭在长平,邯郸也差一点被攻陷。这肯定是平原君的一大错误。还是前文说过的,接收韩上党不算大错,只是赵国的决策层没有认识到问题的严重性,没有做最坏的打算和具有前瞻性的战略决策,以至于对于战争的不断升级缺少应对方案。而且在长平之战时,赵国的贵族缺少邯郸之战时的战略定力,在战与和之间左右摇摆,对合纵抗秦的认知与策略都不够到位。其实也都可以理解,一个贵族公子,生下来就锦衣玉食、应有尽有,不知疼、不知苦、不知饿、不知穷,就像越王勾践遭受困难之前还是个纨绔子弟,平原君在战争刚开始时无法做出正确的决策,也是理所当然的。他礼贤下士,更多的是为了门面,不一定真需要这些人出谋划策,也不一定能招来真正的贤士。食客三千,想挑选出二十个人去楚国都非常困难,如果

第卅六章　燕王喜飞蛾扑火　大赵国存亡之秋

不是毛遂自荐，结果当未可知。赵胜能当上赵国的相国，并不是因为才能，而是因为血缘关系。信陵君救赵，平原君功劳很大，虞卿就想借着这件事替平原君向赵王请求封赏，公孙龙提出反对说，当初赵王让平原君做相国，并不是因为你的智慧才能在赵国独一无二，当初把东武城（今山东武城西北）封给你当领地，也并不是因为你有什么别人没有的功劳，"乃以君为亲戚故也"，归根结底在于你是赵王的叔叔。你当时接受相印没有推说自己无能，接受封地也没有推说自己无功，归根结底也是因为你自认为是赵王的叔叔，接受这些理所当然。现在凭着信陵君救赵的功劳，要去请求封赏，那么，你在接受相印和封地时是以赵王叔叔的身份来接受，如今有了功劳又要以普通人身份去和赵王讨价还价、计算功劳，这怎么能行呢？好在，平原君听懂了，拒绝了虞卿的建议。这件事是虞卿不识大体，或者是有意邀功，主意不够高明。总体来说，平原君虽然比不得信陵君，可也是一个有人格魅力的人，犯过错，还算是知错能改。而且在邯郸保卫战时能听进李同建议，散尽家财、视死如归，这是他人生最大的亮点。《史记·赵世家》记载他是在赵孝成王十四年（公元前252年）去世的，《史记·平原君列传》和《史记·六国年表》则说他是在赵孝成王十五年（公元前251年）去世的，不知道该听哪一个。

赵孝成王，嬴姓，赵氏，名丹，赵惠文王之子，公元前265年继位。即位之初，由赵惠文后掌管朝政，惠文后也被称为赵威后，就是名作《触龙说赵太后》中的赵太后。赵孝成王四年（公元前262年），接收韩国上党郡，引发秦赵长平之战。他不满廉颇的战法，受舆论所左右，以赵括代之，最后长平大败。他后悔没有听赵豹的话，不接收韩上党。其实，这根本不是真正的原因，根本的错误在于战略错误、用人错误，政治上缺少专业的判断以及不懂军事却掣肘（拉着胳膊，比喻有人从旁牵

长平之战

制，工作受干扰）前线指挥官。邯郸之战中，他有可圈可点之处，这时如果不是他破釜沉舟、坚决不投降，可能赵国就灭了。李牧担任边防军司令时的赵王，一定也是他，此时他故态复萌，又开始干涉李牧的战法，好在这一次及时承认错误，做出了调整。他在位二十一年去世，谥号孝成。

◎赵孝成王大事年表

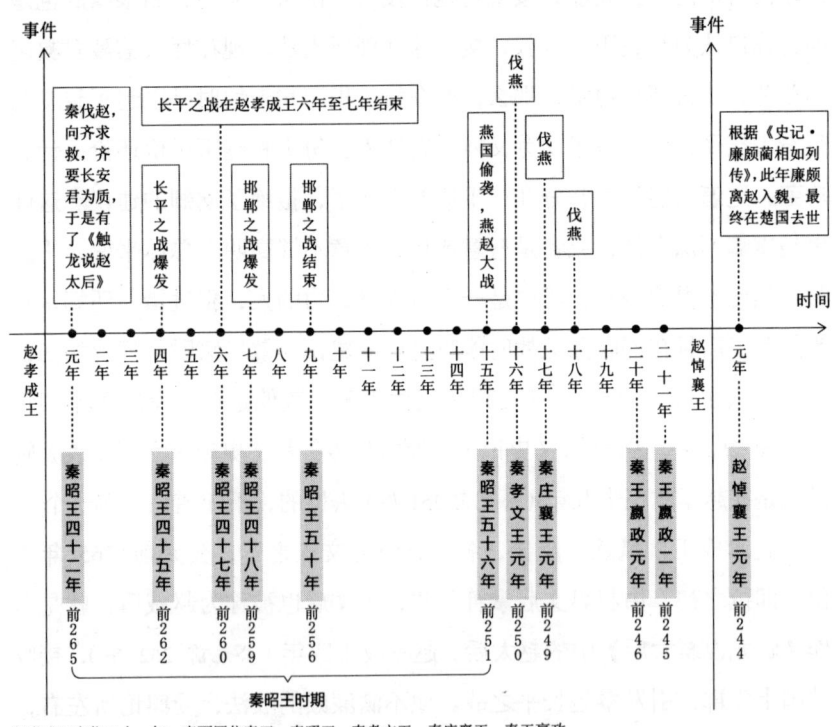

赵孝成王在位二十一年，直面四位秦王：秦昭王、秦孝文王、秦庄襄王、秦王嬴政

赵国的命运又如何呢？赵国实际的奠基人是赵衰、赵盾，赵衰是晋文公的老部下，立下了汗马功劳，这为赵氏成为晋国六卿之一打下了雄

222

第卅六章 燕王喜飞蛾扑火 大赵国存亡之秋

厚的基础。自周贞定王十一年（公元前458年）开始，赵与韩、魏先后瓜分范氏、中行氏、智氏，进而瓜分了晋国。赵国开始建都晋阳（今山西太原西南），周威烈王元年（公元前425年）迁都中牟（一说在今河南鹤壁西）。周威烈王二十三年（公元前403年）与韩、魏同时被封为诸侯，这三个国家窃取了晋国政权，本来不合法，但是如今被周天子正式封为诸侯，政权拥有了合法性，司马光认为这是周天子的大错，于是《资治通鉴》从这年写起。周安王十六年、赵敬侯元年（公元前386年），迁都邯郸。在战国时代，邯郸是黄河以北首屈一指的大都市，商业发达，是当时的冶铁中心之一。西汉才女卓文君的祖上卓氏家族，就是在邯郸被王翦攻破之后，公司总部迁到了四川临邛（qióng），依靠冶铁再成巨富，家有奴婢千人，风光排场如同帝王，"蜀卓氏之先，赵人也，用铁冶富。秦破赵，迁卓氏"。当时还有一个大富豪郭纵，也是在赵国依靠冶铁起家，"而邯郸郭纵以铁冶成业，与王者埒（liè，同等）富。"冶铁业属于当时的高新技术产业，拥有了核心技术的企业所向无敌。这些都在《史记·货殖列传》中有记载。而邯郸也是吕不韦重点经营的城市，他在此地遇到秦始皇的父亲异人。在鼎盛时，赵国的疆域大致包括河北西部、山西中部和北部、陕西东北角和内蒙古河套地区。赵王迁七年、秦王嬴政十八年（公元前229年），王翦、杨端和攻赵受挫，使用反间计使赵王迁杀死李牧。第二年，公元前228年，王翦大破赵军，攻入邯郸，俘虏赵王迁，邯郸被秦占领。有一个叫公子嘉的人带领残部，逃到代地，称代王。秦王嬴政二十五年（公元前222年），王翦之子王贲攻代，俘虏代王嘉。代王嘉在位六年，代亡。至此，赵国彻底灭亡。公元前221年，秦始皇统一中国。

廉颇，是赵国杰出的将领，以勇敢善战闻名于诸侯。在赵惠文王十

长平之战

六年（公元前283年）正式走入历史，大破齐国，被封为上卿。关于他在长平之战中的表现，上文已详述。邯郸之战时，他的事迹史无明载，应该是带兵抗秦。赵孝成王十五年（公元前251年），廉颇、乐乘组合打败燕军，杀栗腹，俘卿秦。当初，廉颇从长平免职回来，失去权势的时候，那些门客都离去了。后来廉颇再次受到重用，那些人又都回来了。廉颇很厌恶这种小人嘴脸，就驱赶他们。门客说："您看问题怎么老是赶不上时代呢？现在交朋友都像做买卖一样，您有了权势，我们就来投奔您，您失去了权势，我们就离开您，完全随着利害关系而聚散，这是很正常的，您怎么看不开呢？"《史记·赵世家》的记载，语序有些问题，似乎是赵孝成王二十一年（公元前245年），廉颇再一次被免职。看《史记·廉颇蔺相如列传》，比较明确，是赵悼襄王元年（公元前244年），不知道廉颇怎么又得罪了高层，赵悼襄王派乐乘去代替廉颇，当时廉颇可能也在攻击魏国繁阳的前线阵地上。廉颇大怒，挥师攻击乐乘，乐乘被赶走，而他也难在赵国立足，于是流亡到了魏国。在大梁居住很久，得不到魏国的信任，而赵国多次被秦军攻击，赵悼襄王又想要召回廉颇。廉颇有个死敌叫郭开，是赵王的宠臣，不想让廉颇回来，于是就授意去魏国的使者诋毁廉颇，廉颇当着使者的面吃了一斗米，十斤肉。现代的一斗米是10000毫升，十斤肉是5公斤，肯定不可能。可是古今度量衡制度不统一，战国时各国度量衡也不统一，按照秦制，一斗米约等于今天的2000毫升，秦制1斤约等于今天的250克，10斤是2.5公斤。还有一种说法是，廉颇的1斗米是1700毫升，10斤肉是2.5公斤，也是不小的量。当然，廉颇为了显示自己身体极好，多吃一些也是有可能的。可是使者回去后对赵悼襄王说，廉将军是挺能吃，但是和我谈话的功夫，去了三趟厕所。赵王一听，认为廉颇确实老了，就没有再

第卅六章 燕王喜飞蛾扑火 大赵国存亡之秋

请他回来。楚国听说廉颇在魏国,就悄悄派人请他去了楚国,担任楚将,然而没有建立什么功劳。廉颇自己说:"我思用赵人。"意思是还是愿意统领赵国的士兵。这话读之让人辛酸,一员老将,晚年不得志,一心只想在战场上效命,可是有国难奔。最后,廉颇死在了楚国寿春(今安徽寿县)。

郭开,这个人在赵悼襄王和赵王迁时都非常受宠,不应该只是贪财之人,我推测他根本就是秦国的间谍,使命就是灭亡赵国。廉颇被他设法抹黑,李牧最后也死在他手里。这是所有将军的悲哀,在前线能躲开敌人的明枪,数次死里逃生,可是永远也躲不开后方射过来的暗箭。

◎战国末年至秦朝四个知名权奸

姓名	国别	主要"功绩"
李园	楚国	● 杀春申君,灭其族 ● 拥立自己外甥熊悍为楚幽王 ● 可能短暂掌握楚国政权
后胜	齐国	● 收受秦国贿赂,沦为秦国间谍 ● 作为相国,不进行军事建设,不帮五国攻秦 ● 把齐国拱手让给秦国
郭开	赵国	● 廉颇流亡魏国,赵悼襄王想请他回来,但被郭开阻挠未成 ● 收受秦国金钱,诬陷李牧谋反,致使李牧被杀,赵国灭亡
赵高	秦国	● 参与沙丘之谋,拥立胡亥为秦二世,逼死扶苏 ● 杀蒙恬、蒙毅、李斯等 ● 杀秦二世 ● 专权,指鹿为马 ● 把秦朝彻底颠覆

献上党的冯亭,关于他的结局,一说是他最后返回了韩国,一说是他在长平之战时与赵括共同抗击秦军战死了。他想通过把韩上党献给赵

国,来实现"韩赵为一,则可以当秦"的战略目标,最后失败了。此前分析过,韩国在这次战争中,"抗秦派"和"献地派"之间也有争执,但是"献地派"最后占了上风。上党郡前任郡守因为不肯执行韩桓惠王的命令被撤职,就是一个证据。而"献地派"自己的阵营也有争执,分成"向秦献地派"和"向赵献地派",冯亭应该是后一种观点的支持者。但是,不论是向秦献地,还是向赵献地,应该都得到了韩王的默许,然而在官方声明时,韩国一定会公开宣称要献地给秦,是郡守抗命不遵,违背了韩王的旨意。当时韩国也非常矛盾,乖乖地把韩上党献给秦国,一定心有不甘,也不仅仅是心疼上党郡这块地,而是知道秦国贪得无厌、得陇望蜀。如果韩上党落在秦国手里,接下来韩国的本土就随时可能被攻击。假如赵国能抗击秦军,把韩上党献给赵国,赵国必然会感激韩国。为了更加稳妥地长期持有韩上党,赵国一是会与韩国搞好关系;二是会把上党地区变成"抗秦根据地",这就能够吸引秦国的火力和注意力;三是会联合韩国共同抗秦,当然,是条件成熟时。如果出现这些情况,对于韩国来说虽然不是绝对的安全,但是就有了辗转腾挪的机会,也是对国家安全的一种保障。如果这些确实是韩国决策者的战略思考,那么是他们借助冯亭之手,把赵国拉入了万劫不复的境地。恐怕在长平之战爆发初期,谁也没有想到,最后战争会到升级到战略大决战、国运大决战的程度,冯亭应该也没有想到。

《汉书·冯奉世传》中有对冯亭后人的记录:"冯奉世字子明,上党潞人也,徙杜陵。其先冯亭,为韩上党守。秦攻上党,绝太行道,韩不能守,冯亭乃入上党城守于赵。赵封冯亭为华阳君。与赵将括距(拒)秦,战死于长平。宗族由是分散,或留潞,或在赵。在赵者为官帅将,官帅将子为代相。及秦灭六国,而冯亭之后冯毋择、冯去疾、冯劫皆为

第卅六章　燕王喜飞蛾扑火　大赵国存亡之秋

秦将相焉。"又记载："汉兴，文帝时冯唐显名，即代相子也。至武帝末，奉世以良家子选为郎。昭帝时，以功次补武安长。"这些记载的大致意思是，冯奉世，字子明，是上党郡潞县人，后来迁徙到杜陵。他的祖先冯亭，是韩国上党郡郡守。秦国攻打韩上党，堵住了太行山中的通道，切断了韩国上党郡与韩国本土之间的联系，韩国防守不住，于是冯亭就把上党郡献给了赵国。赵国封冯亭为华阳君，和赵国大将军赵括一起抵御秦国，在长平战死。冯氏宗族从此分散各地，有的留在了潞县，有的迁徙到了赵国。来到赵国的成为官帅将，官帅将的儿子做了代国的国相。到了秦国灭六国之后，冯亭的后代（留在潞县的那一支）冯毋择、冯去疾、冯劫都做了秦国的将相。汉朝兴起之后，汉文帝时冯唐（迁徙到赵国那一支）很有名，他就是代国国相的儿子。到了汉武帝末年，冯奉世（留在潞县的那一支）因为是良家子弟而被选作郎官。汉昭帝（汉武帝之子）时，按照功劳的大小和所排次序，让他补任武安县的长官。

对于《汉书·冯奉世传》还可以详细解读。

潞，古县名，最开始的治所在今山西长治潞城区，当时应该属于韩国上党郡，冯亭家族应该是上党郡人氏。

杜陵，古县名，治所在今陕西西安长安区，冯亭家族留在潞县的一支应该是迁徙到了当时的秦国。

官帅将，也称官率将、官士将，司马贞《史记索隐》中引用的一个注解认为，百人为一队，"官帅，队大夫也"。照这个标准，官帅将大致是连级干部，不算高级指挥官。这是冯亭家族中迁移到赵国的这一支，担任赵国官帅将的这个人是冯唐的祖父，官帅将的儿子担任过代国的国相，这是冯唐的父亲，冯唐就是"冯唐易老，李广难封"的那个冯唐。

代地，有代县、代郡、代国之别。治所在河北蔚县东北，战国时有代国，后被赵国攻灭。秦时设置代县，属于太原郡，汉时沿袭。赵国邯郸被灭之后，公子嘉就带领残部在代地继续抵抗了几年。西汉时，汉文帝成为天子之前，就曾被封为代王。而冯唐的父亲曾经担任过代国的国相，汉文帝与冯唐因为是同乡，曾有过一次对话。

《史记·张释之冯唐列传》中记载，汉文帝对冯唐说，他听说赵将李齐非常贤能，这个赵，不是战国七雄的赵国，而是灭亡秦朝之后，楚霸王分封诸侯时设立的赵国。汉文帝说起李齐在巨鹿之战的事，那也是项羽救赵、击破秦将章邯时的事情。但是冯唐认为，李齐和廉颇、李牧相比就逊色了。冯唐说："臣大父在赵时，为官率将，善李牧。臣父故为代相，善赵将李齐，知其为人也。"大父就是祖父，这是说，冯唐的祖父在担任官帅将时，与李牧关系比较好，他父亲为代国国相时，与李齐关系比较好，因此知道二者的为人。如果说，能与当时的统帅李牧要好，那官帅将不应该是只能带领百人的连级干部，因为和李牧的身份相差太悬殊。官帅将的职权范围和地位究竟如何，还是留待贤士破解。

再说一说冯亭受封为华阳君。华阳比较复杂，有四种意思。第一是古地区名，即华山之阳。第二是古邑名，在今河南新郑北。春秋时属于郑国，战国时属于魏国。《史记·六国年表》记载，秦昭王三十四年，"白起击魏华阳军"。第三也是古邑名，在今河南密县东南。《史记·穰侯列传》记载，穰侯"同父弟曰芈戎，为华阳君"。《史记·范雎蔡泽列传》："穰侯，华阳君，昭王母宣太后之弟也。"华阳君与穰侯魏冉、泾阳君、高陵君并称"四贵"。宣太后死后，这四人一起被驱逐，回到各自领地，而高陵君死在中途。第四还指北岳恒山，事见《史记·赵世家》：赵武灵王二十一年攻中山，"合军曲阳，攻取丹丘、华阳、鸱之塞。"《史记正义》引《括地志》云："北岳有五别名，一曰兰台府，二

第卅六章 燕王喜飞蛾扑火 大赵国存亡之秋

曰列女宫,三曰华阳台,四曰紫台,五曰太一宫。"在秦国还有一个华阳夫人,是秦孝文王的夫人,在秦昭王四十二年(公元前265年)被赐封。《史记·白起王翦列传》和《汉书·冯奉世传》认为,冯亭因为"献上党",赵国封他为华阳君,然而《史记·赵世家》《史记·韩世家》《战国策·赵策》均未记载,按照常理推断,这样的大事应该记录在册,可是赵国给冯亭的封号没有出现在这些史书中,反而出现在白起的传记中,让人费解。况且冯亭推辞的封赏,是"以万户都三封太守",是三万户的封邑,而不是华阳君的封号。这个问题太复杂,姑且存疑,等待贤能之士来破解。

至此,可以清晰地看到,因为韩国上党郡的问题,不仅造成了韩国君臣阵营的撕裂,外交关系的破裂,而且造成了冯亭家族内部的撕裂。其中一支可以称为"留潞派"或者"归秦派",这一支的后代有秦始皇时代的冯毋择、冯去疾、冯劫,有汉武帝时代的冯奉世;另外一支可以称为"归赵派",这一支的后代有冯唐和其子冯遂(字王孙)。司马迁对冯遂的评价是"亦奇士,与余善",意思是说,冯王孙也是一个奇士,与司马迁关系比较好。

我们先来看看冯亭后代中"迁秦派"的主要人物。

冯毋择,秦朝将领,封武信侯。秦始皇二十八年曾经跟随秦始皇东巡,在琅琊(邪)刻石上就有武信侯冯毋择的名字。

冯去疾,《史记·秦始皇本纪》只记载为去疾,根据《汉书·冯奉世传》的记载,他也是冯亭之后,曾担任右丞相,而李斯为左丞相,当时秦相以左为尊。秦始皇出巡,他曾留守咸阳。秦二世二年,他和李斯、冯劫一起劝谏秦二世停建阿房宫、宽政爱民,结果被秦二世治罪,冯去疾自杀。

长平之战

◎冯亭及冯亭家族演变的简况

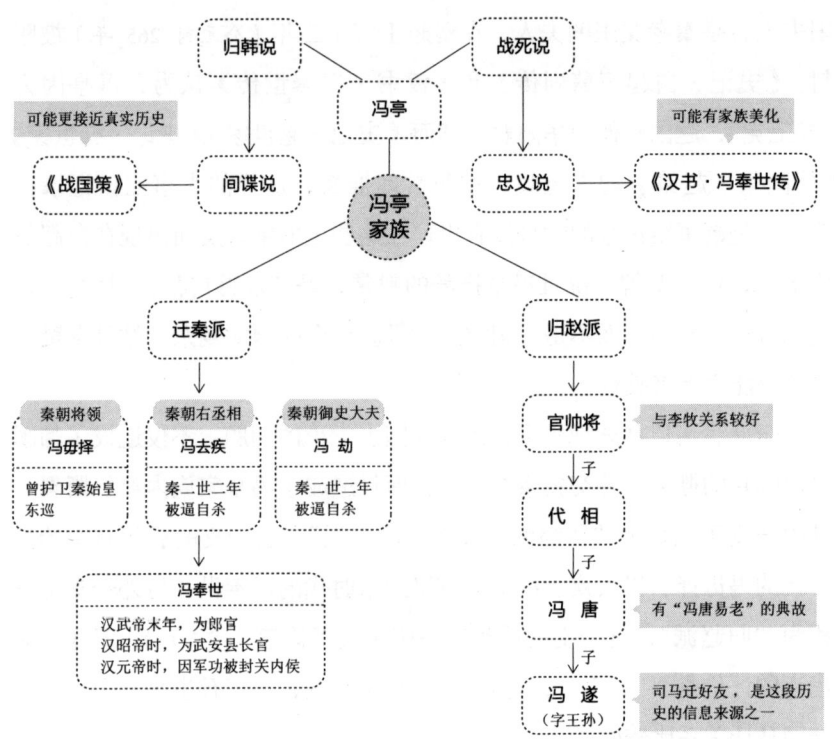

冯劫，秦始皇时担任御史大夫。秦始皇二十六年，与丞相王绾、廷尉李斯等共同为秦始皇研究帝号的问题，并参与制度建设。在秦二世二年时，因为劝谏秦二世，与冯去疾等一起被投入监狱，他认为"将相不辱"，于是自杀。

冯奉世，西汉将领，字子明，上党潞人。汉武帝末年成为郎官，汉昭帝时成为武安县长官。三十多岁时开始攻读《春秋》，又通晓兵法。在汉元帝时，以破西羌的军功，升为左将军光禄勋，赐爵关内侯，食邑五百户。

第卅六章　燕王喜飞蛾扑火　大赵国存亡之秋

再来看看冯亭后代中"归赵派"的主要人物。

冯唐，曾经当众批评汉文帝不善用人，并以云中守魏尚有功而被免职为例，指出汉文帝赏太轻、罚太重的过失，并且以李牧的案例，讲明将在外、君主要放权的道理。汉文帝醒悟了，于是派他为全权代表恢复魏尚的职位。汉景帝时，曾任楚相。到汉武帝时，他已经很老了，无法继续任职。

冯遂，字王孙，冯唐之子，西汉官吏，司马迁的挚友。汉武帝时征召贤良，郡县推举冯唐。但是此时冯唐已经九十多岁了，不能为官，于是任命冯遂为郎官。

冯亭献上党是否担负了什么秘密使命？因为史料缺乏，以下基本都是推测。在韩国内部进行战略决策的时候，应该出现了极大的意见分歧，大致有以下几种：第一，抵抗秦国，不过这个声音是极其微弱的。第二，把上党郡献给秦国。这是韩桓惠王的意见，也是韩国后来官方声明的内容。第三，把上党郡献给赵国。促成韩、赵联合，共同抗击秦国。第四，秘密接触赵国，如果赵国不接收韩国上党郡，再把上党郡献给秦国，还不算晚。但有一个原则，就是韩国发布公开声明时，口径一定是要把韩上党割让给秦国，因为已经和秦相范雎约定好了。秘密接触赵国的事情，就由上党郡郡守去做，万一事情败露，也可推说是上党郡郡守抗命，并不是韩国官方的决定。这样就给了韩国一个辗转腾挪的空间，不至于一下子被逼到死胡同。把上党献给赵国还是献给秦国的问题上，他们也应该权衡过，前文曾经略做分析。从韩国的现实条件看，把韩上党献给赵国，一定好过献给秦国，两害相权取其轻，如果把韩国上党交给秦国，就好比一个人的头顶紧挨着猛虎的血盆大口，随时可能被吞噬，而且这对于赵国也是极大的灾难，就好比一个人背部被顶上了一

长平之战

把利刃。虽然在韩国看来,赵国也非良善之辈,可是毕竟有老交情,而且秦强赵弱,赵国基于现实,会更重视与韩国的交好,以期共同抗击秦国。毕竟赵国军事实力强大,如果把整个上党郡变成"抗秦根据地",吸引秦国的火力,韩国就会相对安全,如果赵国击败秦国,那就更有想象空间了。可能这就是冯亭的秘密使命。然而,任何人都没有预料到,一次简单的领土争端问题,最后竟然演变成了两个国家的大决战。廉颇没想到自己会被这样不明不白地撤换,赵括没想到长平成为他的坟墓,赵国没有想到韩上党成为战争的导火索。秦国一开始也没有想到,可是他们随时准备着,这就叫机会留给有准备的人。随着战争的逐步升级,秦昭王不断进行国家动员,加强支持力度,如果赵国一直由廉颇担任主帅,秦国可能最后也就是知难而返、无功而退。可是反间计得手,赵括被秦国"运作"为赵军统帅,这让秦昭王、白起得到了最佳的战机。在秦昭王发起全国总动员、以大军包围赵军之前,他们肯定早做准备了。我认为应该是在赵括从邯郸往前线出发时,秦国就已经开始了秘密准备,国家进入一级战备,大军在各个集结点开始集结,交通工具的准备,后勤保障力量,运兵路线的优化,大军预计投放地点等的策划,早就应该进行了。所以,在白起一期战略目标实现后,秦昭王在后方能够迅速组织大军,投入预定战场。作为一个近百年来持续对外发动战争的国家,秦国应该具有这种高效的组织方式,否则,后备军不会如此迅速而准确地投入战场。而赵军的失败,速度之快、结局之惨烈,让所有人都始料未及,冯亭想要通过给赵国献地促成韩、赵联盟,更是永远不可能实现了。

关于冯亭,后来有人提出一种观点:把韩上党献给赵国就是冯亭自己的阴谋,甚至得到了秦国的授意,就是要对赵国进行目的明确的歼

第卅六章　燕王喜飞蛾扑火　大赵国存亡之秋

灭。如果这种假设成立，冯亭就是秦国的间谍，早就与秦国达成了某种秘密协议，但是这种观点缺少史料支撑，只是猜测。在长平之战之前，秦、赵之间除了阏与之战外，少有直接冲突，当时秦国的攻击目标锁定在楚、韩、魏。其实，秦国一直是非常尊重赵国这个老对手的，对其军事实力不敢小觑，也不敢轻易地挑起战端。秦、赵必有一场大战，长平之战只是让这种必然提前了。《冯亭献上党与赵国实为诈降辨》一文，对于冯亭献地的动机，论证得非常充分，作者论证冯亭"诈降"的证据中，有一条就是冯亭家族归属秦国的这一分支，后来出来那么多的将相、高官，如果不是冯氏家族有立功表现，是不可能的。秦国比较严格地实行军功授爵制度，没有建立军功，在秦国很难得到升迁。像张仪、范雎、李斯等人，虽然不是战将，可也都是纵横捭阖（bǎi hé，开合，指运用手段使联合或分化）之士，参与谋划并成功实施了多次的政治、外交和军事策略，才能坐稳相国的宝座。根据《商君书》，参与战役谋划的客卿，如果战争胜利，达到预期目标，那么即使没有亲身征战，也会获得奖赏，这是非常正确的，隐性功劳有时比显性功劳更大。虽然上文作者论据充分，但我还是偏向于认为冯亭在为韩国谋划。当然，冯亭身上还有很多疑点，第一，他坚决推辞赵国三万户的封赏，虽然有道义角度的考虑，也不排除他有更深的心思，比如，他深知这次向赵献地，对于赵国就是祸端。赵豹看到了这点，司马迁也认为平原君等人相信了"冯亭的邪说"，没有理性看待这个问题。第二，他这样做属于公开抗拒韩桓惠王的命令，但也有一种说法，他回到韩国之后，并没有受到韩王的处分。可见，他与韩王之间是存在某种默契的。

关于冯亭的结局，有两种说法：第一，归韩说。《战国策·赵策一·秦王谓公子他》中记载，"（冯亭）辞封而入韩，谓韩王曰：'赵闻韩不能守上党，今发兵已取之矣。'"这是说，冯亭推辞赵国的封赏之后，回到了韩国，对韩王说："赵国听说韩国不能守住上党，如今已经发兵接收了上党。"这也说明，平原君亲自去奖赏韩国上党郡军民的时候，也带着军队去接管。按这个说法，冯亭回到了韩国，没有归赵，没有投秦，也没有被韩国惩罚，让人疑惑。第二，战死说。支持这种说法的主要是《汉书·冯奉世传》，在其他史料中没有找到相应记载。如果说，冯亭最后是与赵括坚守，力战而死，那么他"联赵抗秦"就是真的，他是坚定的"抗秦派"，就没有诈降、阴谋一说。问题是，这种说法没有其他史料可供交叉印证，只是冯氏后人的一家之言，未必没有美化的嫌疑。如果真是这样，那么冯亭就是当之无愧的"国士"。至于是真是假，需要读者继续深入研究和思考。

司马迁对于长平之战的了解途径有哪几条？是不是靠谱呢？赵括纸上谈兵之说，就出于司马迁的记载、后人的总结，史笔如椽，把赵括一下子钉在了历史的耻辱柱上，两千多年都没有翻身。无数人想推翻司马迁的结论，给赵括翻案，可是也不容易。也有人说，司马迁是不是纸上谈兵，不理解赵括的战略战术，因此误解、曲解了他呢？这种可能性比较小，司马迁所记录的赵括应该是真实的赵括，原因如下：第一，司马迁生活的时代，距离长平之战比较近。长平之战发生在公元前262年，一说司马迁出生在公元前145年，两者相距一百一十七年，而且，《史记》创作是从他父亲司马谈就已经开始了，那么离长平之战更近。一说司马谈生于公元前190年，离长平之战爆发时只有七十二年。这样一场影响历史走向的大战役，司马谈不可能不早做研究。第二，司马谈、司马迁能看到许多如今已经失传了的史料。西汉向来非常重视历史传承，当时之人，更应该注意史料的收藏、收集、对比、研究，尤其是司马迁

第卅六章　燕王喜飞蛾扑火　大赵国存亡之秋

后来能看到西汉"国家档案馆"中的资料，他在信息采集上的权威性一定比现代人更强。第三，司马迁的史识、史才、史德，是公认的，"历史界一哥"不是自封的，他不会胡言乱语。第四，司马迁有很多获得口述历史的渠道。他与冯唐之子冯王孙关系较好，冯唐的爷爷就是李牧的同事，从这里得知的赵国历史，相对权威。而与白起一同被赐死的司马靳（《汉书》作司马蕲），是司马迁的六世祖，这种家族历史的传承，可以给他了解长平之战的权威的信息管道。第五，西汉为了避免走秦朝的老路，非常重视秦史研究，虽然出于现实政治的考量，不排除有刻意歪曲，但在史料的丰富性方面，比现代人有更优越的条件。

在此略议一下历史研究的方法。可以这样说，历史书上的记载，除了有考古证据强力支持的以外，都需要适度存疑。想要弄清楚历史的真相，没有那么容易；研究历史的真相，对于一个国家和组织进行决策是非常重要的。专业研究者，一定要坚持探明历史的真相。普通读者有时只关注人物性格，也很不错。研究历史，有时不需要标准答案，不需要非得分出好坏对错，这不是最重要的。在研究历史时，要研究大历史、大战略，然后再深入细节，深入历史的毛细血管之中，找到那些让人深感震撼的东西，大历史与小细节都要细细品味。可以把历史当成大餐，也可以当成小吃，各有风味，都是有益于身心的。而这个品味、研究的过程，对读书人最有意义。

第卅七章　经四代嬴政灭赵　难长久恃力者亡

秦昭王（公元前324年—公元前251年，公元前306年—公元前251年在位，在位五十六年，活了七十四岁，在当时是长寿明星），嬴姓，名稷，又称公子稷，秦武王同父异母弟弟。前期一直由母亲宣太后和舅舅魏冉执政。在秦昭王四十一年（公元前266年），听范雎之计策，夺宣太后权力，驱逐魏冉，以范雎为相，这才真正掌权。在位期间，以司马错、白起、王龁等为将，坚决执行东进战略，向南攻破楚国都城郢，势力推进至洞庭湖一带，夺取魏国河东地区。对韩国也取得了决定性胜利，占有大片土地，切断韩上党与本土的联系。参与乐毅发起的联军，击破齐国，在长平之战中大破赵军，他在许多重要的战略地带都设置了郡县，已经形成了对六国的压倒性优势，为秦始皇的统一铺平道路。可是他发动的邯郸之战非常不理智，可能他感觉时不我待，急于完成帝王大业，也可能是自从搬走了宣太后和魏冉两座大山，他才感觉到实现君王的意志非常快乐，因此不听白起的正确意见。这一战使得秦国失去了很多的

第卅七章　经四代嬴政灭赵　难长久恃力者亡

胜利果实。在他的孙子、秦始皇的父亲秦庄襄王在位时，秦庄襄王二年（公元前 248 年），秦派蒙骜攻赵，定太原；秦庄襄王三年（公元前 247 年），王龁攻取上党诸城，很可能这都是邯郸之战失败的恶果。上党郡在长平之战时已经到了秦国手里，如今再次争夺，肯定是情况有变。邯郸之战后，秦昭王就再没有特别的成绩了。从秦昭王的表现可见，秦国的君主好像都训练有素，意志特别坚定，这是非常神奇的一件事。

◎秦国的国家大战略与战略性工程

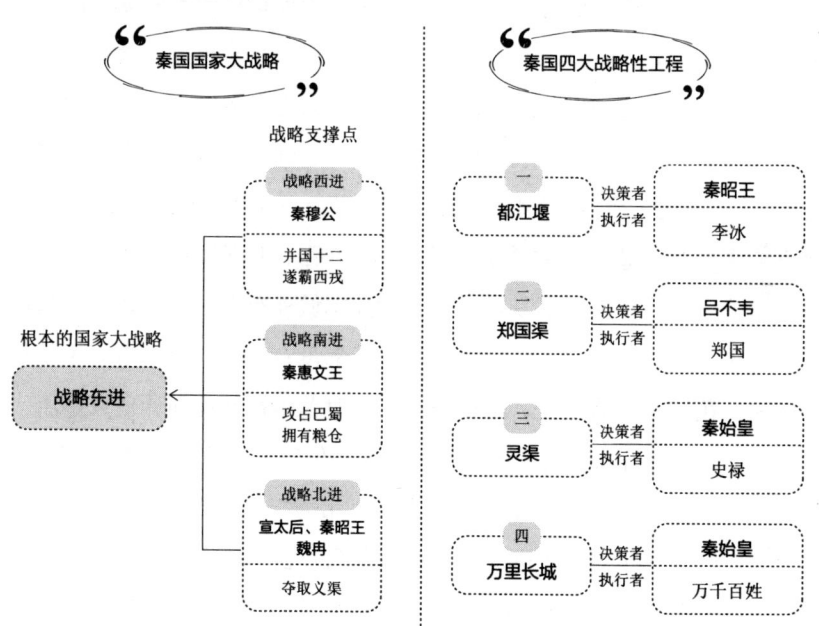

秦孝文王（公元前 303 年—公元前 250 年），嬴姓，名柱，一名式，秦昭王之次子，秦始皇之祖父，初封安国君。秦昭王太子去世两年之后，秦昭王四十二年（公元前 265 年），安国君被立为太子。秦昭王五十六年

长平之战

（公元前251年），秦昭王逝世，安国君继位。秦孝文王元年（公元前250年）十月改元，一说初四正式处理政事，仅仅在位三天，十月初六去世，享年约五十三岁，谥号孝文。

秦庄襄王（公元前278年—公元前247年），嬴姓，初名异人，又改名为子楚或楚。秦孝文王之庶子，秦始皇之父，也称秦庄王、秦襄王。秦孝文王有二十多个儿子，子楚显得无关紧要，于是被派到赵国当人质。邯郸之战时，子楚就在赵国邯郸，很可能长平之战时他也在，其处境可想而知。吕不韦认为他奇货可居，倾尽家财给他运作政治前途。吕老板拿出五百金给异人做日常开销和结交宾客之用，又拿出五百金到咸阳，走安国君正妻华阳夫人的门路，抓住华阳夫人无子的痛点，让子楚成为华阳夫人的嫡子，拥有了继承权。秦国攻打赵国比较急，根本不顾子楚的死活。《史记·吕不韦列传》记载："秦昭王五十年（公元前257年），使王龁围邯郸，急，赵欲杀子楚。"子楚和吕不韦商量后，花了六百斤金贿赂监守他的小吏，得以脱身，当时邯郸城外有秦国的军队，于是得以回到秦国。这次逃亡，子楚的老婆孩子都没有带走。吕不韦为了子楚的前途，花了这三笔大钱。比较一下，当时范雎行使反间计也只是用了一千金，吕老板确实富可敌国。秦庄襄王在位时间为公元前249年至公元前247年，大约三年，继位后任命吕不韦为相国，封文信侯，食邑洛阳十万户。并继续推行东进战略，命令蒙骜攻占韩国之成皋、荥阳，设置三川郡（黄河、洛水、伊水之间）；命令王龁攻取上党，蒙骜攻取榆次、狼孟等三十七城，设置太原郡；又命蒙骜攻魏，被信陵君组织五国联军打败。秦庄襄王三年（公元前247年）五月，他去世了，享年约三十一岁，儿子秦王嬴政继位。如果不是庄襄王早死，可能六国统一的大任就由他完成了，当然，这也是推测。如果他完成了统一，秦始皇可能不会

第卅七章 经四代嬴政灭赵 难长久恃力者亡

自以为前无古人后无来者,不一定会有那么多激进的政策,秦国的国运可能因此而改变。但是,庄襄王受吕不韦的影响太大,不一定有秦始皇那样坚强的意志。

秦王嬴政(公元前259年—公元前210年),嬴姓,赵氏,名政,通常称嬴政。实际上如果严格按照"女子称姓,男子称氏"的礼法,应称为赵政。其他称呼还有秦王政、秦王嬴政、秦始皇、始皇帝、秦皇帝、祖龙等,大名鼎鼎,妇孺皆知。他出生于秦昭王四十八年正月即公元前259年,这时长平之战正式结束。秦昭王五十年,子楚离开赵国时,嬴政和母亲被留在了邯郸。关于他的父亲是谁,一直是个历史谜团,如果不能找到秦始皇、吕不韦和秦庄襄王的尸骨检测基因,这个谜团是永远解不开的。这事当一个八卦故事听听即可,他是谁的儿子不重要,关键是他有什么功过得失。不光他父亲是谁一直争论不休,他母亲的情况也撕扯不清。在《史记·吕不韦列传》里,就有互相矛盾的记载,先是说吕不韦娶了一个"邯郸诸姬绝好善舞者",就是娶了一个美貌而又舞技高超的邯郸女子,明知道她怀孕,却在子楚的请求下迫不得已送给了子楚,最后生下嬴政。后文又说子楚逃跑之后,"赵欲杀子楚妻子,子楚夫人赵豪家女也,得匿,以故母子竟得活"。是说,赵国想要杀了子楚的夫人和儿子,而子楚夫人本来是赵国一户豪富人家的女儿,就跑到娘家藏了起来,最后母子俩得以脱险。在秦昭王五十六年(公元前251年),秦昭王去世,安国君成为秦王,华阳夫人成为王后,子楚成为太子,此时,"赵亦奉子楚夫人及子政归秦"。这也说得非常明白,子楚夫人是赵国豪富人家的女儿,受到娘家的庇护,才得以脱险。应是两种说法并存,司马迁同时记录下来,给后人留下了很大的争议空间。秦始皇回咸阳时大概才十一岁,相当于小学生,但是他的童年一定过得不算愉

长平之战

快,只是我们不知道更多的细节了。从心理分析角度,也许可知他后来的一些决策为什么那么匪夷所思。他肯定是尝尽了人间的艰苦。客居敌国,日子不好过,但往往只有吃过苦的人才能做成大事。如果生来富贵,还能不能成为后来的秦始皇,就不得而知了。秦王嬴政亲政以后,更是坚决执行东进战略,这是前文一再提及的,秦国国家战略的稳定性非常让人佩服。如果从公元前359年算起,到公元前221年完成统一,东进战略推行了将近一百四十年。当时秦始皇左手拿着钱,右手拿着刀剑,六国权臣能用钱收买的就收买,像赵国的郭开、齐国的后胜,都已经成了秦国的间谍;不能收买的就武力解决。从秦王政十七年(公元前230年)灭韩算起,到秦王嬴政二十六年(公元前221年),秦王用十年时间统一全国,创立了中国历史上第一个大一统的中央集权国家。有一个细节交代一下,《史记·秦始皇本纪》记载:"秦王之邯郸,诸尝与王生赵时母家有仇怨,皆阬之。"阬同"坑",指活埋。这句话意思是说,王翦在秦王嬴政十九年(公元前228年)攻破邯郸后,秦王嬴政以胜利者的姿态来到邯郸,把当初在赵国与他外祖父家有仇怨的人都活埋了。他的嗜杀成性,从这个事件中就能看出来,其他事情在《秦史之谜》中详述。这些事与长平之战和邯郸之战有关,稍微提一下。

再说说秦将王陵和王龁。秦昭王四十八年,王陵为五大夫(二十等爵第九级),带兵攻打赵国邯郸。次年,秦昭王又发兵救援,因作战不顺利被免职,由王龁代替他。王龁在秦昭王四十五年(公元前262年),以左庶长(二十等爵第十级)的身份率军攻韩国上党郡。在长平之战前期担任指挥官,与廉颇对峙,后来白起领军,他作为白起的副手参与指挥。击溃赵括兵团后,率兵攻打赵之皮牢,拔之。秦昭王四十九年,五大夫王陵攻打赵之邯郸,战不善,被罢免,由王龁代为领兵。秦庄襄王三年

第卅七章　经四代嬴政灭赵　难长久恃力者亡

（公元前247年），王龁又领兵攻下上党。他于秦王政三年去世。

最后说一下司马靳，司马错的孙子，是司马迁的远祖。白起在杜邮被逼自杀，与他同时被赐死的还有司马靳。司马靳参与了长平之战，很可能也参与了对赵军的坑杀，也应该是白起的嫡系。这是司马迁获得长平之战信息的一条可靠渠道。

第卅八章　力道强上下同欲　谋略胜知己知彼

长平之战和邯郸之战可以验证《孙子兵法》许多用兵原则，在这里，我们用《孙子兵法·谋攻篇》中的几个观点来分析这两场战争的得与失。

《孙子兵法·谋攻篇》："故君之所以患于军者三：不知军之不可以进而谓之进，不知军之不可以退而谓之退，是谓縻（mí，拴住、捆住）军；不知三军之事而同三军之政，则军士惑矣；不知三军之权而同三军之任，则军士疑矣。三军既惑且疑，则诸侯之难至矣，是谓乱军引胜。"縻军，束缚军队的手脚。羁縻，羁，马笼头；縻，一般指牛缰绳。羁和縻都是控制牛马的装置，引申为笼络控制。"同"指统摄，这里引申为干预、指挥。任，指挥。这段话说的是，国君危害军队作战的情况有三种：不了解军队不能前进，却下令军队前进，不了解军队不能后退，却下令军队后退，这就叫束缚军队；不了解军队的内部事务却干涉军队的管理，就会使将士迷惑；不懂得军事上的权变谋略，却要干涉

第卅八章　力道强上下同欲　谋略胜知己知彼

军队的指挥，就会使将士产生疑虑。军队既迷惑又疑虑，那么诸侯趁乱进犯的灾难也就随之降临了。这就是自乱阵脚，坐失胜利。

为什么国君犯了这三条忌讳就一定会打败仗？为什么这样做会让将士产生疑虑和迷惑？理由如下：第一，不听国君的吧，他是老板；听国君的吧，他的指挥又是错的，因此将士会疑惑。第二，如果指挥官意志薄弱，他就会沦为国君的传声筒，就很难取得将士的信赖，指挥官的权威将受到严重削弱。第三，上了前线，所有士兵的命都掌握在指挥官手里，如果他受国君干扰，不能当机立断，所有人都可能陷入危机。第四，如果是意志坚强的指挥官，可以"将在外君命有所不受"，但是他要承受巨大的压力，比如赵孝成王数次责备廉颇还可能会引起国君的忌恨和猜疑，认为军队水泼不进、针扎不透，怕指挥官权威过大，引起军队哗变。总之，这个情况可以用六个字概括，"外行指导内行"。还是让专业的人做专业的事，让专业的人做专业的判断吧。

《孙子兵法·谋攻篇》："故知胜有五：知可以战与不可以战者胜，识众寡之用者胜，上下同欲者胜，以虞待不虞者胜，将能而君不御者胜。此五者，知胜之道也。"

第一条，知可以战与不可以战者胜。廉颇知道不可以与秦军打速决战，赵括不知道；白起知道在没有战机的情况下打攻坚战是不可能胜利的，秦昭王不知道。

第二条，识众寡之用者胜。这个问题前文谈过，就是要根据敌我兵力对比，使用不同的战法，军力对比不同，需要采用不同的战法，是围困敌人，攻击敌人，还是三十六计走为上，都要具体情况具体分析。在秦赵军力大致相等的情况下，廉颇知道不可以战，因为战斗力是不一样的，秦军在军力1∶1的情况下也比赵军单兵作战能力强。而在还击

长平之战

◎ "知胜有五"的正反面案例

内容	正面案例	反面案例
知可以战与不可以战者胜	• 燕赵大战的乐间 • 长平之战的廉颇 • 邯郸之战的白起	• 长平之战的赵王与赵括 • 邯郸之战的秦昭王
识众寡之用者胜	• 长平之战前期的廉颇 • 伊阙之战的白起 • 鄢郢之战的白起 • 长平之战的白起 • 伐楚战役的王翦	• 对匈奴作战时替代李牧的赵国主帅 • 燕赵大战的燕王喜和栗腹 • 伐楚战役的李信
上下同欲者胜	• 城濮之战的晋文公团队 • 长平之战的秦国 • 邯郸之战的赵国 • 燕赵大战的赵国	• 城濮之战的楚国 • 长平之战的赵国 • 邯郸之战的秦国 • 伊阙之战的韩魏联军 • 鄢郢之战的楚国
以虞待不虞者胜	• 长平之战前期廉颇的三条防线 • 长平之战后期白起的诱敌计划 • 邯郸之战前赵国的积极准备	• 长平之战,赵括贸然发动速决战 • 后胜领导下不修战备的齐国
将能而君不御者胜	• 邯郸之战前历次战役中的秦昭王与白起 • 伐楚战役中认识到错误的秦始皇与王翦 • 伐中山时用人不疑的魏文侯与乐羊	• 长平之战中的赵孝成王与廉颇 • 对匈奴作战中没认识到错误的赵王与李牧

燕国时,赵国在军力 1∶4、1∶5 的情况下也敢主动出击,并击败对手。在鄢郢之战中,白起只带了几万秦军,就可以横行楚国,因为他看到了楚国的弱点,知道自己虽然兵少但可用。在伊阙之战中,他以 1∶2 的兵力对抗韩魏联军,他看到了韩、魏的破绽,认为可以主动出击,使用疑兵之计,各个击破。伐楚时,李信认为只需要二十万人就可以,但是王翦说少于六十万人不行。在李牧对匈奴的战斗中,他在自家实力强

第卅八章 力道强上下同欲 谋略胜知己知彼

大之前,不动匈奴,宁可背着不抵抗将军的帽子,一旦战车、战马、骑兵、勇士、粮草都准备完全,一次就能消灭掉匈奴的十万精锐。名将用兵,一定是具体问题具体分析的,一定比我们这些纸上谈兵的人更加高明。

第三条,上下同欲者胜。这一条尤其重要,君臣的战略思想、意愿、目标都一致,主将和副将一致,谋臣和将领一致,将领和士兵一致,这样才能打胜仗。如果一个想往南走,一个想往北走,就是不可调和的矛盾;如果一个往东北走,一个往西北走,可以求同存异,转向正北。长平之战前后,秦国君臣和、将相和、将将和、战略合,伐谋、伐交、伐兵、反间、诱敌、包围、歼敌,一气呵成。再看邯郸之战前后秦国的情况:君臣不和,秦昭王和白起有矛盾;将相不和,范雎和白起有矛盾;战略目标也不相同。看长平之战前后,赵国的战略战术一片混乱:在是否接收韩上党问题上,赵豹和赵王、平原君意见不同;在是否讲和以及用何种方式讲和上,君臣意见不同;在廉颇战法的问题上,君臣矛盾极大;在领兵的人选问题上,君臣分歧极大;赵括来到前线之后,在以逸待劳、后发制人,还是主动出击、寻敌决战的问题上,与廉颇以及廉颇的下属,一定发生过激烈的争论。到了邯郸之战时,赵国的情况正好与秦国相反:君臣目标一致,不抱讲和的幻想,誓死抵抗;军民目标一致,男女老幼齐上阵,哪怕易子而食也要坚守城池;在是否合纵抗秦问题上,上下目标一致,使用一切手段寻求魏、楚的支持;官民目标一致,平原君带头散尽家财,把妻妾家人都编入军中;军人目标一致,哪怕玉石俱焚,也要和秦军血战到底,这才有李同领导的敢死队击退秦军三十里的壮举。民不畏死,奈何以死惧之?真正实现了"上下同欲",而不是"表面和谐",所有人的智慧、力量都朝着一个方向,砸在同一个点上，哪怕是金刚石都要被击得粉碎。"上下同欲"的实现途径比较多，秦国是依靠严格的军纪法律实现的，赵国是通过哀兵必胜实现的。

第四条，以虞待不虞者胜。虞，戒备、准备。《孙子兵法·九变篇》有一句话："故用兵之法，无恃其不来，恃吾有以待也；无恃其不攻，恃吾有所不可攻也。"恃，依赖、凭仗。不要寄希望于敌人不来，而要自己做好准备；不要寄希望于敌人不进攻，而要拥有使敌人无法进攻的强大实力。这就是一种"以虞待不虞"，我不管敌人来不来，我先准备好，先做最坏的打算，先把自己变得强大，至少有充分的准备。因此，廉颇在匆忙之间能够筑起三道防线，这就是久经战阵的将军才有的专业素养；因此，白起在实施诱敌计策之前，已经有了让赵括前进不得、后退不得、粮食不得、救援不得的办法；因此，在长平之战后，赵国已经充分估计到秦国还会进攻，早早地就把邯郸作为预定战场，坚壁清野、全民皆兵、储备军需、寻找外援，做了一系列准备。白起看到了，认为此时进攻邯郸时机不对，如果长平之战一结束马上进攻邯郸，让赵国防不胜防，无力设防，才可能成功。这些都是典型的"以虞待不虞"。反之，赵孝成王只考虑到接收上党郡的好处，没有充分估计到与秦国的冲突升级，而赵括在主动出击之时，并没有认识到粮道被切断所产生的严重后果，这都是以己方之不虞等待做好充分准备的敌人，焉能不败？

第五条，将能而君不御者胜。长平之战中，秦国之所以取胜，和国君对前线指挥官的全力支持是分不开的。在王龁与廉颇进行战略相持时，廉颇后勤的压力极大，王龁的压力也不会小，而秦国的补给线更长。虽然秦国有钱有粮，可是这种巨大的消耗，对于秦昭王的意志也是

第卅八章 力道强上下同欲 谋略胜知己知彼

巨大的考验,可以确认的是,秦昭王坚决要打,因此不惜代价,一直在支持王龁。等到白起取代王龁之后,秦王更是全力支持,要钱、要粮、要武器、要人,一定满足。当出现了更大的战机时,秦昭王更是赐百姓爵位一级,倾全国之兵,不达目的誓不罢休。即便邯郸之战是个错误的战略决策,可是此时,秦昭王对于前线指挥官的支持力度依然比较大。王陵刚开始不顺利,增兵支援也不行,就派王龁继续发动进攻。而赵孝成王在长平之战时对廉颇的前线指挥,干扰是非常严重的,以至于最后用赵括替代他。李牧抗击匈奴时干扰指挥的也是他,多亏那次损失不严重,事后有机会调整,否则又是第二个长平之战。

《孙子兵法·谋攻篇》:"故曰:知彼知己者,百战不殆;不知彼而知己,一胜一负;不知彼不知己,每战必殆。"这几句话耳熟能详,谁都能挂在嘴边,可真正做得到的人相当少。人是主观的,想要真正冷静、客观地分析事情是非常难的。平常人可以主观、随意,但管理者不可以,将领尤其不可以,你一主观主义,就得流血、死人、吃败仗,不流自己的血,就流士兵的血,流干了士兵的血,接着就得流自己的血。一般不知彼不知己,是由以下情况造成的:第一,不承认敌强我弱,认为承认自己弱于敌人就已经败了,战略上藐视敌人,这样做可以,但战术上也藐视敌人,就是取死之道。第二,承认敌强我弱,但是走到了另外一个极端,不但战略上害怕敌人,战术上同样害怕敌人,没有发现自己的优势。第三,为了鼓舞士气,盲目夸大自己的实力,贬低敌人的能力,战前动员这么做可以,如果指挥官自己也相信了,那就离败仗不远了。第四,对自己的弱点、缺点、错误视而不见,或者轻描淡写,寄希望于不被敌人发现,侥幸成功了,就变得更加盲目,如果战争是连续发生的,就不会一直如此幸运了,这叫机会主义。第五,对自己和敌人的

长平之战

细节知道得太少,看似不经意的细节,往往会对战略战术的制定起到非常关键的作用,情报工作极其重要。司马懿通过与蜀汉使者的一番谈话,知道诸葛亮"食少事繁",便断定战争难以持久。城濮之战中,晋国对楚国的情况好像了解得一清二楚。长平之战中,秦国对赵国的情况也了解得非常清楚。他们知道赵孝成王对廉颇极度不满,知道谁能影响赵王的判断;知道赵括的历史与近况,了解赵国的经济和后勤;知道赵括将要采取的新战法,了解赵括与廉颇的理念差异及赵国的粮道。因此,秦国最后采取的手段都是非常有针对性的。就好比白起对楚国的鄢郢之战和对韩、魏的伊阙大战,他已经把楚国内部的腐败、士兵没有战意以及韩魏互相猜忌的情况,都了解得一清二楚。白起说,自己也没有那么神,不会神机妙算,取胜全在于知己知彼。因此他敢带几万秦军深入楚国腹地,攻破楚国都城;他敢于设置疑兵,以便对韩、魏各个击破。长平之战初期,廉颇也基于知己知彼确定战法;秦昭王打邯郸之战,只能做到知己不知彼,而赵括可能既不知己,更不知彼。

第卅九章　真统帅多谋善断　大将军文武双全

让我们来评价一下赵括：他的勇敢究竟有没有意义？

轻易评价古人，有时反而会显得评论者轻佻，有很多自认为是君子的人，把不背后评论人当成人生信条。这是好习惯，但也算不上美德。嘴上不评论心里评论，算不算评论人？比较自己与别人的优劣，算不算评论人？孔子说，"见贤思齐焉，见不贤而内自省也"，何为贤何为不贤，这算不算一种评论？谁人背后无人论，谁人背后不论人？所以评论不评论不是主要的，评论是否客观才是重点。背后恶意评论，扭曲事实，不应该，但理性评论又有什么不对呢？

历史从某种程度上说，是一种"马后炮"哲学。但话又说回来，评论得失成败，本来就是历史研究最大的责任和义务。如果不从历史人物、历史事件中吸取有益的教训，不从历史的沉淀中传承优秀文化，还研究历史干什么？岂不是浪费时间？世上有多少有意义的事情值得做，为什么非得在故纸堆里消耗生命？为什么要研究历史？因为只靠自己流

长平之战

血流汗来换取经验教训，愚蠢至极，而且现实中没有那么多犯错的机会。研究历史，就是用别人和古人流的血，让今人警醒。研究历史就是为了展望未来，它预测不了未来，但是可以对未来进行预判，让今人，不论国家、组织还是个人，都能够举一反三。古人证明过那是一个陷阱，今人就不要跳下去了。非常悲哀的是：第一等人，吃一堑长百智；第二等人，吃一堑长一智；第三等人，吃十堑长一智；第四等人，吃百堑不长智。能够吃一堑长一智已经是非常了不起的了。有时研究历史，比较分析十个案例，寻找其共性和特殊性，最后可能只得到一句话，那这一句话就值钱了。

赵括最大的悲哀在于，他这次失败太大，永远没有机会翻盘了。我们站在赵括的肩膀上继续反思，如果我们做到了"赵括吃一堑，后人长百智"，那么赵括的牺牲意义非常大，四十五万赵军的血也算没有白流。长平之战给当时的赵国人造成巨大的创伤，对于后人，则是非常重要的精神财富，掰开了，揉碎了，分析它，研究它，反思它，不让中国人再流那么多的血，不让组织再遭受这样不可挽回的失败，不让个人走上不归路，所有这些，难道没有意义吗？因此，我们必须认真评论赵括。

有些给赵括翻案的人认为，赵括有才能，没问题；勇敢，没问题；最后死在了冲锋的路上，是面向敌人的弓箭被射死的，是个英雄，不是狗熊。这是很多人的论点。是，这证明了赵括的勇敢，我没有异议。然而，还需要分析一下勇敢的意义。如果赵括是一个士兵，是一个连排长，那么他的死非常伟大，非常壮烈，应该授予他"赵国一级战斗英雄"勋章。可他不是，他是赵军统帅。统帅是干什么的？是想办法，找出路、做决断的人；是团结三军，把将士的威力发挥到最大的人；是整

第卅九章　真统帅多谋善断　大将军文武双全

个军队的大脑和灵魂；是运筹帷幄之中、决胜千里之外的人。冲锋陷阵是赵军连排长的工作职责，不是赵括的职责，他最应该掌握的是部队的思想，而不是弓弩的使用。一支军队，如果连统帅都拿起刀枪上前线了，说明已经到了崩溃的边缘。任何一个组织，高层重在谋划，底层重在执行，中层介于想和做之间，起联结作用。当赵括做起了中层、底层的工作，哪怕他是勇敢的，这种勇敢对于整个组织也没有意义，甚至是灾难。他的悲壮末路体现的是毫无办法、困兽犹斗，不能因此翻案。

有些给赵括翻案的人认为，赵括贪财、买地、搞房地产，只是为了取信于赵孝成王而采取的一种自污行为，他们举出王翦在灭楚战役时，路上一再给秦始皇写信要求物质利益的案例，认为赵括这样做和王翦是一样的。王翦当时掌握了六十万军队，赵括也掌握了四十万军队，王翦怕君主不相信自己，才会做如此低端的事情。可王翦纯粹是做样子，他的主要精力都放在如何打胜仗上。按照赵母的意思，赵括并没有像父亲赵奢那样，一旦接受任务就不再过问家事，而是没事就去买房置地。王翦和赵奢征战半生，对于军旅之事异常熟悉，而赵括没有实战经验，既然肩负着这样关系国运的重责大任，他就不该搞这些形式主义，应该抓紧时间熟悉各方面的情况，而不是摆出一种游刃有余、胸有成竹的样子。用这个论点来给赵括翻案也站不住脚。

那么赵括他究竟是什么类型的人才？有没有可能成功？

历史记载不一定是历史的真相，如果只看有限的史料，赵括似乎是一个理论型人才，赵括与父亲赵奢辩论，赵奢都不能让他信服，他锋芒毕露，听不进不同建议。赵奢是赵国公认的"抗秦英雄"，有理论有实战，赵括应该以父亲为偶像，他能复制赵奢就已经是成功了，可是根据有限的史料来看，他好像连自己的父亲都未必真正信服，他相信自己才是创造历史的伟大人物。

  如果不是在长平之战中仓促上阵,那么假以时日,赵括可能是一个非常杰出的将领,但长平之战对他来说最大的弊端是,他空降为统帅,根本没有把理论运用于实践进行检验的机会。人才固然可以破格提拔,从士兵直接提拔到排长,从排长直接提拔到团长,直接从团长提拔到师长,可是如果直接从团长提拔到总司令,这样的任命叫用人魄力大吗?不是。这是赌博、冒险。总司令的能力和权威是打出来,不是靠任命获得的。

第卌章　孝成王祸首罪魁　屈不屈四评赵括

那么，长平之战大败，赵括和赵孝成王谁才是罪魁祸首？

赵孝成王提拔赵括算不算是破格任用人才？不算。这完全是冒险和赌博。有人会说，你这就是以成败论英雄，如果这次战役成功了，你是不是就会说赵王有用人魄力？如果这次成功了，如果赵王和赵括都不能认识到真正的自己，可能还有更大的失败等在前面，只能说这次赌赢了。好比拿两块钱中了五百万大奖。这样的情况，可能几百年遇不到一次，如果认为下一个两块钱也能中五百万大奖，就和守株待兔的那个农夫一样。

还有人说，汉高祖刘邦（当时为汉王）任命韩信为大将军，是不是破格使用？是。有冒险和赌博的成分，但也有合理的成分。刘邦任命韩信与赵王任命赵括，有一个最大的不同，就是推荐人的问题。刘邦等人都是凡夫俗子，但是萧何是当时一等一的人才，这应该没有异议。一等一的人才，看另外一个人是一等一的人才，叫人生段位相近。所以萧何能

长平之战

够看懂韩信,于是才有了那句"吾为公以为将"。看在萧何的面子上,刘邦决定任命韩信为将军。萧何说,他要做就得做大将军,给个将军留不住他。正是萧何如此鼎力支持,韩信后来才大放异彩。可赵括的推荐人是谁呢?是被秦国收买的间谍。谁反对赵括当大将军呢?蔺相如、赵奢、赵母。廉颇不用问,也是反对的。蔺相如、廉颇、赵奢是赵惠文王时代的"赵国三巨头",而赵奢还是赵括的父亲,三个人都不认为赵括能担任大将军,和萧何鼎力推荐韩信是完全不一样的。还有一个不同,就是刘邦虽然任命韩信为大将军,却没有直接派他去寻找项羽主力进行决战,而是明修栈道,暗度陈仓,先平定三秦,打外围战,最后才挑战项羽。可是,赵括上来就是指挥四十万大军试图和秦军主力决战,是彻彻底底的赌博和冒险。

有人说,刘备任命诸葛亮时,诸葛亮也没有任何政绩、战绩,是不是破格提拔?是。有冒险和赌博的成分,也有合理的成分。诸葛亮刚开始的工作主要是策划、管理,并没有直接带兵,直接带兵都是刘备去世以后的事情了。而且诸葛亮是全能人才,善于管理军事,他做蜀汉军队的总政委、总后勤部长、总参谋长,都是够格的。而任命赵括是为了做什么?是带领四十万大军与秦军主力打速决战,要在最快的时间内见分晓。可能赵括都没有来得及熟悉前线上赵军和秦军的情况,就贸然执行了赵王速战速决的命令。这种情况和刘备任命诸葛亮也完全不一样。

赵括有没有可能是一个被曲解的军事天才?有可能,但是他运气不好。天才是天生的,人才是教育、培养和实战出来的。白起、李牧、韩信无疑都是军事天才,是所谓的常胜将军。白起从秦昭王十三年进入历史记录,到秦昭王五十年自杀,不算这之前的经历,就有三十七年军龄,李牧也有大概三十多年的军龄,韩信的军龄短一些是因为过早被

第卅章 孝成王祸首罪魁 屈不屈四评赵括

杀。白起没有战败的记录,李牧大仗也没有战败的记录,韩信更是横扫千军。这样的人都是军事天才。军事天才一般有这样几个特征:第一,爱打。天生就爱打仗,从军事地图上能看出真山真水来,赵括无疑符合这一条。第二,敢打。就是勇敢,敢于战斗,赵括也勇敢,不是懦夫。第三,善打。这是军事素质和战术素养的问题,能够使用疑兵,能够当机立断,能够合理使用兵力,能够发现敌人弱点等等,白起、李牧、韩信都没有问题,从赵括身上没有看到。第四,打赢。既然是军事天才,一定要用胜利和勋章来证明,不能说常败将军是军事天才。而赵括只有长平之战这一次机会。第五,幸运。如果前四条都有,还一定要幸运,如果不幸运,刚上战场就被乱箭射死,那再天才也没有用。白起、李牧从军几十年,都能活下来,除了军事指挥能力超群外,也是非常幸运的。在这个问题上,赵括不是一个幸运的人,他刚一上来就对阵战国头号军事天才白起。哪怕他是天才,也没有机会展示了。

赵孝成王应该为四十五万赵军被杀负主要责任,赵括也难辞其咎,负次要责任。管理一个国家是最高级的艺术,在长平之战时,赵孝成王一定没有掌握这门艺术,他刚过实习阶段。从他的经历来看,他也肯定不是一个政治天才,看他能在邯郸之战时坚守,充其量算一个政治人才。他和赵括应该在段位上比较相近,所以才会相谈甚欢,一个没有政治经验,一个没有军事经验,可是在如何打败秦军的问题上,都各有心得,还可能"英雄所见略同"。赵王任命赵括为大将军,一定有附加条件,就是要改变廉颇的保守战法,主动寻找敌人主力,速战速决。赵括也一定认为自己有把握打败秦军,他不能明知道会失败、会死,还接受这个任命。即便赵括不是纸上谈兵,也是没有自知之明。结果这个任命坑了赵国,坑了赵括,更坑了赵军四十五万将士。

长平之战

如果赵王把赵括破格提拔为"赵国军事研究院院长",或者"赵国陆军总参谋部参谋长",虽然也未必合适,那也要有丰富的实战经验做支撑。可如果是这样的任命,即便有错,也有改过的机会。如果赵括的方案不符合实际,前线指挥官可以废止,或者作出一些改动,不会照本宣科。或者可以把没有军龄的赵括破格任命为都尉、校尉,担任旅团级军事长官,让他在实战中成长起来。有人说麦丘之战赵括如何神勇,那是瞎编的。当一个人不专业的时候,要么不敢作出专业的决断,要么选择冒险、赌博。军事有极强的专业性,能在这个领域毕业的人,用战果交上"毕业论文"的人,都非常了不起。如果没有军事专业素养,还要作出专业判断,要么是蒙的,要么就是冒险主义。赵孝成王任用赵括是冒险和赌博,赵括主动出击依然是冒险和赌博,最后就只能把赵国将士的命放到赌桌上。赵孝成王负主要责任,赵括负次要责任,这个责任划分应该没有问题。

那么,赵括成了纸上谈兵的代言人,对不对?冤不冤?

胜败乃兵家常事,这里的失败一定是战术的失败,不是战略的失败。如果是战略的失败,就不能是常事,一次就完蛋了。胜败乃兵家常事,一定是指一场战争,假设它包含十场战役,十场战役又包含一百场战斗。几次战斗失败了,都是兵家常事,但是如果一场决定性的战役失败,一次失败就可能造成崩溃。城濮之战、长平之战、巨鹿之战、垓下之战、官渡之战、赤壁之战、夷陵之战、淝水之战等,都是战略决战,失败的一方要么身死,要么消亡,要么一蹶不振,这时就不能轻易用胜败乃兵家常事来安慰自己。人的一生中,有时可能只有一次进行战略决战的机会,不能不慎重。失败就是失败,感性上可以用失败是成功之母这句话安慰自己,但是理性上如果也如此安慰自己,那么无数次的相同

第卅章　孝成王祸首罪魁　屈不屈四评赵括

失败还会等在前方。战争是最高级的智力对决，是国家大战略的对决，是勇气和军事技术的对决，是军事统帅的判断力和实战能力的对决。

赵括死得挺冤枉，他死于自己的名气、不服输和欲望。有人说，是因为廉颇的班底与赵括矛盾很深，大本营中的赵军没有全力救助。有人说，赵括带出去的部队不多，因此在被包围之后，没有能力冲出包围圈，是被留守大本营中的赵军将领给出卖了。这些都是假设，在没有足够的证据推翻《史记》的记述之前，想给赵括翻案不是那么容易的。参与白起指挥长平之战的司马靳，正是司马迁的六世祖，当时的人非常重视家学传承，对于长平之战的基本记述应该是正确的。《史记·太史公自序》中记载："错孙靳（司马错孙子司马靳），事武安君白起……靳与武安君阬赵长平军，还而与之俱赐死杜邮，葬于华池。"司马错的孙子为司马靳，司马靳的孙子为司马昌，司马昌之子为司马无泽，司马无泽之子为司马喜，司马喜之子为司马谈，司马谈之子为司马迁。这样算起来，司马靳是司马迁的六世祖，司马错是司马迁的八世祖，司马迁家有口述历史和家族历史代代相传，应该知道一定的内幕消息。赵括应该是带领主力出击，然后被围，被切断粮道。有人认为，四十万大军被围，断粮四十六天不太现实，应该是少部分军队被围，而且战斗非常英勇，只是大本营的赵军没有全力出击，造成了失败。目前看，这都是推测。

如果赵括不死，又能痛定思痛，从根本上认识自己的错误，也许他会成为一代名将，可惜他的错误犯得太大了，没了翻盘的机会。完全不犯错误的人恐怕只有死人，犯错误很少的人也可能实践就少，畏首畏尾的人可能很少犯错误，这不是我探讨的问题。勇于实践的人，肯定要犯错误，但是千万不要犯不可弥补的错误。既然错误不可避免，那么怎样才能少犯错误呢？人要善于总结自身的失误，因为这是具有特殊性的失误，有利于以小见大、举一反三，但是我们不能局限于自己的失败，还要总结历史教训，更要总结身边人的教训。不这样就无法在勇于实践的同时少走弯路。社会是由人组成的，事情是由人办的，所以很多事最后都归结到人本身，谈到人就避不开人性和具体的性格。有人说，性格决定命运，想要改变命运，只有改变性格，而这件事无疑是相当艰巨的任务。研究别人的成功，可以，但意义不大，研究别人的失败最有价值。从《曾国藩家书》里看不出曾国藩是如何成功的，真正成功的秘诀往往秘不示人。但是失败，一般会有多个角度的记录、多个参与者，往往能找到失败的密码。有时，不要给年轻人讲道理，他自己流血流泪之后，自然就成长了，有大把时间犯错，可是成年人，流血流不起了，回顾历史，多研究几个大败局，等于是找到了非常棒的人生导师。

每个人的人生都独一无二，别人的人生、历史人物的人生，都只能作为参考，但是这种参考非常有意义，很多时候，别人、古人犯下的错误，对于我们个人是有巨大的教育、参照、学习或警醒的意义。如果你不学习其优秀之处，不避免类似的失败，自己一样会遭殃的。因此，在研究历史人物和历史事件时，要把侧重点放在历史人物或事件特有的问题上，这里面的利弊得失，最有价值。我们现在用上帝视角来看历史比较容易，可是对于历史人物来说，他们的未来是未知的，一如我们看自己的未来。在他们进行政治、军事、文化活动时，会经历什么，如何应对，遇到问题如何调整，这对今人也非常有价值。在这个层面上古人和我们一样，看不清未来，既有对未来的向往，也有对未来的恐惧。这也就是我们有时会对历史人物产生同情的原因，因为我们也会犯错。研究成功有时意义不大，真正成功的人物，能记载下来的事都是冰山一角，

第卅章　孝成王祸首罪魁　屈不屈四评赵括

九牛一毛，而且有很多都是绝对私密，外人难知的。可是错误一般会信息公开，很难被掩盖。能够在历史上留名的人，一定做过非同一般的事业，一定会有独一无二的错误，因为未知，摸着石头过河，有时是新司机走新路，犯错也正常。这时就要分析，这种错误，一种是探索性错误，一种是常识性错误，探索性错误容易被人所理解，可是没有决策艺术、纠错能力，一辈子总犯探索性错误，依然是不可原谅的，聪明的人在犯探索性的错误时，能够吃一堑长一智、吃一堑长十智，能够举一反三、举一反十、举一反百，这种探索性的错误就很有价值。可是也有很多人吃百堑不长一智，这就不在讨论范围了。这就是为什么对商鞅、秦始皇等人，有时不能一棒子打死，他们的一些错误属于探索性错误。作为一个历史研究者，最感痛心的是很多人都在犯常识性错误，明明上个朝代就是这样亡的，可是这一代还走老路；明明自己的父亲就犯了这个错，可是依然复制父亲的错误。犯这种常识性的错误，非常让人痛心和惋惜，上个朝代犯错情有可原，对于后人，这就是常识性错误了，可是依然在复制，没有一丝改正和超越，这才是最让人深感不安之处。

　　说回赵括，他的错误是什么错误呢？当时秦国商鞅变法已经百年，秦国是什么样子，六国不知道有没有做过深刻研究和分析，对于秦军的战斗力、白起的指挥风格等不知道做不做研究，这是国家、将领应该做的常规工作。可是受到史料匮乏的限制，只看到秦国对六国洞若观火，没有看到六国对秦国有详细、认真、理性的分析记录，也可能是焚书坑儒以及项羽烧毁秦国宫殿，使得六国史书付之一炬造成的。一般的史料中除了记载六国人士骂秦国野蛮，好像没有对秦国兵强马壮的原因进行过客观分析。荀卿曾经到过秦国，对其进行过调查研究，所以在《荀子》中可以见到对秦国社会的调研记录。我们也没有见到赵括详细分析

长平之战

过秦国、秦君、秦相、秦将、秦军,而廉颇无疑是做了这个工作。如果赵括没有做这个工作,就叫犯了常识性错误。他还犯了什么错误呢?他被任命为赵军前线最高指挥官,对于他来说是第一次,其他人的成功失败教训,对于他只能是参考。他生平第一次做这个工作,犯一些探索性错误是情有可原的,因为他有他的思路和指挥风格,他要研究一种与秦军速战速决的办法,需要做一些探索,这都是必需的。仅仅犯了战术性错误,是无伤大雅的,可是如果他对秦国、秦将和秦军缺乏细致了解,那么这种常识性错误就不可原谅。如果他当的是一个企业的总经理,错了顶多是赔钱,可是做军队的最高统帅,不允许他从容地犯各种错误,没有时间,没有机会,因为长平之战上来就是你死我活,是战略大决战,决定生死就在几天的时间里,我们不能说他的战略一定是错的,但是最终的结果表明,他犯了战略性的错误。

战略性错误,人一辈子只能犯一次。

有人说,不是赵括无能,是敌人太强悍,白起太狡猾,这样理解历史就太片面了。《孙子兵法·九变篇》记载:"故用兵之法,无恃其不来,恃吾有以待也;无恃其不攻,恃吾有所不可攻也。"用兵的法则是,不要寄希望于敌人不来,而要自己做好充分的准备;不要寄希望于敌人不进攻,而要自己先有敌人无法进攻的强大实力,这才是常胜将军的用兵之道。你可以对自己的军队做出各种调度,但是你没有办法选择对手。秦国动用了庞大资金,只是为了把赵括"运作上位",这是秦国"精心选择"了对手,可这是一个复杂的公关活动,还需要赵国犯错,不是那么容易的。除了这种精心设计,你还可以想方设法让敌人犯错,但是你不能把希望寄托于敌人犯错,如果敌人不犯错,你怎么办?真正强大的人,一定会先想着怎么让自己更强大、不犯错。《孙子兵法·军

第卅章 孝成王祸首罪魁 屈不屈四评赵括

形篇》记载:"是故胜兵先胜而后求战,败兵先战而后求胜。"大意是,胜利的军队总是先创造获胜的条件,然后再寻求与敌人作战的机会;失败的军队往往是先冒险同敌人交战,然后企图侥幸获胜。仔细考察赵括的用兵之道,是不是与这句话相当吻合?即便赵括遇到了一个比他弱的对手,取胜了,也是一种机会主义的胜利,那下一次战斗如果对手比自己强怎么办?能一辈子好运,次次都遇到比自己弱的对手吗?如果这次成功了,也许意味着更大的风险。因为名将是不能退休的,比如白起、王翦、廉颇、李牧之所以是名将,是因为他们从军几十年,多次打过恶仗、硬仗和胜仗,虽然也有败仗,可那通常是战术性的失败,而且他们都非常幸运,活得够久。所以后人在给他们盖棺定论时,说一句"服了",没有这样的水平,得不到名将的称号。我这里不是指责赵括本人,而是说赵括所代表的现象。太多的人都是机会主义者,希望靠一次投机获得一生的幸福,到头来可能是镜花水月。成了,是偶然,不成,是必然。

  别的成语可能是文人的原创,可能是约定俗成,可能是从有名的故事发展出来的,而纸上谈兵,也许是历史上最重的一个成语,它是用四十五万人的鲜血染成的。一个人的血有限,只靠自己流血找经验,放几次就差不多了。有时得到经验也没有用了,有时自己的血流干了都没有总结出经验,有的人把自己的流血经验作为家族教训,传给后代,这都算是有意义的。只有极少数人,自己流一点血就能真正清醒、警醒、反省,更高明的人,能把别人流血的经验和历史上的人流血的经验,化为自己的智慧。一个人的经验总有局限,只有把这些流血经验总结出来,注入灵魂,才能把自己生命的长度在无形中拉长,让自己不局限于"马后炮式的明智",对于未来具有洞察力和清晰的预判。对于这个四十五

长平之战

万人鲜血凝聚而成的成语,很多人并没有真正理解,我们还是缺少务实求真的精神,纸上谈兵者依然大有市场,误己、误人、误家、误国,害己不浅,害人尤甚。

  每个行业都需要代言人。时过境迁,名将的功业可能会变得不那么显眼了;可如果成为纸上谈兵、空谈误国的代言人,却可以刺痛一代代的人。这份"功绩"绝对比当名将还大。任何一个时代都不免有许多空谈误国的人,"赵括"太多,实干兴邦才是正道。也有人认为,那是冤枉赵括了,如果真是这样,真诚地说声对不起,不过按照现有的资料,给赵括先生翻案的理由都无法让人心服口服,如果没有压倒性的证据,他还要继续承担这样的名声,继续做纸上谈兵的形象代言人。如果后人能从他的经历中获得经验教训,那么他也算是某种程度上的不朽吧。

第卅一章　德与力刚柔并济　两不误国运久长

长平之战留给我们哪些思考？

反思长平之战，除了要回顾人物的悲欢离合、策略的得失成败，更重要的是从组织层面、国家层面，反思秦赵两国的政治体制和战略，这才是问题的根源。就在秦赵各自高层战略决策的那一刻，前线的成败已定。作为诸侯国之间的战略决战，后面有一套非常复杂的系统在起作用：政治动员系统、经济运行系统、战略决策系统、军队运转系统、后勤保障系统等，都影响着前线军事的成败。任何一场大战都好比一部戏剧，都要有以下这些人。第一，投资人，一般投资人就是国君，给钱、给人、给粮，提供后勤保障。第二，策划人，一般由国君、高级谋士、高级将领组成。第三，编剧，负责给战争定调子，确定这场战役的性质是局部战争还是全面战争，以及确定具体执行的策略和步骤。第四，导演，是前线最高指挥官，他要把投资人、策划人的意图变成现实。第五，副导演，是最高指挥官的副手、谋士、参谋长等。第六，场务，负

长平之战

责后勤、联络、外交等。这部"剧"的主演,不是指具体的某一个人,而是指选择的主战场以及战争的形式,包括阵地战、运动战、游击战、歼灭战、消耗战、防守战、围点打援等。第七,群演,就是中低级军官和普通士兵。一部"好剧",往往所有的元素都好,除此之外运气还得好。所有这些元素中,投资人、策划、编剧和导演是最核心的:倘若投资人一心只想赚快钱,想用最小的投入制作出叫好叫座的作品,策划不切实际;编剧提供了烂剧本,导演是个初出茅庐的菜鸟,那么制作精品剧就是痴心妄想。用这个思路来理解长平之战,白起就好比那个导过无数武打剧作的知名导演,而赵括则是想要一鸣惊人但经验不足的新手导演。

如果长平之战结局是赵国胜,赵国守住了韩上党,把韩上党与赵上党合为一体,也取得了当地的民心,那么上党郡将成为抗击秦国东侵的重要堡垒。此时韩、赵、魏如果能改变以往的短视,真正认识到被秦国各个击破的危险,秦国还真就无可奈何,甚至会延缓秦国统一的进程,也可能出现一个新的霸主承担这个历史使命。然而这样的假设必须有几个前提条件:第一,秦国不再执行商鞅变法的政策,并且改变东进战略;第二,韩、赵、魏形成一个"小联合国",恢复晋国时的国家体量,用上帝视角看,只有鼎盛时的晋国那样的大国、强国才可以抗衡秦国;第三,韩、赵、魏内部不出现腐败;第四,产生其他新的霸主。要么怎么说是假设呢,这四条每一条都很难实现,想同时实现更是难如登天。秦国的君主,从秦孝公开始,大多从小就受到非常严格的政治和军事训练,冷酷严格、意志坚强、崇尚秩序、热衷军事、有帝王思想,他们可能是暴君,但绝不是昏君,基本上都有非常清晰的战略思路,想要改变他们非常难。但想要让韩、赵、魏精诚团结,也是一件超级难的事

第卅一章 德与力刚柔并济 两不误国运久长

情,人只有在危急时才想团结,只要风险一解除,立刻就开始蝇营狗苟、自私自利、互相攻击,这就是人性,没法改变。更严重的问题在于,当时六国的高层已经出现了塌方式的腐化,而秦国相比之下欣欣向荣、纪律严明、吏治清廉,这是一种国运的上升,势不可挡。

战国时,六国对秦国的体制众口一词地贬低。前文提到过,鲁仲连就说秦国是"上首功之国",以斩首计功,这是让自诩正统的六国人尤其难以忍受的。虎狼之国、虎狼之师,是当时对秦国和秦军的标准称呼。《史记·魏世家》中信陵君魏无忌的观点非常具有代表性:"秦与戎翟同俗,有虎狼之心,贪戾好利无信,不识礼义德行。苟有利焉,不顾亲戚兄弟,若禽兽耳,此天下之所识也,非有所施厚积德也。"认为秦国与戎狄一样,文化落后,习俗野蛮,有虎狼一样的心肠,它贪婪残暴,喜好功利,不守信用,不知礼义,毫无德行。只要有利可图,连亲戚、父母、兄弟都不管不顾,如同禽兽一样,这是天下人的共识,秦国从来就不讲什么仁义道德。如果从软文化建设的角度看,六国才传承了华夏文化的正宗,礼、义、廉、耻、孝、悌、忠、信,秦国的《商君书》则把这些人类永远在追求的最高理想,视为法治的敌人。他们片面强调君主权威、国家主义、功利主义和社会效率,对于人类终极理想和人性中最美的道德视而不见。不仅不提倡,反而要消灭它们,秦国只需要百姓害怕法律、遵守法律、畏惧权威、按时纳税,按照国家目标前进。这是商君法的最大弊端,可以说走到了一个极端。

可是六国又走到了另外一个极端。追求仁、义、礼、智、孝、悌、忠、信,这本身没有问题,现代社会的目标也是追求它们。可是社会运行还要有效率,军队还要强大,就是说硬实力和软实力是不可偏废的。秦国认为硬实力第一,你可以骂我,但我能灭了你;六国认为软实力第

长平之战

一,道德制高点非常重要,我虽然打不过你,可是我讲仁义道德,我比你高尚。其实都错了。但又很难把二者的观点进行有效融合。

社会管理所追求的目标,古今都一样,都是要实现有效管理、数字化管理、精细化管理、法治管理、税务管理、军事管理等,以便征兵、收税、建立规则,进而提供社会公共产品,比如,巩固国防、地震救援、抗旱排涝、修建长城、兴修水利、建设公路、国民教育、升迁制度等。这样的产品能惠及社会中的每一个人。如果想要实现社会效率最大化,国家至少要提供一款社会公共产品,激发每一个人的潜力。如果提供不了这样的产品,那么这个国家就是少数人的国家,而不是全体国民的国家。商鞅提供了三款社会公共产品,一是农战政策,二是军功授爵制度,三是中央集权制度,这三款产品几乎覆盖了秦国的每一个人,秦人要么从事农业,要么出去打仗,哪怕是贵族都不能例外,这就让农民和士兵都有了实现"秦国梦"的机会。只不过,这是带血的梦。

第卅二章　莫空谈深扎根基　别自欺强者为王

如果说，秦国的制度存在很大的问题，那么六国想要超越秦国，就要提供另外一套更好的机制：既能保持自己的软实力，又能富国强兵、提升硬实力，要能提供完全不同于秦国的农战政策、军功授爵制度和中央集权制度的公共产品，从而提升社会效率，增强军队实力，实现对社会的有效管理，激发每一个人的潜力，进而有能力抵抗秦国的野蛮进攻。如果六国不寻求根本上的改变，是抵抗不了秦国的。六国的政治制度和利润分配制度，无法最大限度激发社会活力，秦国式的中央集权制度，六国又看不上。可它们始终没有探索出另一条道路。前文提到，晋国可以抵抗秦国，虽然可以从军事上对抗，但是看晋国的历史，还是没能提供一款可持续的"政治公共产品"。从商鞅变法到长平之战，已经过了大约百年，六国一味对秦国进行道德批判，却没有吸取秦国的成功之处，它们只看到秦国的坏、六国的好，没有看到秦国的好、六国的坏，以至于蒙蔽了双眼，错失了进行深刻变法的时机。

长平之战

现代的公共服务型国家，提供的"公共服务产品"是面向全体国民的，但是在商鞅时，各诸侯国普遍是"为皇帝一人服务型国家"，提供的公共服务产品，也首先要保证皇帝、皇族、皇权的利益。此前我们批评过商鞅政策的弊端，以军法代替宪法，以军法代替刑法、以军法代替民法，以军法代替一切法。这种体制其实就是战时体制，不能说没有效果，在某个特定时间段会很有效果，立竿见影，在战时能发挥强大的政治动员能力。秦国这种战时集权制度对于六国那种非战时集权制度，是一种降维打击。

本来，赵国有机会与秦国并驾齐驱。赵武灵王算是一个军事型领导人，他的胡服骑射改革卓有成效，如果再配合经济改革和政治改革，很可能改变当时"一超多强"的局面，变成"双超多强"。如果赵国能够解决后顾之忧，不让齐、燕捣乱，修复与韩、魏的传统盟友关系，做好对楚国的统战工作，完全可以与秦国抗衡。可赵武灵王偏偏在年富力强的时候主动退居二线，退居二线还不甘寂寞，又插手政事，扶植大儿子公子章的势力，最后自己死得凄惨。成兑专政，把武灵王辛苦打造的军事改革成果也给弱化了。这种具有创造性思维的人，缺点就是一直在找创新点和兴奋点，却不管战略意义，无论什么事只要找不到兴奋点，立刻就会弃之不顾。赵国如果不能建立一种体制和机制，即便出现一两个优秀的领导人，也不能给中国历史提供模板。秦国与赵国好比在高考，科目有政治、经济、军事、社会、人才、文化、思想品德七科，赵国的军事科成绩与秦国相当，差也差不太多；文化和思想品德要超过秦国，但在当时不是主科，尽管从大历史角度看，这才是真正的主科；政治、经济、社会、人才这几个科目明显要弱于秦国。最后录取看的是总成绩，而不是单科成绩，更不是只看文化和思想品德的成绩。秦国社会流

第卅二章 莫空谈深扎根基 别自欺强者为王

行的文化,是标准化文化、军事文化、铁血文化,目标就是打赢,粗野,但是管用。秦国的思想品德教育更加单一,就是批量制造农民和战士,缺少人文关怀,野蛮,但是管用。历史上,国家的军事对抗一定是综合实力的对抗,只有一两科取得好成绩,还是不行的,至于沉醉于文化和思想品德科成绩的优异,以此自我安慰,更是不可取的。输了就是输了,要找输的理由,找赢的方法。秦国的做法也有后遗症、有短板、有缺点,但是六国的做法也不值得学,为什么要学习亡国的方法?为什么不学习打赢的办法?政治、经济、社会、人才、军事、文化、思想品德七个科目,可以有超长的长板,但是不要出现超短的短板,这样,综合实力才能上去。

秦国当时还处在探索期,没有找到更好的办法。汉朝其实就是吸纳了秦朝的经验,又有硬实力,又有软实力,国家强大,文化又昌盛。而且,秦朝的制度影响了中国两千多年,虽然经历了各种变化和升级,但是都没有颠覆基本设计。在近代就完全落伍了,因为它没有跟上时代的步伐,以至于最后是工业英国打农业中国、工业日本打农业中国,这是大工业时代对农业时代的降维打击,不过也不能一概否定,两千多年前它还是有优越性的。"秦国模式""秦朝模式"刚刚诞生时,自有其先进性,不能用现代的思想观念去评价两千多年前的制度设计,这样太不公平了。

日本学习"唐朝模式"学了一千多年,当这个模式无法自立于世界时,它又开始了新的探索。德国的陆军制度,英国的海军制度,美国的教育制度,都是它模仿、学习、复制的对象,进而创新和改造,最终形成"日本模式"。谁强它就学谁,谁强它就和谁走。据说戴季陶先生有一个精彩论断,大概是:中国强,日本就是妾;中国弱,日本就是贼,

长平之战

他早就发现了日本人的这个特性。尽管如此，日本人却最善于关注、研究、学习乃至超越强者，这本来就是弱者由弱变强的路径。就是强者，也需要持续关注更强者，研究学习，否则它随时可能由强变弱，一个人、一个组织、一个国家，一旦骄傲自满，都会作茧自缚，流汗、流泪、流血，无一例外。

新加坡创投媒体 Think Maverick 针对创业企业抵抗风险能力的强弱，做过非常精辟的比喻，把一种企业称为毛竹型，另一种企业称为阿斯彭白杨型。毛竹种下后，前四年一直在地下暗暗生根，看不出生长迹象，但是根系在土壤里延伸了数百米；等到第五年时，竹子每天以三十厘米的速度疯长，能长到二十米。而阿斯彭白杨则相反，这种树两个月就能长到二十米，但是根基不稳，疯狂长高之后再缓慢扎根，运用群体的力量保持根系稳定。其实，秦国前一百年是二者兼而有之，商鞅变法十年，秦国就已经让六国心惊胆战。一个人、一个组织、一个国家，先培养硬实力，又不放弃软实力，把根系、根基打得扎扎实实，不心存侥幸，用实力说话，这就是我从长平之战的胜负中悟到的一条法则。

第卅三章 守边防假痴不癫 李牧军大获全胜

廉颇出走后，赵国的顶梁柱就只剩下李牧了。李牧是镇守赵国北部边境防御匈奴的优秀将领，他镇守代郡、雁门郡，也就是现在河北蔚县、山西西北部和内蒙古交界地。李牧有权根据实际需要自行任免官吏，在边疆地区收取的租税也都送进将军的办事机构幕府，作为军队的日常费用。他每天会杀几头牛犒赏士兵，教士兵骑马、射箭、练武，从不荒废，并且谨慎地防守烽火台，派出大量的间谍去刺探敌情。他订立了这样的规章制度：如果匈奴入侵，赶快退回营垒防守，不得出战，有胆敢擅自出击、不守军令者，一律斩首。匈奴每次入侵，战士就会点燃烽火台上的狼烟，赵军就赶忙躲进营垒不应战。

就这样过了好几年，赵军一直没有什么伤亡和损失，但也确实不够轰轰烈烈。所以匈奴一向认为李牧怯懦，而赵国的边防军也认为"我们李牧将军胆小怕事"。就这样，李牧被扣上了一顶"不抵抗"的帽子，这就引起了赵王的不满。当时应该还是赵孝成王当政，他派人来责备李

长平之战

牧"不作为",可李牧依然我行我素,赵王大怒,把他召回了首都,另派将领顶替他。这个赵孝成王总爱干预将领,上一次不同意廉颇"阵地战加持久战"的战略,改派赵括去,结果赔上了四十余万大军,这次他又干涉李牧用兵养兵的策略。结果怎样呢?一年多过去,匈奴每次进攻,赵国新任的边防军司令都会出击,可战事大多失利,伤亡很大,即便有收获也得不偿失;而且边境不能耕田畜牧,士卒百姓都不得休息,疲惫不堪。而匈奴军队都是骑兵,他们最擅长打游击战,赵军的这种打法正中圈套,就是要让你疲于奔命,敌方才好从中渔利。

赵王这才知道自己错了,就又请李牧出任边防军司令,可李牧闭门不出,说自己有病。赵王强迫他出山,李牧说:"您若一定要任用我,就先说好,我只会用以前的打法,答应这个,我才敢接受任命。"赵王同意了。李牧到达边境以后,还是用老办法对付匈奴,匈奴好多年都一无所获,但几乎所有人都还是认为李牧胆怯。那些边防军常得封赏却没有出战的机会,都想和匈奴决战。这时,李牧精心挑选战车、良马、勇士、射手,集结了十多万人进行军事演习,万事俱备以后就撒出诱饵,一时满山遍野都是牛马。匈奴果然派出小股骑兵入侵,这时,李牧故意败北,先让他们尝点甜头。匈奴首领单于听说赵军"软弱可欺",就率领大军入侵。这时,李牧布下了机动灵活的阵形,左右包抄,攻击匈奴,大败匈奴骑兵,斩杀了十余万骑。单于逃跑,李牧乘胜追击,降服了匈奴的几股势力。这次战役以后,有十多年,匈奴连赵国边境都不敢靠近。一朝被蛇咬,十年怕井绳,果然不假。

《孙子兵法》中有一句话:"是故始如处女,敌人开户,后如脱兔,敌不及拒。"是说在发动攻击之前,要像处女那样文静,以最大限度地麻痹敌人;等到发动攻击时,迅雷不及掩耳,必定致命一击。李牧深知

第卅三章　守边防假痴不癫　李牧军大获全胜

"养兵千日，用兵一时"的道理，善待士卒，休养生息，就是要积累实力，让匈奴轻视自己，然后才痛下杀手。匈奴本身是游牧民族，其军队的机动性和灵活性极强，若和他们打游击战、运动战，是用自己的短处去和对方的长处较量，必败无疑，这是让对方牵着鼻子走。因此只能打持久战，宁可用几年做准备，待时机成熟出击，方能一击必中。这是考验将领智慧、耐心的战斗，为此，李牧忍受了上级的不理解、同僚的不支持、下属的不以为然和对手的冷嘲热讽。

关于李牧反击匈奴的经典战略战术，在前文长平之战的部分已经详细说明，用来比较他和廉颇战法的异同。在此就不再赘述。

中原地区在反击楼烦、东胡、匈奴等游牧民族的过程中，从战国到秦汉，涌现出一批杰出的军事统帅，如赵之赵武灵王和李牧，燕之秦开，秦之蒙恬，汉之李广、卫青、霍去病等。秦开是战国时燕国的将领，曾经在东胡当人质，因此非常熟悉东胡的内部情况。回国之后，燕昭王派他带兵攻打东胡，拓展土地千余里。燕国因此修建起燕长城，并先后设置上谷、渔阳、右北平、辽东、辽西诸郡以拒胡，在西汉初年，这五个郡也一直是抗击匈奴的前沿阵地。而秦开之孙就是和荆轲一起刺杀秦始皇的秦舞阳。

即便在众多知名的军事将领中，李牧也是一个佼佼者。在战国四大名将中，廉颇给人的印象是"勇"，李牧给人的印象是"智"，白起给人的印象是"狠"，王翦给人的印象是"稳"。

李牧的价值在于，他用自己的伟大，实践了《孙子兵法》的原则，即"主不可怒而兴师，将不可愠（yùn，含怒，怨恨）而致战"，一触即发、一惹即怒者，永远是平凡的人。能用强大的精神力量主宰自己的心绪，才可能成为盖世名将。他达到了优秀将领的至高境界——"血要热,心要静,头脑要清楚"。他把勇敢和忍耐、热血和冷静、感性和理性、仁慈和冷酷,以一种难以言传的美妙方式结合在一起,但是总体上,忍耐、冷静、理性甚至冷酷,至少要占据百分之七十,这样才有可能成为名将。勇敢、热血、感性和仁慈,这都是普通人可以具备的品质,而名将必须有所超越。

三国的程普说:"与周公瑾交,如饮醇醪(chún láo,味厚的美酒),不觉自醉。"这叫什么?这叫人格魅力。这叫把自己活成了艺术品,活出了独一无二的美学价值。如果能达到这样的境界,人生不虚此行。

哪怕权力再大,钱再多,能用权力和金钱获得人世间一切有形的高级品,可是这些东西也掩饰不住空虚的灵魂和卑鄙的人格,这样的人依然是残次品。人格魅力靠权力和金钱是买不到的,那是腹有诗书气自华,是到达了一定的人生境界之后,才由内而外散发出的大气、贵气、义气和超脱。

这种人格魅力就是世界上最珍贵的艺术品!

《史记》《三国》之所以迷人,就是因为这些著作中的人物大多数把自己活成了艺术品,后人在研究他们的同时,能够获得一种类似艺术鉴赏的愉悦,并能让研究者的美学鉴赏能力获得提升。

欣赏有形的艺术,是一种层次的美学;欣赏无形的艺术,对人格魅力进行品评,可能是更高层次的美学。

在《史记》的众多人物中,李牧确实把自己了活成艺术品,他的传记让人百读不厌,值得仔细品读,每次读都有新发现、新惊喜,都能发现新的美学价值。

其实,司马迁对李牧生平的记载不多,让人意犹未尽。能在惜字如金的《史记》中占有一席之地,已属不易。虽然李牧传记字数不多,但

第卅三章　守边防假痴不癫　李牧军大获全胜

就像皇冠上的钻石和珍珠一样，放射出摄人魂魄的光辉，在中国军事史上，他的军事美学和人格美学价值也将永恒闪耀。

李牧大将军，横刀立马，英姿勃发，何其快哉！

第卅四章　亲小人有眼无珠　远贤臣大厦将倾

廉颇逃到魏国以后，赵悼襄王二年，赵王派李牧攻燕，获胜。赵悼襄王在位九年后去世，儿子赵迁继位，这是赵国的末代君王。赵王迁二年，秦军在武遂打败赵军，杀赵将扈辄，杀死十万赵军，赵王以李牧为大将军带兵迎敌，大败秦军。赵王迁四，李牧又攻破秦军，并且抵御住韩、魏的军队。赵王迁七年，秦始皇派王翦攻打赵国，赵国派李牧、司马尚迎击，秦军攻不破李牧设下的防线，于是施行反间计，派人贿赂之前陷害廉颇的赵王宠臣郭开，说李牧与司马尚想要谋反，赵王迁派赵葱和颜聚代替李牧，李牧不接受命令，赵王迁就派人秘密逮捕李牧并杀了他，还撤销了司马尚的职务，这自毁长城的愚蠢决定遭了报应。王翦三个月以后就杀死了替代李牧的赵葱，俘虏了赵王迁和颜聚，赵国灭亡了。李牧可以说是战国版的袁崇焕，让人扼腕叹息、痛心疾首，也让人对愚蠢的统治者义愤填膺。优胜劣汰是伟大的定律，赵王的覆灭也是咎由自取，大快人心，只可惜了一代名将李牧成了陪葬品。

第卅四章　亲小人有眼无珠　远贤臣大厦将倾

　　司马迁在《廉颇蔺相如列传》中评论道：敢于坦然面对死亡的人才是真正的勇士，不是说死亡本身有多难，如何对待死亡这件事才是最难的，也就是说，树立正确的生死观是最难的。当蔺相如举起和氏璧斜视着殿柱，又大声呵斥秦王及其左右时，他知道不过一死而已。这样斗志激昂，一般人是做不到的。蔺相如奋起一时的勇气，威震敌国，回国以后，却对廉颇一再忍让，先公后私，他人格伟岸，声名重于泰山。真可谓智勇双全，当世无双啊！司马迁对蔺相如无限景仰。

　　司马迁对赵王迁充满了鄙夷。他听冯唐之子冯遂说过，赵国末代的君主赵王迁，他的母亲是歌舞艺人，受到悼襄王的宠爱，悼襄王因此废掉正妻生的赵嘉而改立她生的儿子赵迁为太子。赵迁一直品行恶劣，无德无能，又容易听信谗言，重用奸臣郭开，所以诛杀良将李牧，这难道不是荒谬昏庸吗？秦国俘虏赵王迁后，赵国贵族共同拥立赵嘉为王，在代地抵抗了六年，而后被秦始皇派兵攻破，赵国彻底灭亡了。

　　赵国的实际奠基人赵衰，辅助晋文公称霸中原，他也为赵国后来成为强大的国家做出了不朽的贡献。他的儿子赵盾是一个耿直严谨的人，所以才有"夏日可畏"的评价，赵盾也是一个面冷心热、忠心为国的人，要不然在晋灵公派人追杀、谋害他时，"桑下饿汉"不会拼死保护他，而刺客鉏麑也不会宁可牺牲自己也要保全他。赵盾的儿子赵朔有祖宗遗风，明知道屠岸贾要害他却不肯逃走或反叛，而是想着不能给祖先抹黑，决定隐忍。但他对手下、对朋友宽仁友爱，要不然公孙杵臼和程婴决不会冒着被灭门的风险保护他的遗孤，也就是"赵氏孤儿"赵武。这两个人义薄云天，而赵武能够存活下来，说明赵氏大难不死，必有后福。

　　到了赵简子，他已是晋国相当有实力的大臣。他能一改传统，果断地废掉伯鲁而改立出身低贱的赵襄子为继承人，能为刚直不阿的臣子周舍的死扼腕叹息，都说明赵氏当时能够征服人心不是偶然的。他的儿子赵襄子，能够在条件不成熟时忍受住智伯对自己的羞辱。在晋阳被长期围困时，百姓在易子而食的情况下仍然没有叛变，也说明了人心向背。智伯死后，豫让为其报仇，赵襄子的作为也体现了对义士的尊重，不失为大度之人。虽说豫让是出于私人恩怨为智伯复仇的，但他的那句"智伯以国士待我，我以国士报之"，可以名垂千古。大家只要想想，自己危难时刻身边还能有几个人，就能体会到，豫让在智伯死后都不离不弃的高贵情操。

赵烈侯爱好音乐，想赏赐给歌手土地，当时赵相公仲连做事不讲方法，一味消极推托，后来多亏番吾君点拨才发现自己把精力投错了方向，相国的职责应该是推举人才。而赵烈侯知过能改，这对君臣都品行良好、追求卓越，热衷于事业。赵烈侯任用的牛畜、荀欣、徐越三人，是为赵国的发展贡献力量的杰出人物。

到了赵武灵王时代，他表现出极强的魄力，顶住传统守旧势力的压力，毅然决定进行胡服骑射的改革，在他身上有改革家的那种一往无前的勇气。只可惜，他在立嗣问题上优柔寡断，为自己埋下了祸根，最终饿死在沙丘宫，也拖累了大儿子赵章。若是他先前能坚决一些，也未必会刺激赵章的野心、引发叛乱。

在赵惠文王、赵孝成王、赵悼襄王、赵王迁在位的这段时间，最出彩的人物莫过于赵太后、触龙、廉颇、蔺相如、赵奢和李牧。赵太后是惠文王的妻子、孝成王的母亲，是战国时代杰出的女政治家，虽然也有缺点，但不能不说是有战略视野的风云人物。触龙不用说，是很讲究说话技巧的谈判专家，又熟稔人情世故。对于后面几位人物，评论家黄震

第卅四章　亲小人有眼无珠　远贤臣大厦将倾

说：蔺相如在秦国的朝堂上敢于顶撞秦昭王，却又能容让廉颇；廉颇因为有勇气而天下闻名，却能负荆请罪。先公后私，抛弃前嫌，这都是伟烈丈夫的作为，只是表现勇略的方式不同，然而若论胸怀宽广，还是要推崇蔺相如。赵奢收取赋税时，对平原君这样的显贵之人也一视同仁，而平原君虽然被杀了管家、丢了面子，却毫不介意地举荐赵奢。人们对赵奢的铁面无私赞赏有加，对平原君的以公灭私更是称赞不已，因为后者更难做到。赵括因骄傲轻敌、自以为是而惨败，没什么可称道的，但他母亲比较赵奢与赵括父子俩优劣的方法，可供我们在品评人物时参考，堪称范例。李牧治军，积累声威，蓄势待发，捕捉最佳的战机，战无不胜，与廉颇齐名。而廉颇、李牧身为不世名将，却都毁于小人郭开之手，赵国的灭亡真是迅速呀，太可悲了！

　　梁启超也十分赞赏蔺相如先公后私的高尚品格，认为这是他成为豪杰的最重要原因，现代的中国人最需要这种品格。

第卅五章　燕赵地悲歌慷慨　赵国史荡气回肠

用略带学术的视角深入挖掘长平之战、邯郸之战，我们感受到了前所未有的心灵震撼。虽然这是发生在两千多年前的战争，可那金戈铁马、战鼓铿锵带来的紧迫感和压抑感仿佛近在咫尺。庙堂之高，伐谋伐交；计谋迭出，唇枪舌剑；战场之上，金戈与热血相互碰撞。

这就是历史，有时温情脉脉，但绝大多数的时候就是如此冷酷。而且，它的结果具有唯一性、现实性，没有那么多的假设、可能，只是后人对历史事件进行马后炮式的复盘时，叹息才会油然而生。

严肃的、学术的历史类作品，往往是不能进行假设的，一就是一，二就是二。历史有其独一无二的品格与逻辑，进行历史评论要以事实为依据，要以文字和文物为准绳，不能像纯文学作品那样毫无顾忌地释放想象力。可在本书中，笔者还是想适当加入一点假想，没有别的意思，就是为了做一些思维方面的拓展。

比如：如果赵武灵王多活几年，那么赵国有没有能力反过来吞并秦

第卅五章 燕赵地悲歌慷慨 赵国史荡气回肠

国?

这个问题前文已经详尽论述过,在此,笔者只进行总结性的探讨。个人认为,即使赵武灵王再多活几年,赵国也没有能力吞并秦国。

首先,秦国能够兼并天下,是多少代君主持续努力的结果。

秦国从春秋五霸之一的秦穆公开始,就已经有了东进的野心,只不过强大的晋国阻止了他们东进的步伐。到了战国,虽然三家分晋,但是魏国作为"战国第一霸",又把秦国东进的通道堵死了。尤其是魏文侯,以文治武功著称,有吴起担任西河守,实力上碾压秦军。

从秦献公开始,秦国东进的野心开始不可遏制。历经秦孝公、秦惠文王、秦武王、秦昭王、秦孝文王、秦庄襄王,直到秦王嬴政也就是秦始皇,前后八代,一直坚决推行东进战略。到了秦王嬴政时,天时地利人和兼具,秦国经济发达,兵强马壮,加上嬴政本人雄才大略,东进战略进一步得到推行。

而赵国,没有秦国这样清晰的国家大战略,它身处四战之地,周边形势也不太允许它只朝一个方向用兵,经常是与北燕、东齐打,有时还和韩、魏打,战略不聚焦。

其次,秦国提供了标准化、可复制的政治产品,而赵国提供不了。

从商鞅变法开始,秦国就提供了一系列的标准化政治产品——军功授爵制度、农业管理制度、社会管理制度、政府管理制度等。

这些政治产品,在秦昭王至秦王嬴政时,得到进一步的强化与完善,使得秦国上下具有极高的管理效率,成为强大的战争机器。

国家之间竞争,有时比拼的就是效率。

再次,秦国建立的军功授爵制度,意义在于可以通过战争发财,国家发财,个人也发财。

长平之战

对于别的国家，战争是巨大的实力消耗，然而对于秦国，通过战争竟然可以发财。这是因为它有一套非常完整的利益驱动机制。因此，六国单个去和秦国打，是打不过的，只有六国联合才能灭秦。然而，一家六个兄弟、一个公司六个股东，都未必一条心，何况是六个国家呢？

如果稍微了解一下近代日本的发家史，就会知道他们为什么那么热衷于发动战争。中日甲午战争，获得二亿两白银，外加三千万两的赎辽费。据查，当时中国全年的财政收入也才八千万两左右，中国人需要不吃不喝三年左右，才能支付这一大笔赔款。而日本一夜暴富，国家进入发展的快车道，这笔巨款，让日本差不多少奋斗十年。如果稍微了解一下英美的发家史，也会知道他们通过军事征服、外交讹诈获得过什么好处，不一一赘述。

纯粹从儒家的角度来看秦国，这不是一个奉行仁义之道的国家，因为它热衷于发战争财。故此，秦国才会背了那么多年的黑锅。然而，如果从现代的国家大战略视角来看，秦国的做法具有现实意义。国家想要崛起，清晰、可执行的国家大战略，是必不可少的。

我们一定不要把个人道德和国家道德画等号、混为一谈。

最后，赵武灵王的个人局限在于，摆脱不了先明后暗的"帝王陷阱"。

赵武灵王是伟大的军事家、改革家，这个评价是经得起推敲的。

在这里还有一个问题和长平之战有关，让我们先宕（dàng）开一笔，探讨一下赵孝成王的年龄问题。

赵武灵王十六年（公元前310年），他娶了惠后娃嬴；赵武灵王二十五年（公元前301年），惠后去世；赵武灵王二十七年（公元前299年）五月，赵武灵王把王位传给了惠后之子赵何，也就是后来的赵惠文王，公

第卅五章　燕赵地悲歌慷慨　赵国史荡气回肠

◎对赵惠文王和赵孝成王年龄的推测

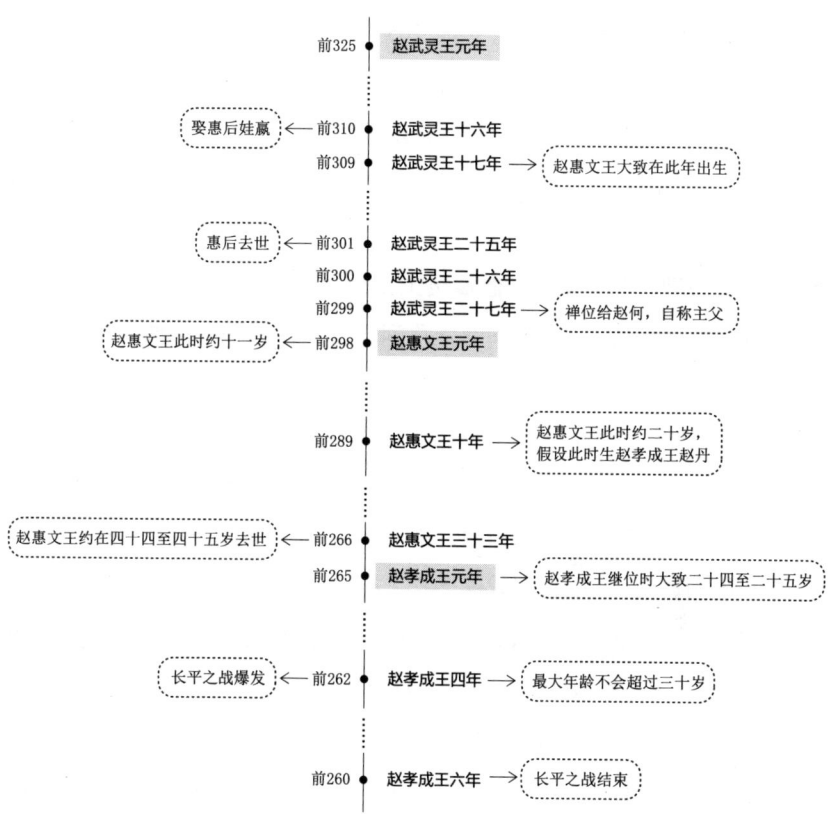

元前 298 年为赵惠文王元年。赵惠文王的生年不得而知，但是，我们可以大致做个推算。公元前 310 年，赵武灵王娶惠后，按照正常的情况，第二年生子，那么赵惠文王应该是在公元前 309 年出生的，到公元前 299 年，他接班时，应该就是十一岁左右，改元时约十一岁。赵惠文王在位时间是公元前 298 年至公元前 266 年，在位约三十三年，那么他去世的时候，应该是四十四至四十五岁。假定他二十岁时，赵孝成王出

长平之战

生,那么赵孝成王刚刚继位时年龄应该在二十四至二十五岁,赵孝成王在位时间是公元前 265 年至公元前 245 年,长平之战发生在赵孝成王四年,即公元前 262 年,此时,他依然不满三十岁,和已经当了四十五年秦王的秦昭王相比,政治经验明显天差地别。

探讨完这个问题,我们还是看一看赵武灵王的战略构想。

《史记·赵世家》记载:"二十六年,复攻中山,攘地北至燕、代,西至云中、九原。"大意是,赵武灵王二十六年(公元前 300 年),赵国再次进攻中山,把赵国的边界向北推移到与燕、代相邻,向西北扩展到云中、九原二郡。

说一下被定为战略目标的中山国。中山国是春秋时我国北方少数民族白狄所建的国家,位于今河北正定东北,本称鲜虞,春秋晚期改称中山。战国初期,中山国建都于顾(今河北定县)。《史记·赵世家》记载:"十年,中山武公初立。"赵献侯十年(公元前 414 年),中山国的武公刚即位。又说:"烈侯元年,魏文侯伐中山。"赵烈侯元年,为公元前 409 年,魏文侯(公元前 446 年—公元前 397 年在位)讨伐中山国。大约在周威烈王二十年(公元前 406 年),中山国被魏国攻灭。

大约在周安王二十四年(公元前 378 年),中山国复国,迁都灵寿,疆域大致在今河北保定和满城南部至石家庄南部。1974—1978 年,河北考古队在平山发现一座古城遗址,似乎为灵寿古城。战国时代的中山国,与汉景帝"初置中山(封其子刘胜为中山靖王,即刘备的始祖)"时的中山国,疆域上有很大不同。不仅中山国如此,古今中外的国家或者地区,受到各种因素的影响,疆域都在不断变化,同名而异域实属正常。

复国之后的中山国,又进入了赵国的战略视野,尤其是在赵武灵王胡服骑射改革之后,军事实力极度增强的赵国,开始把攻击和吞并中山

第卅五章 燕赵地悲歌慷慨 赵国史荡气回肠

国纳入议事日程。从赵武灵王二十年（公元前 306 年）开始，"王略中山地"，二十一年（公元前 305 年），攻中山，二十三年（公元前 303 年），攻中山，二十六年（公元前 300 年），复攻中山，赵惠文王三年（公元前 296 年），灭中山。在赵惠文王三年时，主政的依然是赵武灵王，也就说，他大致用了十年时间把中山国攻灭，完成了这一重大的军事行动。

当时的赵武灵王有深远的战略眼光，他攻灭中山国，是为了给赵国向北、向西北拓展时扫清障碍。他的战略目标之一是经营云中郡和九原郡，并从这里进军，攻击秦国，这是非常具有创造性的军事进攻弧线，可以避开函谷关天险。可惜，他已经没有机会来实现这个设想了。

《史记·赵世家》："（赵武灵王）二十年，王略中山地，至宁葭（jiā）；西略胡地，至榆中。林胡王献马。归，使楼缓之秦，仇液之韩，王贲之楚，富丁之魏，赵爵之齐。代相赵固主胡，致其兵。"

这段话中有几个地名和专有名词需要解释一下。宁葭，一作"蔓葭"，在今河北石家庄西北，是战国时中山国的城邑。榆中则众说纷纭，一说是在今陕西东北部一带，一说是在今内蒙古河套东北岸，还有说是在今甘肃榆中县一带。林胡，又称"林人"，是古代北方游牧民族，春秋时代分布在晋国北边（今山西北部），战国时迁移到燕国北边（今河北北部），后又迁移到赵国北边、西边（今山西北部、内蒙古鄂尔多斯东部）。战国末年，林胡被李牧所破，从此归附于赵。在赵武灵王时代，林胡还是有相当大的势力。

这段话的大致意思是：赵武灵王二十年，赵武灵王攻取中山之地，前锋抵达宁葭；向西攻取林胡之地，于是林胡王献马求和。赵武灵王从前线回到国都之后，派楼缓（长平之战中再次出现，不过已经代表秦国利益了）出使秦国，派仇液出使韩国，派王贲出使楚国，派富丁出使魏国，

285

派赵爵出使齐国，派代国的相国赵固主管联络胡人，征集胡人的军队为赵国所用。

《史记·赵世家》："（赵武灵王）二十六年，复攻中山，攘地北至燕、代，西至云中、九原。"这一次，虽然没有攻灭中山国，但是赵国这次军事行动，成功地把赵国的边界向北推移到与燕、代相邻，向西北拓展到云中、九原二郡。

云中郡，战国时赵武灵王始置，其辖境相当于今内蒙古卓资以西、黄河南岸及长城以北、土默特右旗以东、大青山以南地区。

九原郡，是秦始皇三十三年（公元前214年）攻取匈奴河南之地后设置的。而《通典》认为九原郡是战国时赵国设置的，秦时因袭。它的治所也就是政治中心在九原县，即今内蒙古包头西北，它的辖境相当于今内蒙古包头以西、黄河南岸鄂尔多斯北部及后套地区。秦朝末年，地入匈奴，九原郡被废置。在汉武帝元朔初年至六年（公元前128年—公元前123年），重新设置九原县。

云中郡、九原郡的设置，使得赵国建立了一个战略突出部，得以从北部窥视秦国。

英雄所见略同，此话当真不假。

赵武灵王建立云中、九原的时间大致是在赵武灵王二十六年（公元前300年），亲自去秦国考察应该是在赵武灵王二十七年（公元前299年）、赵惠文王元年（公元前298年），他开始构思"从云中、九原一带向南方直袭秦国"的战略。可惜的是，还没有开始实施，在赵惠文王四年（公元前295年）时赵国发生严重的内乱，武灵王因此饿死沙丘宫，这个战略计划被彻底搁置。

但是在约八十年之后，秦始皇三十五年到三十七年（公元前212年—

第卅五章 燕赵地悲歌慷慨 赵国史荡气回肠

公元前 210 年），修建了著名的秦直道。按照《史记辞典》的说法是，南起今陕西淳化西北（秦咸阳以北之云阳），经淳化县北梁武帝村秦林光宫遗址北行，至子午岭上，又循主脉北行，直到定边县南，再由此东北行，进入内蒙古鄂尔多斯草原，过乌审旗北，经鄂尔多斯东胜区西南，在昭君坟附近渡黄河，北达包头西南秦九原郡故治，全长一千八百里（约合今一千四百里），为秦朝由咸阳至九原郡最近的道路。最后，载有秦始皇尸体的丧车也是沿秦直道回到咸阳。这条直道成为支援边防的重要交通干线，有人称之为"秦朝的军事高速公路"，是有道理的。

可见，秦王嬴政和赵武灵王这样一流的战略家，其战略眼光惊人地相似，假如两人有机会跨越时空对话，沟通应该毫无阻碍，这就是战略的超凡魅力所在，这就是"道同，方可为谋"的重要原因。

就在赵武灵王即将大展身手时，他突然做出一个让所有人都意外的决定，就是把王位禅让给儿子赵何。也许他这样的军事强人，不喜欢那些国家元首需要承担的礼仪性任务，更喜欢马背上的冒险生活，喜欢有创造性的精神劳动。

《史记·赵世家》："主父欲令子主治国，而身胡服将士大夫西北略胡地，而欲从云中、九原直南袭秦，于是诈自为使者入秦。秦昭王不知，已而怪其状甚伟，非人臣之度，使人逐之，而主父驰已脱关矣。审问之，乃主父也。秦人大惊。主父所以入秦者，欲自略地形，因观秦王之为人也。"

从这条记录可以看出赵武灵王当时的心态。他想让儿子赵何主持国政，而他自己身穿胡服，带领将士向西北开拓胡人的土地。他准备从云中、九原向南出兵，直接袭击秦国，于是化妆成赵国使者，亲自入秦考察。秦昭王刚开始被蒙在鼓里，只觉得这个使者气宇非凡，不像是臣子。想再派人追查盘问，可赵武灵王已经飞马出了函谷关。后来经过仔细查问才知道，来人是赵国主父，秦王大惊。

主父入秦是为了亲自考察秦国的地形与秦昭王的为人。前文提过，这是一次非常冒险的行为，赵武灵王胆大包天是一方面，这种作风未免让人不安。唐太宗李世民评价曹操"一将之智有余，万乘之才不足"，这个评论对曹操有些苛刻，但是用在赵武灵王身上，还是很恰当的。就像在吴越争霸的评析中，笔者一再强调，从军事统帅的角度看，吴王夫差很有能力和创造力，可是如果从国家元首的视角看，他就不合格。赵武灵王恐怕也有这种"定位偏差"。

从他后期的一系列昏着来看，即便他再多活几年，也应该很难对秦国形成致命打击，甚至可能会让国家陷入更大的混乱和倒退。

除非他不早早退居二线，并且至少再活十年以上，而且不昏庸，依然保持旺盛的斗志和清醒的判断力。赵国骑兵力量进一步强化，六国合纵，其他五国的步兵、车兵从东往西猛攻函谷关，并把所有的骑兵精锐都调给赵武灵王指挥，然后他取道云中、九原，从北向南攻击……

这有没有可能实现？读者尽可以展开想象。

赵武灵王摆脱不了所有雄才大略君主的陷阱，前期励精图治，后期昏着频出，像汉武帝、唐玄宗等，无不如此。

吞并秦国？个人认为，很难实现。

况且，即使打败秦国，也只是万里长征走完第一步，还有很多严峻的考验都在后面等着。

虽是个人观点，但笔者一再强调：想要长治久安，统治者一定要能提供优质的、普惠的、公平的社会公共产品，并且需要在政治、经济、文化等领域提供各种标准化产品。如果不能提供这些，而只是军事征

第卅五章 燕赵地悲歌慷慨 赵国史荡气回肠

服,那么统治注定不会长久。

秦国恰恰是在军事征服的基础上又提供了社会公共产品和各种标准化政治产品,所以很多政策才能流传至今。只是由于秦始皇和秦二世的传续出了问题,秦朝二世而亡。可是,聪明的现代人不应该只有"一朝一姓"的天下观,而要有"天下乃天下人之天下"的天下观。如果用历史的长镜头看,抛弃狭隘的历史观,那么秦国和秦朝绝不应该只承受污名。哪怕骂它,也总该骂出一点新意。别总用两千多年前的观点来骂它了,先不说对不对,偏颇不偏颇,老生常谈,实在没有创意。

至此,对赵国历史和长平之战,挂一漏万,做了粗浅的探讨。

钢筋铁骨的赵国百姓,神采飞扬的赵国英雄,他们用意志、智慧、铁血,书写了浓墨重彩的赵国历史。他们不屈不挠,面对强秦战至最后一刻,虽败犹荣。可耻的是那些贪官污吏和卖国贼,而绝大多数的赵国人,值得歌之咏之,永远受到尊重。

燕赵多慷慨悲歌之士,诚不谬也!